Gerhard Schwengler

5./6. Schuljahr

Schlaumeier empfiehlt:

Deutsche Grammatik

- Der komplette Lernstoff
- Wortarten
- Satzglieder und Satzarten
- Viele Übungen mit Lösungen

Klett Lernen und Wissen

Bibliographische Information Der Deutschen Bibliothek
Die Deutsche Bibliothek verzeichnet diese Publikation in der Deutschen Nationalbibliographie; detaillierte bibliographische Daten sind im Internet über http://dnb.ddb.de abrufbar.

Auflage 4 3 2 1 | 2009 2008 2007 2006
Die letzten Zahlen bezeichnen jeweils die Auflage und das Jahr des letzten Druckes.

Internetadresse: http://www.klett.de
Zeichnungen: Andreas Florian, Lübeck
Satz: Schwabenverlag, Ostfildern
Druck: Ludwig Auer GmbH, Donauwörth
Printed in Germany
ISBN-13: 978-3-12-929871-8
ISBN-10: 3-12-929871-1

9 783129 298718

SATZTEILE UND SATZARTEN

SATZTEILE

SATZARTEN

LÖSUNGEN

Liebe Schülerin, lieber Schüler,

dieses Buch will dir helfen, deine Kenntnisse in der deutschen Grammatik aufzufrischen oder zu vertiefen.
Der Stoff ist für die Schüler der 5. und 6. Klasse weiterführender Schulen gedacht. Dabei spielt es aber keine Rolle, an welcher Art von Gymnasium oder Realschule du bist.
Auch Schüler höherer Klassen werden es sicher mit Gewinn verwenden, wenn sie Wissenslücken, die im Lauf der Zeit entstanden sind, schließen wollen.

Hinweise für eine erfolgreiche Benützung

Damit du mit Training Grammatik schnell und erfolgreich zurechtkommst, vorher einige nützliche Hinweise.

Jedes Kapitel ist folgendermaßen aufgebaut:

1. Einführung in den neuen Stoff

2. Ausführliche Informationskästen mit Beispielen

3. Übungen

Darüber hinaus findest du Zusammenfassungen des behandelten Stoffes und Tests.
Du solltest zunächst den Anfangstext genau durchlesen, damit du siehst, worum es geht.
Die Informationskästen nennen dir dann die wichtigsten Eigenschaften der jeweiligen Wortart. Du solltest sie dir im Zweifelsfall immer wieder durchlesen, auch wenn du vielleicht bei einem anderen Kapitel bist. Zurückblättern ist nicht verboten!
In den Übungen zeigst du dann, ob du den Stoff verstanden hast und ihn richtig anwenden kannst. Lass dir dabei Zeit! Beantworte die Fragen nach Möglichkeit schriftlich. Du kannst dir den Stoff dann besser einprägen.
Es ist auch sinnvoll, wenn du die Aufgaben erst am nächsten Tag löst: So kannst du gut kontrollieren, ob der Stoff „sitzt“. Mehr Spaß macht es, wenn du zusammen mit anderen diese Übungen durcharbeitest. Die Übungen sind so zahlreich, dass ihr sie euch aufteilen könnt.
Vorsicht: Betrüge dich nicht, indem du sofort im Lösungsheft nachsiehst.

Noch einen Rat zum Abschluss: Lies dir nach Beendigung des Kapitels den jeweiligen Anfangstext noch einmal durch. Du wirst merken, dass du nun den Text mit viel mehr Verständnis aufnimmst und manches siehst, was dir vorher gar nicht aufgefallen ist.

Am Ende des Buches findest du das Verzeichnis der grammatischen Fachausdrücke mit Erklärungen und Beispielen. Da kannst du immer nachsehen, wenn dir etwas unklar ist.

Nun, meine Einleitung ist damit zu Ende.
Wenn du noch den Startschuss abwartest … Hier ist er: **Peng!!!**

WORTARTEN

1 Artikel und Substantiv

Die Geburtsstunde der Schrift

Das Gebiet des Zweistromlandes ist die Geburtsstätte unserer Schrift. Bereits vor etwa 5000 Jahren ritzten Priester des Königs keilförmige Zeichen in feuchte Tontafeln, deshalb heißt diese erste Schrift Keilschrift. Man verwendete sie z.B., um in den Tempeln der großen Städte die Tribute der Bauern aufzuzeichnen. Händler und Nomaden brachten dann durch Karawanen den Nachbarvölkern die neuen Schriftzeichen. Ungefähr zur selben Zeit erfanden die Ägypter die Hieroglyphen.
Erst in unseren Tagen ist es den Archäologen gelungen, die geheimnisvollen Zeichen zu entziffern.

In diesem Text kommen einige Substantive vor, die du wahrscheinlich noch nicht kennst. Das Wörterbuch gibt dir folgende Erklärungen:

1. Zweistromland, das	uraltes Reich zwischen den Flüssen Euphrat und Tigris im heutigen Syrien
2. Tempel, der	Gebäude, das in alten Zeiten Göttern geweiht war
3. Tribut, der	Steuer, Abgabe von Geld oder Nahrungsmitteln
4. Nomade, der	Angehöriger eines Hirten- und Wandervolkes
5. Karawane, die	reisende Gruppe von Kaufleuten
6. Hieroglyphe, die	altägyptisches Bild- und Schriftzeichen
7. Archäologe, der	Erforscher längst vergangener Völker

AUFGABE 1

Schreibe neben die Grundform des Substantivs und Artikels jeweils die entsprechende Form aus dem zusammenhängenden Text. Vergleiche die Formen.

1. Zweistromland, das ______________________

2. Tempel, der ______________________

3. Tribut, der ______________________
4. Nomade, der ______________________
5. Karawane, die ______________________
6. Hieroglyphe, die ______________________
7. Archäologe, der ______________________

Du stellst fest:
Im Text haben sich einige Formen des Substantivs und Artikels gegenüber den Grundformen geändert, indem bestimmte Endungen angefügt wurden. Damit hast du eine wichtige Eigenschaft der beiden Wortarten erkannt.

Info

Das **Substantiv** bezeichnet Lebewesen und Gegenstände, die es in der Wirklichkeit gibt und die du wahrnehmen kannst. Man nennt so ein Wort ein **Konkretum (Gegenstandswort)**.
Das Substantiv kann aber auch etwas bezeichnen, das du dir nur im Geist vorstellen kannst und das nur als Begriff vorhanden ist; solch ein Substantiv nennt man ein **Abstraktum (Begriffswort)**.

Beispiele: Tempel, Tontafel, Hieroglyphe = Konkretum
Gebiet, Jahr, Nachbarvolk = Abstraktum

Der **Artikel** kommt nur zusammen mit dem Substantiv vor. Wir unterscheiden zwischen dem **unbestimmten** und **bestimmten** Artikel.
Du verwendest den unbestimmten Artikel, wenn in einem Text das Substantiv noch nicht genau festgelegt oder nicht wichtig ist. Du verwendest den bestimmten Artikel, wenn das Substantiv im Text schon einmal vorgekommen ist oder seine Bedeutung als bekannt vorausgesetzt wird. Deshalb kommt der bestimmte Artikel in einem Text meist nach dem unbestimmten.

Beispiele: Es war einmal **ein** König.
(Am Beginn des Märchens ist dir der König noch nicht bekannt.)
Der König hatte eine schöne Tochter.
(Nun kennst du den König, aber nicht seine Tochter.)

Im Text verändert sich die Form des Substantivs und des Artikels. Das nennt man deklinieren. Dabei stimmen Artikel und Substantiv in ihren Formen überein; d. h. sie sind miteinander kongruent.

Jede deklinierte Form ist durch drei Merkmale bestimmt:
1. Der **Genus** gibt das grammatische Geschlecht des Substantivs an.
2. Der **Numerus** sagt aus, ob etwas einmal oder mehrmals vorhanden ist.
3. Der **Kasus** kennzeichnet die Rolle des Substantivs im Satz.

Beispiel: Die Kinder bringen der Tante Blumen.

	Genus	Numerus	Kasus	Rolle im Satz
die Kinder	Neutrum	Plural	Nominativ	Subjekt
der Tante	Femininum	Singular	Dativ	Objekt
Blumen	Femininum	Plural	Akkusativ	Objekt

Beachte: In einigen Sprachbüchern wird das Substantiv auch als **Nomen** bezeichnet.

Genus

Info

Jedes Substantiv besitzt ein bestimmtes **Genus.** Es gibt drei Genera: **Maskulinum, Femininum und Neutrum.** Das Genus eines Substantivs erkennst du am Artikel.

Beispiele: **der** Mann, **die** Frau, **das** Kind

Man nennt das Genus auch grammatisches Geschlecht, weil es mit dem natürlichen Geschlecht von Lebewesen oft nicht übereinstimmt.

Beispiele:

	Genus	natürliches Geschlecht
die Mannschaft	Femininum	–
das Männchen	Neutrum	männlich

Beachte: Einige Substantive, die zwar gleich lauten, aber unterschiedliche Bedeutung haben, kann man nur durch den Artikel auseinander halten.

Beispiele: der Flur = Teil einer Wohnung, Korridor
die Flur = Feld, Wiese, Gelände

AUFGABE 2

Trage die vorgegebenen Substantive mit dem jeweils richtigen Artikel neben den passenden Begriff ein.

Mangel – Bauer – Junge – Kunde – Schild

1. Fehler: ____________ Bügelmaschine: ____________
2. Landmann: ____________ Vogelkäfig: ____________
3. junges Tier: ____________ Knabe: ____________
4. Meldung: ____________ Käufer: ____________
5. Schutzwaffe: ____________ Erkennungszeichen: ____________

AUFGABE 3

Bringe die Welt wieder in Ordnung, indem du den unpassenden Artikel durchstreichst und den richtigen daneben schreibst.

1. Das ________ Tau am Morgen erfrischt die müden Füße.
2. Die ________ Leiter der Schule hat eine Glatze.
3. Wie immer am Ende unserer Sportsendung: der ________ Tor des Monats!
4. Ein ________ Weihnachtskiefer wird das Schmuckstück Ihrer Wohnung!
5. Auf der ________ See tummeln sich niedliche Entchen.
6. Markklößchen stellt man aus der ________ Mark von Rinderknochen her.

Numerus

Info

Es gibt zwei **Numerusformen: Singular** und **Plural.**
Der Singular zeigt an, dass etwas nur einmal, der Plural, dass etwas mehrmals vorhanden ist.

Einige Substantive kommen wegen ihrer Bedeutung nur im Singular oder im Plural vor.

Nur im Plural:	die Ferien (Gott sei Dank bestehen die Ferien immer aus mehreren freien Tagen!)
Nur im Singular:	das Obst (ein Abstraktum, das mehrere Konkreta: Ananas, Apfel, Aprikose ... zusammenfasst)

Beachte: Der unbestimmte Artikel hat keine Pluralformen.

Pluralformen

Die Singularform ist die Grundform, während der Plural meist Endungen anfügt. Manche Substantive verändern im Plural zusätzlich die Stammsilbe durch einen Umlaut.

Beispiele:

Singular:	der Nomade	Plural:	die Nomaden
	das Nachbar**volk**		die Nachbar**völker**

Beachte: Einige Substantive mit unterschiedlicher Bedeutung, die im Singular gleich lauten, haben verschiedene Pluralformen. Meist findest du die richtige Form, wenn du sie dir zusammen mit dem Satz laut vorsprichst.

Beispiele:

Singular:	Leiter
Plural:	die Leiter (= Vorgesetzte, Anführer)
	die Leitern (= Geräte zum Hinaufsteigen)

AUFGABE **4**

Bilde zu den Singularformen die Pluralformen. Ordne sie nach ihren Pluralzeichen ein.

Schädel Mund Zahn Hals
Kopf
Haar Faust Bauch Schulterblatt Knöchel
Finger Hand Knie Arm Bein
Magen Schenkel
Brust Fuß Fingernagel
Nabel

Umlaut und Endung **-er:** ______

Umlaut und Endung **-e:** ______

Umlaut und keine Endung: ______

kein Umlaut und Endung **-e:** ______

kein Umlaut und keine Endung: ______

AUFGABE **5**

Finde die richtige Pluralform und trage sie neben den passenden Begriff ein. (Notfalls musst du im Wörterbuch nachsehen.)

Mutter – Strauß – Bank – Wort – Band

1. Verwandte: ______ Schraubenteil: ______
2. Vogel: ______ Blumengebinde: ______
3. Geldunternehmen: ______ Sitzgelegenheit: ______
4. Ausspruch: ______ Bestandteil der Sprache: ______
5. Fessel: ______ Buch: ______

Kasus des Substantivs

Info

Der Kasus gibt die Rolle des Substantivs im Satz an. Das Substantiv kann im Deutschen vier Kasusformen annehmen. Du erkennst, in welchem Kasus ein Wort steht, wenn du bestimmte Fragen an den Satz stellst.

1. Nominativ	**Wer** oder **was** …?
2. Genitiv	**Wessen** …?
3. Dativ	**Wem** …?
4. Akkusativ	**Wen** oder **was** …?

Beispiel: Händler und Nomaden brachten dann durch Karawanen den Nachbarvölkern die neuen Schriftzeichen.

Der Nominativ „Händler und Nomaden" ist das Subjekt des Satzes, der Dativ „den Nachbarvölkern" und der Akkusativ „die neuen Schriftzeichen" sind die Objekte.

Kasusformen

Die Veränderung des Kasus nennt man **Deklination.**
Das Substantiv fügt dabei an den Nominativ Singular Kasusendungen an. Substantive, die in gleicher Weise dekliniert werden, fasst man in Deklinationsklassen zusammen. Es gibt drei Deklinationsklassen.

a) Die starke Deklination

Die Pluralformen fügen entweder die Endungen **-e, -er, -s** oder **gar keine** Endung an. Viele Substantive verändern außerdem die Stammsilbe. Die „starken" Substantive erkennst du vor allem an folgenden Endungen:

Genitiv Singular:	-(e)s
Dativ Plural:	-n

Beispiel:

	Singular	Plural
Nominativ	der Kopf	die **Köpfe**
Genitiv	des Kopfes	der **Köpfe**
Dativ	dem Kopf	den **Köpfen**
Akkusativ	den Kopf	die **Köpfe**

b) Die schwache Deklination
Alle Pluralformen enden auf -(e)**n.**

Beispiel:

	Singular	Plural
Nominativ	der Mensch	die Mensche**n**
Genitiv	des Mensche**n**	der Mensche**n**
Dativ	dem Mensche**n**	den Mensche**n**
Akkusativ	den Mensche**n**	die Mensche**n**

c) Die gemischte Deklination
Der Singular hat die Formen der starken Deklination, der Plural die Formen der schwachen Deklination.

Beispiel:

	Singular	Plural
Nominativ	das Auge	die Auge**n**
Genitiv	des Auges	der Auge**n**
Dativ	dem Auge	den Auge**n**
Akkusativ	das Auge	die Auge**n**

AUFGABE 6

Trage in die Klammer den richtigen Kasus ein. Benütze folgende Abkürzungen: N(ominativ), G(enitiv), D(ativ), A(kkusativ)

Die Schrift der Chinesen

Den Chinesen (D) dienten zu Beginn nur drei Schnüre als Schreibmaterial. Sie verknüpften diese in vorgeschriebener Weise und bezeichneten z. B. mit einem Knoten den Wind ( ) und mit zwei Knoten den Donner ( ). Den Anfang ( ) der Schrift vermutet man ungefähr im Jahr 2600 v. Chr. Die chinesischen Kaiser haben durch Gesetze den Schriftzeichen ( ) eine bestimmte Form vorgeschrieben. Einem Schreiber ( ), der die Schrift absichtlich verunstaltet hat, wurden strenge Strafen angedroht. Den Entwicklungsstand ( ) der Schrift kann man gut am Schreibzeug erkennen: Nach den Schnüren benützte man als Schreibmaterial das Schilfrohr, dann einen Bund ( ) aus Pflanzen und schließlich den Pinsel ( ), mit dem man heute noch dem Papier

(   ) die seltsamen Zeichen „aufmalt". Auch die Tusche ist eine Erfindung der Chinesen (   ). Kaum einem Volk (   ) ist die Schrift wichtiger gewesen als den Chinesen (   ).

AUFGABE 7

Schreibe in die Klammer, welchen Kasus und Numerus das jeweilige Substantiv hat. Benütze folgende Abkürzungen:
N(ominativ), G(enitiv), D(ativ), A(kkusativ); S(ingular), Pl(ural).

In der Wüste Afrikas liegen noch viele Geheimnisse (N, Pl) verborgen. Sie zu erforschen, haben Archäologen keine Mühen (   ) und Anstrengungen (   ) gescheut. Die ersten Erzählungen (   ) haben die alten Griechen (   ) überliefert. Sie hatten bereits vor langer Zeit ägyptische Städte (   ) besucht, die heute vom Erdboden verschwunden sind.

Mächtige Königreiche (   ) mit unvorstellbarem Reichtum wurden von fremden Völkern erobert. Und als die Handelswege (   ) zerstört waren, blieb der Bevölkerung (   ) nichts anderes übrig, als zu fliehen. Die Häuser der Reichen (   ) zerfielen, die Gebäude (   ) und Tempel (   ) wurden ein Opfer der Hitze (   ) und des Windes. Es mussten erst Jahre (   ) vergehen, bis die Archäologen mit Schaufel und Spaten Sand (   ) und Geröll (   ) von den versunkenen Städten beseitigten und so staunenden Menschen (   ) die Pracht (   ) vergangener Zeiten (   ) zeigen konnten.

AUFGABE 8

Setze die angegebenen Wörter je zweimal in den folgenden Text ein.
Achtung! Einmal musst du dabei die Form des Wortes ändern.

Beispiel: die Schriftzeichen

a) **Die Schriftzeichen** der Bienen bestehen aus bestimmten Körperbewegungen.

b) Mit Hilfe **der Schriftzeichen** verständigen sie sich untereinander.

Die Sprache der Bienen

einem Wissenschaftler – die Bienen – die Sonne – die Geschwindigkeit – der Bienensprache

Auch die „Sprache“ der Bienen hat ______________ erforscht. Schließlich ist es ______________ aus Deutschland gelungen, sie zu entziffern. Er hat herausgefunden, dass ______________ bestimmte Tanzbewegungen vollführen. Damit geben sie ______________ daheim im Bienenstock wichtige Informationen. Die Bienen bezeichnen z.B. den Stand ______________ durch die Richtung ihrer Bewegungen. So ist ______________ für alle Bienen ein wichtiger Orientierungspunkt. Auch ______________ der Tänze ist wichtig. Denn ______________ entnehmen die anderen Bienen Informationen darüber, wie reich der Tisch auf der grünen Wiese für sie gedeckt ist. Die Wörter ______________ sind lautlos und sehen wie lustige Tänze aus. Wenn du den Bienen genau zuschaust, kannst du vielleicht auch einmal ______________ verstehen.

AUFGABE 9

Bestimme in folgenden Sätzen den Kasus und Numerus der gleich lautenden Artikel- und Substantivformen.

Vor dem Beginn der Schrift

Die ältesten Schriftzeichen (______________) Europas hat man in Frankreich gefunden. Die ältesten Schriftzeichen (______________) sind kleine Zeichnungen auf Holzstäben, mit denen sich die Menschen damals verständigten. Mit ihrer Hilfe haben sich die Menschen schon vor Jahrtausenden bestimmte Ereignisse der Natur (______________) gemerkt. Man zeichnete auf, was man der Natur (______________) abgelauscht hatte. Den Menschen (______________) damals bedeuteten diese kleinen Bildzeichen alles, genauso wie den Menschen (______________) von heute Kino und Fernsehen interessieren. Auf einem Stab findet man z. B. den Bullen und die Kuh (______________) als Zeichen für den Frühjahrsbeginn eingeritzt. Den Bullen und den Kühen (______________), die die ersten Haustiere waren, wurde zu dieser Zeit eine große Bedeutung beigemessen. Auf diese Weise zeigte man den Jungen (______________) die Geheimnisse der Jagd. Und diese Bilder lehrten den Jungen (______________), wenn er das erste Mal auf Jagd ging, das Lebensnotwendige.

Diese „Merkzettel" unterrichteten in der nächsten Generation dann wieder die Nachkommen (______________). Und die Nachkommen (______________) gaben ihr Wissen dann mit den Bildstäben wieder ihren Söhnen weiter.

Zusammenfassung und Test

MERKE

Du hast die Wortarten Artikel und Substantiv kennen gelernt.

Beide Wortarten sind veränderlich und werden dekliniert.
Wenn du eine deklinierte Form bestimmen willst (oder musst), dann sind jeweils drei Angaben zu machen: zum Kasus, Numerus und Genus.

Artikel und Substantiv kommen meist zusammen vor und stimmen in ihren Formen überein. Man sagt: Sie haben kongruente Formen.
Der Artikel hilft dir, wenn du gleich lautende Substantivformen unterscheiden musst.

Solltest du bei unbekannten Wörtern einmal nicht wissen, wie sie dekliniert werden, dann sieh in deinem Wörterbuch nach.
Dort findest du die Angabe des Genus, die Endung für den Genitiv Singular und den Nominativ Plural. An diesen beiden Stammformen erkennst du, ob das Substantiv zur starken Deklination gehört oder nicht.

Beispiel: Tempel m; -s,	⟶	starke Deklination
Karawane f; -, -n	⟶	schwache Deklination

TEST

1 Setze die Substantive (eines davon zweimal) in der richtigen Form ein.

Abenteuer – Armband – Entdecker – Gefäß – Gott – Held – Jahrhundert – Kasten – Knabe – Krieg – Meter – Schatz – Schmuckstück – Stadt – Traum

Schliemann, der Entdecker von Troja

Schliemann war einer der größten ______________ versunkener ______________. Schon als ______________ begeisterten ihn die Erzählungen über die ______________ und ______________ Griechenlands. Er brachte sich selbst die griechische Sprache bei, und bald erfüllten sich die ______________ des jungen Schliemann. Seine Sehnsucht galt Troja, das vor vielen ______________ in einem der längsten ______________ zerstört worden war. Unter einer Schicht, die mehrere ______________ dick war, entdeckte er die versunkene ______________. In unversehrten ______________ und Truhen fand er verborgene ______________: goldene ______________, silberne Schüsseln, kostbare ______________ aus Elfenbein, kunstvolle ______________ aus Ton. Aber Schliemann hatte noch größere ______________ vor.

TEST

2 Bestimme die Formen, indem du hinter dem Substantiv den Kasus (N, G, D, A) und Numerus (S, Pl) angibst.

Schliemann hatte kaum die Ausgrabung (   ) der Stadt (   ) Troja beendet, als seine Begeisterung (   ) ihn weiter antrieb, versunkene Städte zu entdecken. Er nahm die Erzählungen (   ) der griechischen Dichter wie glaubwürdige Nachrichten (   ) der alten Zeiten (   ). So führte ihn die Sage (   ) vom sagenhaften König Agamemnon nach Mykene. Dort brachte er seltene Kostbarkeiten (   ) wieder ans Tageslicht, unter ihnen die goldene Maske (   ) eines Königs. Seine Entdeckungen (   ) bewegten damals die Welt (   ) und bis heute hat die Wirkung (   ) der wieder entdeckten Vergangenheit (   ) nicht nachgelassen.

2 Pronomen

Die Stadt im Dschungel

Bereits vor 100 Jahren machten sich zwei junge Engländer auf die Suche nach Eldorado, der Goldstadt, von der sie in irgendwelchen alten Urkunden gelesen hatten.
Nach übermenschlichen Strapazen erfüllten sich ihnen ihre kühnsten Wünsche: Im feuchten Dschungel Südamerikas stießen sie auf die Ruinen eines riesigen Tempels, der einst das religiöse Zentrum der Mayas gewesen war. Jahrhunderte später standen nun die beiden Engländer vor dem „Heiligen Brunnen", der einen Durchmesser von 60 Metern und eine Tiefe von 20 Metern hat. Auf seinem Grund fanden sie unzählige Opfergaben – und mussten eine schreckliche Entdeckung machen …

Was du über den Artikel und das Substantiv gelernt hast, kannst du für das Pronomen gut gebrauchen. Es hat nämlich mit diesen beiden Wortarten viel gemeinsam.

AUFGABE **1**

Schreibe neben die Pronomen die Substantive, die inhaltlich dazu gehören. Vergleiche dann die Antworten zu 1. und 3., 6. und 7., 7. und 8.

1. sie ______	2. irgendwelchen ______
3. ihnen ______	4. ihre ______
5. sie ______	6. der ______
7. der ______	8. seinem ______

Du stellst fest:

1. Der Kasus des Pronomens stimmt nicht immer mit dem Kasus des Substantivs, zu dem es inhaltlich gehört, überein (vgl. 1 mit 3).
2. Gleiche Pronomen können sich auf verschiedene Substantive beziehen (vgl. 6 mit 7).
3. Verschiedene Pronomen können sich auf gleiche Substantive beziehen (vgl. 7 mit 8).

Info

Das **Pronomen** weist nur auf Substantive hin. Man nennt es deshalb auch Fürwort. Im Satz wird es auf zweifache Weise verwendet:

Als **Begleiter des Substantivs** steht es wie der Artikel vor dem Substantiv und stimmt mit ihm in Kasus, Numerus und Genus überein.

Beispiel: (Es erfüllten sich) **ihre** kühnsten **Wünsche.**

Als **Stellvertreter** nimmt es im Satz den Platz eines Substantivs ein. Es kann in einem Text auch ein bereits bekanntes Substantiv ersetzen, mit dem es im Numerus und im Genus, nicht aber im Kasus übereinstimmen muss.

Beispiel: Zwei junge englische Forscher machten sich auf die Suche. Eines Tages erfüllten sich **ihnen** (= den beiden Forschern) ihre Wünsche. „ihnen“ steht im Maskulinum Plural (wie das Bezugswort), aber im Dativ.

Um herauszufinden, auf welches Substantiv das Pronomen hinweist, musst du den Text genau lesen und auf den Sinn achten.

Personalpronomen, Reflexivpronomen und Possessivpronomen

Info

a) Personalpronomen

Das Personalpronomen steht im Satz an der Stelle eines Substantivs. Es weist auf Personen oder Sachen hin.
Man unterscheidet beim Personalpronomen zwischen 1., 2. und 3. Person.

	Singular	Plural
1. Person	der Sprecher = ich	der Sprecher und andere = wir
2. Person	der Hörer = du	der Hörer und andere = ihr
3. Person	die Person oder Sache, über die gesprochen wird = er, sie, es	Personen oder Sachen, über die gesprochen wird = sie

Beachte: Im Deutschen gibt es zwei Möglichkeiten der Anrede an einen oder mehrere Hörer: die vertraute Form „du/ihr" und die höfliche, distanzierte Form „Sie". Die Pronomen der höflichen Anrede werden immer großgeschrieben.

Formen der Personalpronomen

Singular	1. Person	2. Person	Anrede	3. Person Mask.	Fem.	Neutr.
Nominativ	ich	du	Sie	er	sie	es
Genitiv	meiner	deiner	Ihrer	seiner	ihrer	seiner
Dativ	mir	dir	Ihnen	ihm	ihr	ihm
Akkusativ	mich	dich	Sie	ihn	sie	es

Plural	1. Person	2. Person	Anrede	3. Person alle drei Genera
Nominativ	wir	ihr	Sie	sie
Genitiv	unser	euer	Ihrer	ihrer
Dativ	uns	euch	Ihnen	ihnen
Akkusativ	uns	euch	Sie	sie

Beachte: Bei den Pronomen der 3. Person Plural ist nicht immer eindeutig, auf welches vorausgegangene Substantiv im Text sie sich beziehen.

Beispiel: Die Forscher entdeckten Ruinen eines großen Tempels. **Sie** waren vom Grün des Dschungels überwuchert.

„sie" ist Plural und kann sich auf die Substantive „Forscher" und „Ruinen" beziehen.
Auf welches Substantiv das Pronomen „sie" verweist, ergibt sich aus dem Sinn des Satzes.
Achte bei deinen Aufsätzen darauf, dass das Pronomen immer eindeutig seinem Bezugswort zugeordnet werden kann.

b) Reflexivpronomen

Das Reflexivpronomen weist immer auf das Subjekt des Satzes hin.

Tipp: Wenn du das Wörtchen „selbst" ergänzen kannst, handelt es sich um ein Reflexivpronomen.

Beispiele: Bezug zum Subjekt:
Ich helfe mir (selbst). Wir helfen uns (selbst).
Der Tüchtige hilft sich (selbst). Die Tüchtigen helfen sich (selbst).
Kein Bezug zum Subjekt: Wir helfen euch.

Für die 1. und 2. Person werden die entsprechenden Formen des Personalpronomens eingesetzt.
Das Reflexivpronomen der 3. Person heißt immer „sich" – im Singular und Plural, im Dativ und Akkusativ.

Beispiele: **Die Forscher** bahnten **sich** einen Weg durch den Urwald.
Wem bahnten die Forscher einen Weg? also: Dativ
Sie schonten **sich** dabei nicht.
Wen schonten sie nicht? also: Akkusativ

Beachte: Es gibt Verben, die so genannten echten Reflexivverben, die unbedingt ein Reflexivpronomen bei sich brauchen. Sie sind sonst unvollständig.

Vergleiche: Normales Verb: Ich wasche mich. Ich wasche meinen Hund.
Reflexivverb: Ich freue mich. –

c) Possessivpronomen

Das Possessivpronomen wird nur als Begleitwort des Substantivs verwendet und stimmt mit ihm in Numerus und Kasus überein.
Es drückt dabei die Zugehörigkeit einer Person oder Sache zu einer anderen aus.

Beispiele: **mein** Füller = ein Füller, der **mir** gehört
deine Schule = eine Schule, in die **du** gehst

Das Bezugswort bestimmt, welche Form des Possessivpronomens verwendet wird.

Formen des Possessivpronomens

Die Possessivpronomina der 1. und 2. Person beziehen sich auf die entsprechenden Personalpronomina (ich/wir; du/ihr).

Beispiele: **Ich** kaufe mir ein neues Buch! **Mein** Buch hat einen bunten Umschlag. Kaufen **Sie** sich ein neues Buch! Nehmen Sie **Ihr** Buch mit in den Urlaub!

Das Possessivpronomen der 3. Person bezieht sich auf ein Substantiv. Dabei entscheiden der Numerus und das Genus des Bezugswortes, welches Possessivpronomen verwendet wird.

Beispiele:

Bezugswort	Possessivpronomen	Bezugswort	Possessivpronomen
der Mann	sein ________	die Männer	ihr ________
die Frau	ihr ________	die Frauen	ihr ________
das Kind	sein ________	die Kinder	ihr ________

Hinweis: Vermeide bei eigenen Texten, dass sich die Form „ihr“ auf mehrere Substantive beziehen kann. Der Leser muss immer genau das Bezugswort erkennen können; sonst kommt es zu Missverständnissen.

AUFGABE **2** Gib an, auf wen das farbige Personalpronomen hinweist.

Kalb, Ziege, Schaf und Löwe (Eine Fabel nach La Fontaine)

Einst gründete der Löwe mit dem Kalb, der Ziege und dem Schaf einen Verein zur Nahrungsbeschaffung. „Ich (____________) werde“, sagte der Löwe, „mit euch (____________) Verlust und Gewinn redlich teilen.“ Eines Tages erblickt die Ziege einen Hirsch. Sie ruft ihren Vereinskameraden zu: „Ich (____________) bitt' euch: Wir (____________) müssen nun zusammenhalten und den Hirsch fangen.“ Nachdem ihnen das gelungen, spricht der Löwe: „Wir sind vier, deshalb teile ich die Beute in vier Teile. Aber ich (____________) bin der König der Tiere und sorge für euch. Auch der zweite und der dritte Teil stehen mir zu, weil ich der Stärkste und Tapferste bin.“ Da meckert die Ziege: „Du (____________) betrügst uns (____________)!“ „Wir (____________) beide sind doch Freunde!“, sagte der Löwe. „Sicher gibst du (____________) mir deinen Teil.“ Hebt die Pranke und verkündet: „Liebe Freunde! Denkt immer daran: Ich bin für euch (____________) immer ein guter Freund.“

AUFGABE **3** Ersetze jeweils das farbige Substantiv durch ein passendes Personalpronomen der 3. Person.

Versunkene Städte

Im brütenden Dschungel Kambodschas sammelte Henri Mouchot, ein französischer Naturforscher, seltene Blumen und Pflanzen. Eines Tages erzählte dem Naturforscher ihm sein eingeborener Führer von einer versunkenen Stadt im Urwald. Die versunkene Stadt ________ erweckte sein Interesse, und der Naturforscher ________ begann zu suchen.

Ohne Gewissheit, dass es die versunkene Stadt ________ überhaupt gibt, kämpfte der Naturforscher ________ gegen alle Gefahren. Eines Tages aber fand der Naturforscher ________ die versunkene Stadt ________. Die versunkene Stadt ________ Angkor Thom hatte die Ausmaße einer Weltstadt. Die versunkene Stadt ________ bezaubert heute noch jeden Besucher, wenn jeder Besucher ________ die versunkene Stadt ________ zuerst sieht.

AUFGABE **4**

Prüfe, ob es sich im Folgenden um echte Reflexivverben handelt.
Ein Tipp: Wenn du das Reflexivpronomen durch „kleiner Bruder" ersetzen kannst, handelt es sich um ein normales Verb.

Beispiel: sich die Haare waschen → dem kleinen Bruder die Haare waschen!
sich sorgen → ________________

Auch das noch!

1. Sich die Ohren waschen
2. sich die Zähne putzen
3. sich anziehen
4. sich auf den Weg machen
5. sich beeilen
6. sich in der Schule anstrengen
7. sich brav melden
8. sich hinlegen
9. sich in den Schlaf wiegen
10. sich erheben

AUFGABE **5**

Wandle die Sätze in Ausdrücke mit dem passenden Possessivpronomen um.

Beispiel: Er ist ihm bekannt → sein Bekannter

1. Er ist ein Mitschüler von mir. ________________
2. Sie besuchen dich. ________________
3. Sie bewundert ihn. ________________
4. Ich habe Hunger. ________________
5. Du hast diese Ansichten. ________________
6. Ihr habt viele Vorschläge gemacht. ________________
7. Wir grüßen herzlich. ________________
8. Ich verabschiede mich. ________________

Demonstrativpronomen und Indefinitpronomen

Info

a) Demonstrativpronomen

Das Demonstrativpronomen weist betont auf Substantive oder andere Pronomen hin.

Es wird auf zweifache Weise verwendet:
Als **Begleitwort** steht es vor dem Substantiv und stimmt mit ihm in Kasus, Numerus und Genus überein.
Als **Stellvertreter** weist es auf ein Substantiv hin, das aus dem Textzusammenhang bereits bekannt ist.

Beispiele: Zwei Engländer fanden eine versunkene Stadt.
Diese (= die versunkene Stadt) barg ein großes Geheimnis.

Formen des Demonstrativpronomens

	Singular			Plural
Nominativ	dieser Baum	diese Wiese	dies(es) Haus	diese Bäume
Genitiv	dieses Baumes	dieser Wiese	dieses Hauses	dieser Bäume
Dativ	diesem Baum	dieser Wiese	diesem Haus	diesen Bäumen
Akkusativ	diesen Baum	diese Wiese	dies(es) Haus	diese Bäume

Folgende Demonstrativpronomen solltest du kennen:
der, die, das – dieser, diese, dieses – derselbe, dieselbe, dasselbe – jener, jene, jenes – derjenige, diejenige, dasjenige

Beachte: Das unbetonte Demonstrativpronomen „der, die, das" tritt nur als Stellvertreter für ein Substantiv auf; die anderen können sowohl als Begleiter wie als Stellvertreter des Substantivs auftreten.

Beispiele: Kommt Herr Müller morgen? **Das** weiß ich nicht.
Haben Sie Herrn Müller Bescheid gesagt? **Dem** habe ich nichts gesagt.

Beachte: Verwechsle das Demonstrativpronomen „der, die, das" nicht mit dem bestimmten Artikel. Der Artikel tritt nur zusammen mit einem Substantiv auf, das Demonstrativpronomen kann auch allein stehen.

b) Indefinitpronomen

Das Indefinitpronomen weist auf Personen oder Dinge hin, die man nicht genau benennen will oder kann. Es **begleitet** oder **vertritt** im Satz ein Substantiv.

Beispiele: **Irgendjemand** hat den Engländern einen Hinweis gegeben. (Es ist für das Geschehen unwichtig, wer es war.)
Irgendjemand hat mir mein Federmäppchen gestohlen. (Ich weiß aber nicht, wer es war).

Die Indefinitpronomen haben oft unvollständige Formen, weil nicht genau angegeben werden kann, wer oder was gemeint ist.

Nur im **Singular** kommen vor: jeder, mancher, ein solcher, (irgend)ein, niemand

Nur im **Plural** kommen vor: alle, sämtliche, viele, etliche, (irgend)welche, mehrere, einige, wenige

Ihre Form verändern nicht: man, etwas, nichts, ein paar.

AUFGABE **6**

Die folgenden Vorurteile stimmen nicht! Ersetze die Indefinitpronomen durch passendere.

1. Müßiggang ist aller Laster Anfang. ______________________
2. Allen Deutschen schmeckt Sauerkraut. ______________________
3. Mancher Held ist unsterblich. ______________________
4. Kein Schüler hat etwas Taschengeld. ______________________
5. Eine Schwalbe macht jeden Sommer. ______________________
6. Niemand ist seines Glückes Schmied. ______________________
7. Jede Morgenstund hat Gold im Mund. ______________________
8. Nach keiner Mahlzeit die Zähne putzen! ______________________
9. Hinter jeder Zeitung steckt ein kluger Kopf! ______________________

AUFGABE 7

Unterscheide den bestimmten Artikel vom Pronomen und schreibe in die Klammer die zutreffende Abkürzung: A(rtikel) oder Pr(onomen).

Die ( ) ersten Eroberer der ( ) Inka-Städte waren Spanier. Die ( ) hatten von den ( ) unermesslichen Goldschätzen der ( ) Inkas gehört. Denen ( ) aber war das ( ) gelbe Metall nicht so wichtig wie den ( ) Weißen. Deren ( ) Gier nach Gold verschonte die ( ) sanften Wilden nicht. Das ( ) war das ( ) blutige Ende des ( ) großen Inka Reiches.

Relativpronomen und Interrogativpronomen

Info

a) Relativpronomen

Das Relativpronomen fügt einen Gliedsatz an ein Substantiv an. Es stimmt mit dem Bezugswort in **Genus** und **Numerus** überein.
Den angefügten Gliedsatz nennt man Relativsatz.

Das Relativpronomen lautet wie das unbetonte Demonstrativpronomen: **der, die, das.**
Daneben gibt es als Ersatzformen: **welcher, welche, welches; wer, was.**

Hauptsatz	**Gliedsatz**
Zwei Männer stießen auf die Reste einer **Stadt,**	**die** im Urwald lag.

b) Interrogativpronomen

Das Interrogativpronomen fragt nach Personen oder Dingen, die noch nicht bekannt sind, und verlangt eine Antwort.
Es **begleitet** oder **vertritt** im Satz ein Substantiv.
Das Interrogativpronomen lautet
als **Begleitwort:** welcher …? welche …? welches …?
als **Stellvertreter:** wer? was?

	Das Interrogativpronomen leitet entweder einen direkten oder einen indirekten Fragesatz ein. Du kannst die Art des Fragesatzes leicht am Satzzeichen erkennen.
Beispiele:	Wer (welcher Freund) kommt heute Abend zum Essen? Ich frage dich, wer (welcher Freund) heute Abend zum Essen kommt. Das Interrogativpronomen wird wie das entsprechende Relativpronomen dekliniert.

AUFGABE **8**

Wähle den Relativsatz aus, der zum farbigen Bezugswort passt. Streiche die unpassenden Relativsätze durch.

Wortkreuzungen von Kurt Kusenberg

1. Ein Giftzahnarzt ist ein Arzt,
   a) der Giftzähne gefallen b) die Giftzähne ziehen
   c) der einen Giftzahn hat

2. Eine Löschblattlaus ist eine Blattlaus,
   a) der Löschblätter schmecken b) das Löschblätter kaut
   c) dem Löschblätter schmecken

3. Eine Suppengrünanlage ist eine Grünanlage,
   a) auf dem Suppengrün wächst b) auf denen Suppengrün wächst
   c) auf der Suppengrün wächst.

4. Ein Irrenhausbesitzer ist ein Hausbesitzer,
   a) die irre sind b) der schöne Häuser gehören
   c) bei dem ein Irrenarzt wohnt

5. Ein Fußballerstammtisch ist ein Tisch,
   a) auf der Fußballer tanzen b) an dem Fußballer sitzen
   c) von denen Fußballer erzählen

AUFGABE **9**

Wandle die Hauptsätze zu Relativsätzen um.

Beispiel: Ich sehe einen Mann. Dem (ihm) gehört ein struppiger Dackel.
Ich sehe einen Mann, dem ein struppiger Dackel gehört.

Ich spreche von einem Dingsda, ______________

1. Das hat einen großen Mund und lange Zähne.
2. Vor ihm kriegen die Menschen Angst.
3. Dessen Fußspuren sind so groß wie der Tisch.
4. Das gibt es gar nicht.
5. Im Moor gefällt es ihm am besten.
6. Menschen denken sich das nur aus.
7. Von ihm hat mir mein Vater erzählt.

Zusatzfrage: Was ist nun eigentlich gemeint? ______________

AUFGABE **10**

Formuliere zu den Antworten die entsprechenden Fragesätze. Dazu musst du die Demonstrativ- oder Personalpronomen durch Interrogativpronomen ersetzen.

Schneewittchen und die Sieben Zwerge (leicht verändert)

1. Frage: Wer hat von meinem Papptellerchen gegessen?

   Antwort: Der hat von deinem Papptellerchen gegessen.

2. Frage: ____

   Antwort: Ihm hat dein Softeis geschmeckt.

3. Frage: ____

   Antwort: Dessen Nase hat an deinem Pudding geschnuppert.

4. Frage: ____

   Antwort: Diese beiden Zwerge haben deine Pommes frites verdrückt.

5. Frage: ____

Antwort: Mit dem ist dein Kartoffelsalat verschwunden.

6. Frage: ____

Antwort: Diesen Knirps hat deine Pralinenschachtel entzückt.

7. Frage: ____

Antwort: Er hat deinen Schnaps gesoffen.

Zusammenfassung und Test

MERKE

Du hast die Wortart Pronomen kennen gelernt.
Pronomen weisen auf Personen oder Sachen hin, haben aber keine eigene Bedeutung.

Sie können als
- Stellvertreter oder
- Begleiter

des Substantivs auftreten.

Pronomen sind deklinierbar. Als Begleiter des Substantivs richten sie sich (wie der Artikel) nach der Deklination des Substantivs.

TEST

1 Bestimme den Kasus der Personalpronomen und gib an, ob es sich um die 1., 2. oder 3. Person Singular oder Plural handelt.

Die Fabel von Löwe, Kalb, Ziege und Schaf (Fortsetzung)

Gerade, als der Löwe seinen Freunden klar gemacht hatte, dass ihm (   ) allein der von ihnen (   ) erlegte Hirsch gehöre, da tauchten drei Füchse auf. Der erste Fuchs zum Löwen: „Ich nehme mir (   ) ein Drittel der

Beute als Strafgebühr; du (   ) hast nämlich keinen Jagdschein." „Und an mich (   ) geht das zweite Drittel", sagte der zweite Fuchs, „als Versorgung für deine Witwe." Da knurrte der Löwe. „Wir (   ) wollen doch nicht streiten", sagte der dritte Fuchs und nahm sich seinen Anteil. „Als Einkommensteuer", meinte er. „Aber ich (   ) bin der König der Tiere", brüllte der Löwe auf. Da lachten die drei Füchse: „Dann bleibt dir (   ) doch die Krone." Und: „Ein Dankeschön an euch (   ) alle." Winkten und nahmen ihnen (   ) auch noch das Geweih weg.

TEST 2

Schreibe folgende Fabel für afrikanische Kinder um, indem du die Tierbezeichnungen in den Klammern verwendest. Ändere dabei, wenn nötig, die Personal- und Possessivpronomen.

Die Nachtigall oder der Flötenwürger (Gibt's wirklich!)

Als viele Tiere aus Europa (Afrika) ihren letzten Weg in den Himmel angetreten hatten, wurden auch sie von Petrus befragt, was sie denn in ihrem Erdenleben getan hätten. Zuerst prahlte der Wolf (die Hyäne), wie er auf seinen Streifzügen die Welt kennen gelernt habe; eine dicke Kuh (ein behäbiges Nilpferd) berichtete von ihren Besuchen im Kaffeehaus; eine ängstliche Spitzmaus (ein unauffälliger Wüstenwurm) klagte über ihre schlimme Schulzeit. Da rühmte sich die Gämse (der Berggorilla) ihrer Jodelkünste, und die Wildkatze (das Krokodil) ihrer beißfreudigen Zähne. Nur die Nachtigall (der Flötenwürger) erzählte nichts aus ihrem Leben, sondern erfreute „nur" alle durch ihren herrlichen Gesang.

TEST 3

Stelle in den folgenden Sprüchen die Art des Pronomens bzw. des Artikels fest.
Verwende folgende Abkürzungen:
für die Artikel: best Art, unbest Art
für die Pronomina: Dem, Indef, Inter, Pers, Poss, Refl, Rel

Beispiel: Keiner (Indef) wäscht reiner als Rainer.

1. Wissen ist Macht, **nichts** wissen macht auch nichts.

2. Wo **wir** sind, klappt **nichts**, doch **wir** können nicht überall sein.

3. **Es** gibt **nichts** zu tun – fangt **ihr** schon mal an.

4. Fahren **Sie mich** irgendwohin, **man** braucht mich überall.

5. **Keiner** ist unnütz, **er** kann immer noch ein schlechtes Beispiel geben.

6. **Wer die** Übersicht verloren hat, **der** sollte **den** Mut zur Entscheidung haben.

7. **Es** genügt nicht, **keine** Gedanken zu haben, **man** muss auch **die** Fähigkeit haben, **sie** auszudrücken.

8. **Eine** Lösung hatte **ich**, aber **die** passte nicht zu **meinem** Problem.

Adjektiv

3

Die Götter der Ägypter

In den dunklen Grabkammern der ägyptischen Könige haben Archäologen viele bronzene Figürchen entdeckt, die mehr als 3000 Jahre alt sind. Sie sehen recht merkwürdig aus: seltsame Fabelwesen aus Mensch und Tier. Durch Inschriften wurde klar, dass es sich dabei um Götter handeln musste.

So stellten die Menschen damals ihre Gottheiten dar:

Horus – falkenköpfiger Gott, war mit dem jeweiligen König eng verbunden

Hathor – Göttin des Himmels und der Liebe; sie wurde kuhköpfig dargestellt

Sachmet – löwenköpfige Göttin des Krieges und der Krankheit

Osiris – mumienförmig dargestellter Totengott

Isis – Mutter des Horus, oft geflügelt

Thot – paviangestaltiger Gott der Weisheit und des Mondes

Durch diesen kurzen Text aus dem Katalog des Ägyptischen Museums Berlin kannst du dir die wichtigsten ägyptischen Götter sicher auch ohne Fotos gut vorstellen.

Dies liegt vor allem an den zahlreichen Adjektiven, die dir über deren Aussehen und Eigenschaften Auskunft geben.

AUFGABE

1 Suche zu den vorgegebenen Grundformen der Adjektive die entsprechenden Formen aus dem Text. Trage sie zusammen mit dem Wort ein, zu dem sie jeweils inhaltlich gehören.

Unterstreiche die Adjektive, deren Form sich im Vergleich zur Grundform verändert.

Grundform	Form	Bezugswort	Wortart
1. paviangestaltig	______________	______________	Substantiv
2. klar	______________	______________	Verb
3. alt	______________	______________	Verb
4. ägyptisch	______________	______________	Substantiv
5. eng	______________	______________	Verb
6. recht	______________	______________	Adjektiv
7. merkwürdig	______________	______________	Verb

Du stellst fest:

1. Das Adjektiv kann bei einem Substantiv, einem Verb oder einem anderen Adjektiv stehen.
2. Nur Adjektive, die bei einem Substantiv stehen, verändern die Grundform.

Info

Das **Adjektiv** bezeichnet **Eigenschaften** und **Merkmale** und kennzeichnet dadurch Lebewesen und Dinge, aber auch Handlungen, Vorgänge und Zustände.
Im Satz kommt es vor allem in Verbindung mit Substantiven und Verben vor.

Für die Bildung der Formen ist es wichtig, wie es im Satz verwendet wird. Steht das Adjektiv **bei einem Substantiv,** wird es zusammen mit ihm **dekliniert** und stimmt mit ihm in Kasus, Numerus und Genus überein.

Beispiel: in den **dunklen Grabkammern** der ägyptischen Könige

Steht es **bei einem Verb oder einem Adjektiv,** bleibt es **endungslos** und verändert seine Form nicht.

Beispiel: Die Figürchen sehen **recht merkwürdig** aus.

Attributive Verwendung

Info

Das **Adjektiv** kann als Beifügung bei einem Substantiv stehen. Man nennt es dann **attributives Adjektiv.**

Es bestimmt Lebewesen oder Dinge genauer, indem es ihre Eigenschaften und Merkmale nennt.

Beispiel: die ägyptischen Könige

Formen des deklinierten Adjektivs
Die Formen des Adjektivs teilt man in die starke und schwache Deklination ein. Das hängt davon ab, ob vor dem Adjektiv ein Begleitwort steht.

Starke Deklination des Adjektivs
Das Adjektiv wird stark dekliniert, wenn vor ihm
a) kein Artikel oder
b) ein Begleiter ohne Endung steht.
Endungslose Formen sind z. B. manch, solch, welch.

Singular	Maskulinum	Femininum	Neutrum
Nominativ	großer Hut	große Hand	großes Haus
Genitiv	großen Hutes	großer Hand	großen Hauses
Dativ	großem Hut	großer Hand	großem Haus
Akkusativ	großen Hut	große Hand	großes Haus

Plural	Maskulinum	Femininum	Neutrum
Nominativ	große Hüte	große Hände	große Häuser
Genitiv	großer Hüte	großer Hände	großer Häuser
Dativ	großen Hüten	großen Händen	großen Häusern
Akkusativ	große Hüte	große Hände	große Häuser

Schwache Deklination des Adjektivs
Das Adjektiv wird schwach dekliniert, wenn vor ihm
a) ein Artikel oder
b) ein Begleiter mit Endung steht.

Das schwache Adjektiv hat nur zwei verschiedene Endungen, nämlich für den gesamten Nominativ und den Akkusativ Femininum und Neutrum Singular **-e;** für alle übrigen Formen **-en.**

Beispiele: Der große Hut (die große Hand, das große Haus) gefällt mir nicht.
Ich mag den groß**en** Hut (die große Hand, das große Haus) nicht.
Die Form des groß**en** Hutes (der groß**en** Hüte) gefällt mir nicht.
Dem groß**en** Haus (den groß**en** Häusern) fehlt die Farbe.

Tipp: Kasus, Numerus und Genus des schwach deklinierten Adjektivs erkennst du nur am Begleiter, der davor steht.

Beachte: Nach dem unbestimmten Artikel wird das Adjektiv im Nominativ und Akkusativ stark dekliniert.

Beispiele: Ein großes Haus gefällt mir nicht.
Aber: Die Form eines groß**en** Hauses gefällt mir nicht.

AUFGABE **2** Stelle das Adjektiv vor das Substantiv, bilde die richtige Adjektivform und unterstreiche die Endung.

Aus einem Autotest

a) Vorzüge:

Ladekante: tief

___

Gurt: verstellbar

___

Kofferraum: geräumig

____

Vordersitz: bequem

____

b) Nachteile:

Sechszylinder-Motor (lahm und laut) mit Leistung (schwach)

____

Reichweite (gering) durch Tank (klein)

____

Fahrverhalten (unsicher) bei Geschwindigkeiten (schnell)

____

Fahrsicherheit (mäßig) wegen Lenkung (schwammig)

____

AUFGABE 3

Wie viele Adjektive, die ein Substantiv begleiten, findest du? Unterstreiche und zähle.

Aus einem Urlaubsprospekt

Manch erfahrener Mallorca-Kenner weiß es längst: Auf dieser schönen Insel haben wir für alle sonnenhungrigen Urlauber aus der sagenhaften Fülle die besten Angebote ausgewählt. Damit Ihre kostbaren Urlaubstage gelingen, bieten wir Ihnen die größte Auswahl: Sie reicht von der einfachen Pension bis zum gepflegten Hotel und stellt auch anspruchsvolle Gäste zufrieden.
Genießen Sie die inseltypische Kochkunst. Es lohnt sich, die herzhaften Leckerbissen und die fangfrischen Fische aus dem Meer zu versuchen. Für jene aktiven Urlauber, die nicht nur faulenzen wollen, gibt es bei uns ganz tolle Möglichkeiten, die Sie woanders kaum finden werden.

→ steigern geht nicht.

AUFGABE

4 Verwende in den Zeilen mit dem Kennbuchstaben a) keinen Artikel, mit b) den bestimmten Artikel und mit c) den unbestimmten Artikel. (Ein Beispiel habe ich dir jeweils vorgegeben.) Ergänze die fehlenden Ausdrücke.

Aus einer Werbeanzeige für das schöne Portugal

1 a) Durch mildes Klima vielfältige Pflanzenpracht!

b) ______________________________

c) ______________________________

2 a) ______________________________

b) Der süße Duft der tropischen Früchte in der unberührten Natur!

c) ______________________________

3 a) ______________________________

b) ______________________________

c) Kunstvolle Bauwerke aus einer ruhmreichen Vergangenheit!

Adverbiale Verwendung

Info

Das Adjektiv kann auch als Beifügung bei **Verben** oder **anderen Adjektiven** stehen. Man nennt es dann **adverbiales Adjektiv.** Du bestimmst dadurch ein Geschehen oder eine Eigenschaft genauer.
Das adverbiale Adjektiv erhältst du, wenn du im Satz die Frage: **Wie?** stellst. Es bleibt immer in der Grundform und **verändert sich nicht.**

Beispiele: Wie sehen die Figürchen aus? **Merkwürdig** sehen sie aus. **Wie merkwürdig** sehen die Figürchen aus? **Recht** merkwürdig.

Tipp: Es ist manchmal schwierig, das undeklinierte Adjektiv vom Adverb sicher zu unterscheiden. Im Deutschen gibt es nämlich, im Unterschied etwa zum Englischen, für das Adverb keine eigene Endung.

Mit Hilfe der **Attributprobe** kannst du jedoch leicht feststellen, ob es sich um ein Adjektiv handelt oder nicht. Du versuchst probeweise, das fragliche Wort als Beifügung zu einem Substantiv zu verwenden. Dabei muss es sich deklinieren lassen.

Beispiel: Die Figürchen sehen **merkwürdig** aus. – Die **merkwürdigen** Figürchen
So stellten sich die Ägypter **damals** ihre Götter vor.

Damals kann nicht als Adjektiv vor ein Substantiv gesetzt werden und ist deshalb Adverb.
Merkwürdig dagegen ist ein Adjektiv.

Prädikative Verwendung

Info

Bei einigen Verben wie **„sein, scheinen, bleiben“** ist das Adjektiv eine notwendige Ergänzung des Prädikats, denn das Prädikat wird erst durch das Adjektiv vollständig. Man spricht in solchen Fällen vom **prädikativen Adjektiv.** Es bleibt ebenfalls immer in der Grundform und **verändert sich nicht.**

Beispiel: Figürchen, die mehr als 3000 Jahre … sind.
Wie sind sie?
Figürchen, die mehr als 3000 Jahre **alt** sind.

Tipp: Wenn du überprüfen willst, ob ein Adjektiv prädikativ verwendet wird, dann verändere den Numerus von Subjekt und Prädikat. Die Form des Adjektivs darf sich dabei nicht verändern.

Beispiel: Es wurde eine Figur aus Bronze gefunden, die mehr als 3000 Jahre **alt** ist.
Es wurden Figuren aus Bronze gefunden, die mehr als 3000 Jahre **alt** sind.

AUFGABE

5 Bilde sinnvolle Sätze, indem du zum Prädikat das passende Adjektiv aus der Liste wählst. Wandle die Sätze 2, 4, 5 in Pluralsätze um.

	Verb	Adjektiv
1. Das Wetter	ist	ärgerlich
2. Das Haus	blieb	krank
3. Meine Freundin	stand	hell
4. Der Kühlschrank	wurde	unverändert
5. Dein Bruder	war	rosa
6. Die Sonne	schien	offen

AUFGABE

6 Unterstreiche in folgendem Text das adverbiale Adjekiv einmal, das prädikative Adjektiv zweimal.

Gescheiter Blödsinn

Dunkel war's, der Mond schien hell,
schneebedeckt die grüne Flur,
als ein Wagen blitzesschnell
langsam um die Ecke fuhr,
während ein erschoss'ner Hase
auf der Wiese Schlittschuh' lief.
Und auf einer roten Bank,
die blau angestrichen war,
saß ein blondgelockter Jüngling,
mit kohlrabenschwarzem Haar,
neben ihm 'ne alte Schachtel,
zählte kaum ein ganzes Jahr.

AUFGABE 7

Selbst bei diesen Unsinnssätzen kannst du unterscheiden, wie das Adjektiv verwendet wird. Schreibe die Adjektive in die richtige Spalte.

Schwabbrige Golche

knuselten sich mit knostrigen Wabbeln,

die lupfig wurden,

durch den dapprichen Drösel.

Aber weil der Prutz zarblich war,

verstrosiperten sich die Trunkel

ölmisch und flitschig ins Schlumumpfel.

attributiv	prädikativ	adverbial
______	______	______
______	______	______
______	______	______

AUFGABE 8

Mache die Attributprobe. Wandle die echten Adjektive in attributive Adjektive um und ergänze ein passendes Substantiv. Bei Adverbien machst du einen Strich.

Beispiel: Beachte die Regeln sorgfältig! → Die sorgfältige Beachtung der Regeln …

Aus einer Gebrauchsanleitung

1. Bitte kontrollieren Sie sofort den Paketinhalt.

   ______________________ Kontrolle des Paketinhalts

2. Vergleichen Sie sorgfältig die Einzelteile mit der Materialliste.

   ______________________ Vergleich der Einzelteile

3. Rufen Sie uns an und geben Sie die Ersatzteilnummern genau an.

   ______________________ Angabe der Ersatzteilnummern.

4. Wir helfen Ihnen umgehend.

   ______________________ Hilfe

5. Beachten Sie beim Zusammenbau des Schrankes stets die Skizzen.

______________________________ Beachtung der Skizzen

6. Wir beglückwünschen Sie herzlich zu Ihrem Erfolg!

______________________________ Glückwunsch!

AUFGABE **9** Bilde die richtigen Adjektivformen. Bei zwei Adjektiven bestimmt jeweils das erste das zweite.

Aus dem Versandhauskatalog

Zweiteiliger Jogging-Anzug aus (hautsympathisch) Baumwolle für (sportlich, interessiert) Mädchen. (Langärmelig) Sweatshirt in (großzügig) Verarbeitung und (lässig) Schnitt, mit (weich, gefüttert) Schultern. Dazu eine (aktuell, gemustert) Hose.

Die Steigerung des Adjektivs

Info

Das Adjektiv kann als einzige Wortart **gesteigert** werden. Die gesteigerte Form nennt man auch **Vergleichsform,** weil man sie meist dazu verwendet, um Eigenschaften miteinander zu vergleichen.

Zu einem vollständigen Vergleich gehört auch das richtige Vergleichswort.
Der **Positiv** (= Grundform) steht, wenn zwei Eigenschaften gleich sind.
Das Vergleichswort heißt „so … wie“

Beispiel: Die Cheops-Pyramide ist **so** groß **wie** ein Hochhaus.

Der **Komparativ** drückt aus, dass zwei Eigenschaften verschieden sind.
Das Vergleichswort heißt „als“.

Beispiel: Kein Bauwerk war größer **als** die Cheops-Pyramide.

Der **Superlativ** bezeichnet die Eigenschaft, die im Vergleich zu anderen das höchste Ausmaß hat.

Beispiel: Die ältesten Mauern standen in Babylon.

Formen der Vergleichsformen
Der **Positiv** hat keine eigenen Endungen.
Der **Komparativ** hat die Endung **-er.**

Beispiel: Der Leuchtturm von Alexandria, war klein**er** als die Pyramiden.

Manche einsilbigen Adjektive lauten zusätzlich den Stammvokal um.

Beispiel: warm – wärmer

Der **Superlativ** besitzt die Endung **-st.**
Wird der Superlativ attributiv gebraucht, führt er immer den bestimmten Artikel bei sich.

Beispiel: Die Cheops-Pyramide ist **das** berühmte**ste** Bauwerk Ägyptens.

Wird der Superlativ nicht **attributiv,** sondern **adverbial** oder **prädikativ** verwendet, wird ihm das Wörtchen „am" vorangestellt, und er nimmt die Endung -(e)**sten** an.

Beispiel: Die Cheops-Pyramide ist **am** berühm**testen.**

Beachte: Einige Adjektive werden unregelmäßig gesteigert.

Beispiele:

gute Einfälle	bessere Einfälle	die besten Einfälle
viel Geld	mehr Geld	am meisten Geld

AUFGABE 10

Bilde Sätze nach folgendem Muster:

Beispiel: jung – der Himalaja – alt – Harz
Die Alpen sind jünger als der Himalaja, aber älter als der Harz.

grob – Spinne – fein – Seeadler

Kolibri baut ein ______________ Nest.

kalt – Wolf – warm – Frosch

Murmeltier hat im Winter ______________ Blut.

dumm – Papagei – klug – Huhn

Hund benimmt sich ______________

stark – Koalabär – schwach – Eisbär

Pandabär ist ______________

gut – Karpfen – schlecht –Antilope

Affe sieht in der Nähe ______________

AUFGABE **11**

Wandle die Komparative bzw. Superlative in den Positiv um. Denke daran dass du manchmal auch das Vergleichswort ändern musst.

Beispiel: Ich singe schöner als du. ⟶ Ich singe so schön wie du.

1. Intercity fahren ist die schönste Art, bequemer ans Ziel zu kommen!

2. Mit der Lernmaske XYZ lernen Sie schneller als bisher!

3. XYZ-Lautsprecherboxen! Musik – begeisternder als im Konzertsaal!

4. Der NS 850 Ski-Schuh zeichnet sich durch höchsten Komfort und beste Passform aus!

5. 12 FEINSTE GEBÄCKSORTEN FÜR DEN VERWÖHNTESTEN GAUMEN!

6. *Gönnen Sie sich die weitesten Flüge zu billigsten Preisen!*

7. Unser Waschmittel bringt strahlenderes Weiß!

Info

Achtung: Nicht alle Adjektive können gesteigert werden. Ein Adjektiv, das zu einer der vier Gruppen gehört, wird nicht gesteigert.

a) Es bezeichnet Eigenschaften, die sich nicht verändern.

Beispiel: ägyptische Götter

b) Es hat bereits die Bedeutung eines Superlativs.

Beispiel: einzigartige Bauweise

c) Es hat eine verneinte Bedeutung.

Beispiel: zeitlose Bauwerke

d) Es ist kein echtes Adjektiv, sondern ein Partizip.

Beispiel: die Hängenden Gärten der Semiramis

AUFGABE

12 Überlege dir, welche der Adjektive sich nicht steigern lassen. In welche Gruppe von Adjektiven gehören sie?

Aus einem Sportbericht

Alle redeten vom Wetter, nur der strahlende Sieger nicht. Der erste Wettbewerb wurde zu einer außergewöhnlichen „Hitzeschlacht“. Gut kam der schwedische Spitzensportler Thomas Wassberg mit den besonderen Verhältnissen zurecht. Er gewann damit die fünfte Goldmedaille bei internationalen Wettbewerben. Der hohe Favorit Gunde Svan endete hoffnungslos abgeschlagen auf einem der letzten Plätze. Im Ziel waren sich fast alle Teilnehmer einig: „Die aufgeweichte Spur, der nasse Schnee und die schwere Strecke – das war eines der härtesten Rennen über 30 km, das es je gab. Ein absoluter Wahnsinn!“ Doch Wassberg meinte ganz nüchtern: „Ich fühlte mich total fit, es ist optimal gelaufen. Die schwierigen Bedingungen haben mir – anders als vielen Konkurrenten – gut gepasst. Es war nicht ungünstig, dass ich in der vergangenen Saison fast kein Rennen bestritten habe.“

Adjektive, die unveränderliche Eigenschaften bezeichnen

____

Adjektive, die bereits superlativische Bedeutung haben

____

Adjektive, deren Bedeutung verneint ist

____

Adjektive, die von der Form her Partizipien sind

____

Zusammenfassung und Test

MERKE

Das Adjektiv ist im Unterschied zum Artikel und Pronomen an kein bestimmtes Wort gebunden.

Das attributive Adjektiv steht bei Substantiven und wird dekliniert.
Das adverbiale Adjektiv bestimmt die Aussage von Verben und Adjektiven genauer.
Das prädikative Adjektiv kommt nur bei einigen bestimmten Verben als notwendige Ergänzung des Prädikats vor.

Als einzige Wortart wird das Adjektiv gesteigert und bildet zusätzliche Formen. Achte bei den Vergleichsformen auf das richtige Vergleichswort.

TEST

1 Handelt es sich in den folgenden Sätzen um Positiv- oder Komparativformen? Benutze die Abkürzung P bzw. K.
Füge außerdem, wenn nötig, das richtige Vergleichswort ein.

Leicht veränderte Lebensweisheiten

1. Besser ein lebender Hund ________ ein toter Löwe.
2. Ein kluger Mann sagt: Wer tiefer irrt, der wird auch schneller weise.
3. Lieber ein schlechter Gewinner ________ ein guter Verlierer.

4. Ein voller Bauch studiert seltener ________ ein leerer.

5. Wussten Sie schon, dass guter Ratschlag teurer geworden ist?

6. In rauer Schale steckt oft ein fauler Kerl.

7. Guter Staat ist teuer.

8. Dicker Kinder Eltern sollten häufiger fasten.

TEST 2

Bilde die richtigen Formen. Die Abkürzung hinter dem Adjektiv nennt die Steigerungsstufe.

XXX – Die (schön, S) Art, (braun, P) zu werden

Der (neu, P) Bräunungsfaktor regt durch (natürlich, P) Wirkstoffe selbst (empfindlich, K) Haut (behutsam, P) zur Bräunung an. Je (hoch, K) dabei der Schutzfaktor ist, desto (stark, K) ist die Bräunung. So werden Sie (sicher, P) (braun, P). Der XXX-Lichtschutzfaktor sorgt für ein (lang, P) Verweilen selbst in der (grell, S) Sonne. Je (überlegt, K) Sie diesen Faktor wählen, desto (gut, K) ist Ihre Haut geschützt. Machen Sie deshalb diese (außergewöhnlich, P) Sonnenkosmetik zu Ihrem (ständig, P) Begleiter.

TEST 3

Bestimme die Vergleichsstufe (P, K oder S) und Verwendungsart (attr, präd, adv) der Adjektivformen.

Beispiel: frühe (P, attr) Spuren der Menschheit

Frühe Spuren der Menschheit

Jüngst (________________) erfolgte (________________) Ausgrabungen im Zweistromland haben zu wirklich (________________) überraschenden (________________) Erkenntnissen über die Anfänge der Menschheit geführt. Um 8500 v. Chr. siedelten hier Menschen unter härtesten (________________) Lebensbedingungen in niedrigen (________________) Rundhütten. Später (________________) ließen sie sich an Flüssen nieder, wo durch das wärmere (________________) Klima die Nahrung reich (________________) vorhanden war. Die neueren (________________) Funde brachten grobe (________________) Feuersteine mit scharfen (________________) Klingen ans Licht, die sorgfältigst (________________) verarbeitet sind und höchste (________________) Handwerkskunst beweisen.

Zum Schluss noch ein kleiner rätselhafter Text von Gerhard Rühm, der mit dem Adjektiv auf besondere Weise umgeht:

dunkel   hell
stein kühl fallen
regen leicht schweben
mensch schwer fallen
sonne heiß schweben
schwebt heiß stein
fiel schwer regen
schwebt leicht mensch
fiel kühl sonne

Schlusstest: Deklination

MERKE

Du hast die Wortarten Substantiv, Artikel, Pronomen, Adjektiv kennen gelernt. All diese Wortarten werden dekliniert und sind durch Kasus, Numerus und Genus bestimmt.

Die wichtigste Wortart ist dabei das Substantiv, weil es den Artikel, das Pronomen und das Adjektiv als Begleitwörter bei sich haben kann.

Meist kommen Substantive im Satz nicht allein, sondern mit anderen deklinierbaren Wörtern vor. Sie bilden zusammen die Substantivgruppe.

Alle Teile der Substantivgruppe sind miteinander kongruent, d. h. sie stimmen in Kasus, Numerus und Genus überein.
Du kannst durch ein Pronomen eine ganze Substantivgruppe ersetzen.

Beispiel: Zwei **junge Engländer** machten sich auf die Suche nach Eldorado, der Goldstadt. Sie (= zwei junge Engländer) hatten in irgendwelchen alten Urkunden davon gelesen.

Die beiden Forscher kämpften sich durch den Dschungel. Ihnen (= den beiden Forschern) war keine Anstrengung zu groß.

TEST

1 Unterstreiche die Substantivgruppen des folgenden Textes.

Pompeji

Keine andere versunkene Stadt gibt den Besuchern heute noch ein so unverfälschtes Bild davon, wie längst vergangene Völker gelebt haben. Du kannst über gepflasterte Straßen gehen und den kostbaren Schmuck in den Tempeln bewundern. In farbenprächtigen Mosaiken preisen geschäftstüchtige Kaufleute ihre seltenen Waren an. Du trittst in die geräumigen, reich geschmückten Häuser und bewunderst dort die wertvollen Räume.

TEST

2 Setze die Wörter in Klammern in den Satz ein.

Auch auf (der, amerikanisch) Erdteil haben die Menschen vor (viel) Jahrhunderten für (ihr) Götter (riesig) Häuser gebaut. In Peru haben Wissenschaftler das (gewaltig) Heiligtum der Sonne ausgegraben. Am Ende einer (mächtig) Treppe lockt uns (ein, riesengroß) Figur ins (dunkel) Innere, die aus (ein, einzig) Steinblock gemeißelt ist. Sie ist (reich, verziert). Mit (solch, wertvoll) Körperschmuck wollte der (früh) Künstler offenbar den (besonder) Rang der Person hervorheben. Hinter all (dieses, rätselhaft) Bildern ist eine (uralt) Botschaft versteckt.

TEST

3 Gib an, welche Substantive oder Substantivgruppen durch die farbigen Pronomina ersetzt werden.

Herculaneum

Die zweite Stadt, die durch den Vulkanausbruch untergegangen ist, liegt in der Nähe von Pompeji. Sie wurde wieder entdeckt, als Arbeiter zufällig einen Kanal bauten. Sie stießen auf gepflasterte Straßen und Wege. Auf ihnen lagen noch fast unversehrt Menschen und Tiere. Diesen war es nicht mehr gelungen, vor dem Aschenregen zu fliehen; so plötzlich war er über sie hereingebrochen. Bereits über 200 Jahre dauert die Ausgrabung der Ruinen. Sie beschert uns täglich Fundstücke von seltener Schönheit. Im Hause eines Kaufmanns kann man z. B. wundervolle Gemälde finden. Sie, aber auch Gegenstände aus dem Alltag, zeugen von einem reichen Leben.

Verb

5

Die Reise nach Indien – Aus Julias Tagebuch:

1. Tag: Abflug von Frankfurt im Großraumjet direkt nach Delhi an Bord First-Class-Verpflegung Ankunft in Delhi: ca. 17.00 Uhr

8.8.1987, 22.00 Uhr. Das Essen im Flugzeug war herrlich (Königinpastete als Vorspeise!!) – und links unter mir Wolken und blaues Meer. Leider sind wir in Delhi sehr spät angekommen, so dass ich von der Stadt fast nichts mehr sehen konnte. Morgen Vormittag besichtigen wir zuerst die Altstadt.

2. Tag: Um 14.00 Uhr Abfahrt zur Besichtigung der Altstadt von Delhi Übernachtung im Palast eines Maharadschas mit märchenhaftem Luxus

9.8. vor dem Abendessen: Die ersten Eindrücke: bettelnde Kinder auf überfüllten Straßen, viel Lärm, aber auch herrliche Tempel. Überall wurde ich wegen meiner blonden Haare bestaunt. – Ich bin schon ganz aufgeregt: Heute Nacht werde ich im Prunkbett eines Maharadschas schlafen!!
10.8., 10.00 Uhr. Wundervoll geschlafen! – Drei Diener in prächtigen Uniformen brachten mir das Frühstück ans Bett – als wäre ich eine Prinzessin aus Tausendundeiner Nacht! Das Riesenbett war mit richtigem Gold verziert.

11. Tag: Morgens Besuch von Amber, einer ehemaligen Fürstenresidenz. Nach dem Mittagessen Abflug nach Jaipur, der „rosaroten“ Stadt

Ich bin auf einem geschmückten Elefanten geritten!! Es war märchenhaft, aber ich hatte auch ein bisschen Angst. Heute Nachmittag fliegen wir mit einem kleinen Flugzeug nach Jaipur. Der Reiseleiter sagt, die Stadt sei rosarot angemalt. Meine Lieblingsfarbe!!

Du hast dich vielleicht gewundert, dass in Julias Tagebuch zwei verschiedenartige Texte vorkommen. Das kann ich dir erklären: Julia hat aus dem Reiseprospekt einzelne Ankündigungen ausgeschnitten und darunter geschrieben, was sie wirklich erlebt hat. Dir ist beim Lesen sicher aufgefallen, dass in der Reiseankündigung fast nur Substantive vorkommen. Im Tagebuch dagegen benützt Julia vor allem Verben, die in verschiedenen Formen auftauchen.

AUFGABE

1 Mach dir die Unterschiede zwischen Verb und Substantiv klar, indem du ihre Formen miteinander vergleichst.
Schreibe zum jeweiligen Substantiv die passenden Sätze aus Julias Tagebuch.

Im Reiseprospekt	**Im Tagebuch**
1. Tag	
First-Class-Verpflegung	Das Essen ______________________
Ankunft in Delhi	______________________
2. Tag	
Besichtigung der Altstadt	______________________
Übernachtung im Palast	______________________
mit märchenhaftem Luxus	______________________
11. Tag	
Ritt auf Elefanten	______________________
Abflug nach Jaipur	______________________

Das solltest du beim Vergleich herausgefunden haben:
Das Verb verändert seine Formen anders als ein Substantiv. Die Verbformen bestehen manchmal sogar aus mehreren Wörtern.

Info

Das **Verb** bezeichnet Handlungen, Vorgänge oder Zustände. Wie beim Substantiv verändert sich auch beim Verb die Wortform in einem Text. Das nennt man konjugieren. (Beim Substantiv spricht man vom Deklinieren.)

Jede konjugierte Verbform ist durch **fünf** Merkmale bestimmt.

Beispiel:

1. Person	ich sehe	du s**iehst**
2. Numerus	ich sehe	wir seh**en**
3. Modus	ich sehe	ich s**ähe**
4. Tempus	ich sehe	ich s**ah**
5. Genus des Verbs	ich sehe	ich **werde gesehen**

Eine konjugierte Verbform nennt man auch **finit.**
Im Satz ist die finite Verbform immer das **Prädikat**.

Das Verb-Kapitel ist umfangreicher als die anderen. Der Stoff ist deshalb in mehrere Portionen aufgeteilt, die du der Reihe nach oder auch einzeln durchgehen kannst.
Wir werden die fünf Merkmale einer finiten Verbform Schritt für Schritt besprechen. Die Zusammenfassung findest du im Kapitel Konjugation.

Person und Numerus

Info

In der finiten Verbform werden **Person** und **Numerus** ausgedrückt. Es gibt jeweils drei Personen im Singular und Plural. Die Person gibt an, wer oder was am Geschehen beteiligt ist, der Numerus, wie viele es sind.
Die 1. Person bezeichnet den Sprecher oder Schreiber des Textes; die 2. Person den Hörer oder Leser.
Die 3. Person bezeichnet Personen oder Dinge, über die gesprochen oder geschrieben wird.

Die finite Verbform nennt man auch **Personalform.** Sie bildet im Satz das Prädikat und stimmt in Person und Numerus mit dem Subjekt überein.

Beispiel: 1. Person Singular: **Ich fahre** nach Indien.
2. Person Singular: **Du fährst** nach Indien.
3. Person Plural: Viele **Touristen fahren** nach Indien.

Bildung der Personalformen

Bei einigen Verben ändert sich in der 2. und 3. Person Singular der Vokal der Stammsilbe.

Beispiel: ich schlafe – du schläfst – er, sie, es schläft

Das Verb „sein" hat drei verschiedene Stämme: Im Gedicht „Nonjugation" (kein Druckfehler!) von R. Haufs kannst du die wichtigen Formen nachlesen.

Ich bin 1 Gedicht
Du bist Dein Gedicht
Er sie es sind 3 Gedichte
Wir sind alle Gedichte
Ihr seid unsre Gedichte
Sie sind auch ein Gedicht

Frage: Wie heißt die Zeile 3, wenn nur das Pronomen „er" verwendet wird?

Infinite Verbformen

Neben den **Personalformen** gibt es drei **infinite Verbformen,** die keine Person, sondern nur einen Vorgang oder Zustand bezeichnen.

1. **Infinitiv**

Er bildet die Grundform des Verbs und gibt nur seine Bedeutung an.

Beispiele: tanzen, erblühen, sein

2. **Partizip I** (= Partizip Präsens)

Es drückt aus, dass ein Geschehen oder ein Zustand andauert. Es wird fast nur als Adjektiv verwendet.

Beispiel: Ich sah viele **bettelnde** Kinder.

3. **Partizip II** (= Partizip Perfekt)

Es bezeichnet den Abschluss eines Geschehens oder Zustands. Es dient vor allem dazu, zusammengesetzte Verbformen zu bilden.

Beispiel: Die Häuser sind rosa **angemalt.**

Es wird auch als Adjektiv verwendet und entsprechend dekliniert.

Beispiel: Die Stadt Jaipur besteht aus rosa **angemalten** Häusern.

AUFGABE **2**

Schreibe die Sätze um, indem du die Höflichkeitsform in die 2. Person Singular veränderst.

Beispiel: Sie besichtigen —> du besichtigst

Aus dem Reiseprospekt

Am vorletzten Tag der Traumreise fliegen Sie nach Katmandu, der Hauptstadt von Nepal. Dort müssen Sie Patan, die uralte Königsstadt, besuchen. Sie sehen herrliche Tempel mit prachtvollen Toreingängen. Und in Bodnath dürfen Sie den berühmten Buddha bestaunen, der in alle Himmelsrichtungen blickt. Wenn Sie mögen, können Sie sich in malerischen Cafés eine Ruhepause gönnen. Sie essen zuckersüßes Gebäck und nehmen honigsüßen Tee zu sich. Und in unserem First-Class-Hotel schlafen Sie in orientalischem Luxus. Diesen Tag vergessen Sie ganz sicher nicht.

AUFGABE **3**

Ordne die infiniten Verbformen richtig in die Tabelle auf S. 60 ein. Kannst du den Verfasser des Textes erraten? Wenn nicht – im Kapitel „Adverb“ wird erklärt, wer sich hier äußert.

Aus dem Reisebericht eines anderen Indienbesuchers

Im weiteren Verlauf meiner Fahrt entdeckte ich eine große Siedlung, die ausgedehnteste, die wir bisher vorgefunden hatten. Ich sah, wie eine Horde nackter Eingeborener laut schreiend und ihre Furcht einflößenden Spieße schwingend zum Ufer gelaufen kam. Da ich mit ihnen sprechen wollte, gab ich Befehl, vor Anker zu gehen. Gleichzeitig hatte ich angeordnet, die Indianer mit den mitgeführten Kleinigkeiten zu beschenken. Anfangs gaben die drohenden Indianer zu verstehen, dass sie keineswegs gesonnen seien, die Weißen landen zu lassen. Als sie aber sahen, dass die Boote immer näher ans Land herankamen, ergriffen sie schnell davonlaufend die Flucht.

Infinitiv	Partizip I	Partizip II
____________	____________	____________
____________	____________	____________
____________	____________	____________

Tempus

Die Geschichte von der Traumreise nach Indien ist noch nicht zu Ende. Als Julia schon längst wieder zu Hause ist, kommt eine verspätete Postkarte aus Indien bei ihrer Freundin an.

Liebe Anne,
ich schreibe dir ganz schnell diese Karte. Stell dir vor: In einer Stunde reite ich auf einem richtigen großen Elefanten! Hoffentlich falle ich nicht runter?!
Wir werden noch heute nach Jaipur fliegen. Dort sind alle Häuser in meiner Lieblingsfarbe Rosa angemalt. Ganz toll war es auch im Palast des Maharadschas. Ich habe im Bett des Maharadschas geschlafen. Das Bett war riesengroß und mit Gold verziert.

Viele herzliche Grüße an dich
Deine Julia

*** Es wäre schön, wenn du auch hier sein könntest!

Du bemerkst, dass sich die Tempusformen auf der Postkarte im Vergleich zum Tagebuch geändert haben, obwohl es sich um die gleichen Ereignisse handelt. Woran liegt das? Die Wahl der Tempusform hängt offensichtlich davon ab, zu welchem Zeitpunkt etwas gesagt oder geschrieben wird.
Lies dir den Text der Postkarte noch einmal durch und versuche folgende Frage zu beantworten: Wann wurde die Postkarte geschrieben? …

Info

Mit Hilfe der **Tempusform** hast du die Möglichkeit, ein Geschehen zeitlich einzuordnen. Dabei gehst du immer von dem Augenblick aus, in dem du sprichst oder schreibst.

Es gibt drei Zeitstufen, in die du das Geschehen einordnen kannst:
Ein Geschehen, das **während der Sprechzeit** abläuft, liegt in der **Gegenwart.**
Ein Geschehen, das **zeitlich zurückliegt,** gehört zur **Vergangenheit.**
Ein Geschehen, das noch **zu erwarten ist,** liegt in der **Zukunft.**

Zu den drei Zeitstufen gehören jeweils zwei Tempusformen.

Zeitstufe Gegenwart
1. Das **Präsens** drückt aus, dass ein Geschehen im Augenblick stattfindet. Es wird auch verwendet, wenn etwas zeitlos gültig ist.
Mit entsprechenden Zeitangaben weist das Präsens auch in die Zukunft.

Beispiele: Ich **singe** (gerade, jetzt, in diesem Augenblick).
Ich **denke** (oft, immer wieder) an dich.
Lügen **haben** (stets) kurze Beine. 2 x 2 **ist** (immer) 4.
Heute Nachmittag **fliegen** wir nach Jaipur.

2. Das **Perfekt** stellt fest, dass ein Geschehen zwar in der Vergangenheit abgeschlossen ist, aber als Ergebnis für die Gegenwart wichtig ist („Ergebnis-Perfekt“). Es kommt oft zusammen mit dem Präsens vor und bezeichnet dann die Vorzeitigkeit.

Beispiel: Ich **habe** (gestern) bis in die Nacht **gearbeitet,** und ich bin deshalb (nun, heute) müde.

Beachte: Im Süden Deutschlands wird das Perfekt auch verwendet, um von vergangenen Geschehnissen zu erzählen („Erzähl-Perfekt“).

Zeitstufe Vergangenheit

1. Das **Präteritum** bezieht sich auf ein vergangenes Geschehen. Du findest das Präteritum sehr häufig in Berichten oder Erzählungen.

Beispiele: Ich **arbeitete** (gestern, damals) recht gerne.
Es **war** einmal (vor langer, langer Zeit) ein König.

2. Das **Plusquamperfekt** kommt fast nur in Verbindung mit dem Präteritum vor und bezeichnet dann die Vorzeitigkeit.

Beispiel: Nachdem ich **gearbeitet hatte,** war ich müde.

Zeitstufe Zukunft

1. Das **Futur I** kündigt ein kommendes Geschehen an. Du kannst das Futur I auch verwenden, um einen Wunsch oder eine Vermutung auszusprechen. Oft wird es durch das Präsens mit Zeitangaben ersetzt.

Beispiele: Wir **werden** bald wieder zu Hause **sein.**
Du **wirst** jetzt deine Hausaufgaben **machen!**
Das **wird** ganz schön teuer **werden.**

2. Das **Futur II** kommt im Deutschen sehr selten vor. Es bezeichnet ein abgeschlossenes Geschehen, das allerdings erst erwartet wird. Meist wird es durch das Ergebnis-Perfekt ersetzt.

Beispiel: Wenn ich nach Hause **zurückgekehrt sein werde** (besser: bin), werde ich dir alles erzählen.

Mache dir noch einmal durch die Übersicht klar, wie die Zeitstufen und Tempusformen zusammenhängen.

Zeitstufen	**Tempusformen**	
Gegenwart	Präsens	Perfekt
Vergangenheit	Präteritum	Plusquamperfekt
Zukunft	Futur I (Präsens)	Futur II (Perfekt)

Dir ist sicher aufgefallen, dass die Zeitstufe etwas anderes ist als das Tempus. Verwende deshalb für die Tempusformen die lateinischen Fachausdrücke und für die Zeitstufen die deutschen.

AUFGABE **4**

Nummeriere die Sätze in der richtigen zeitlichen Reihenfolge. Um es dir ein bisschen einfacher zu machen, haben wir den ersten und letzten Satz vorgegeben!

Elefantenschule

(8) dürfen sie später als Paradetiere bei religiösen Festen auftreten.
( ) Nachdem man sie eingefangen hatte,
( ) muss büßen.
( ) Das bekamen einige indische Elefanten zu spüren,
( ) Wenn sie „anständiges Benehmen gegenüber den Menschen“ gelernt haben,
( ) die in den letzten Wochen großen Schaden angerichtet hatten.
( ) mussten sie drei Wochen lang eine „Elefanten-Schule“ besuchen.
(1) Wer sich zu wild gebärdet,

AUFGABE **5**

Stelle fest, zu welcher Zeitstufe das Tempus jeweils gehört, und trage die entsprechende Satznummer ein.

Krawattenrekord

1. Umberto Sala, italienischer Textilfabrikant, hat dem Schiefen Turm von Pisa den größten Schlips der Welt verpasst.
2. Dazu verwendete er eine 44 m lange Stoffbahn in den italienischen Nationalfarben.
3. Für den Knoten brauchte er mehrere Tage.
4. Sala plant ein noch größeres Schlips-Abenteuer.
5. Als Nächsteswird er der New Yorker Freiheitsstatue an den Halsgehen .

Zeitstufe **Satznummer**

Vergangenheit: ______________________

Gegenwart: ______________________

Zukunft: ______________________

Info

Bildung der Tempusformen

Jedes Verb hat **drei Stammformen,** mit deren Hilfe du alle Tempusformen bilden kannst:

1. Infinitiv	= Präsensstamm	besichtigen
2. 1. Person Sing. Prät.	= Präteritumstamm	(ich) besichtigte
3. Partizip II	= Perfektstamm	besichtigt

Die Verben bilden die Tempusformen auf verschiedene Weise. Man unterscheidet die **starke, schwache** und **unregelmäßige Konjugation.** Zu welcher Konjugationsklasse das jeweilige Verb gehört, siehst du an der 2. und 3. Stammform.

2. Stammform (= Präteritumstamm)
Die **starken** Verben verändern den Stammvokal.

Tipp: Bei manchen Verben kannst du den veränderten Stammvokal auch am dazugehörenden Substantiv sehen.

Beispiel: binden – das Band – (ich) band

Die **schwachen** Verben bilden das Präteritum mit der Silbe **-te.**
Die **unregelmäßigen** Verben verändern den Stammvokal und fügen gleichzeitig die Silbe **-te** der schwachen Verben an.

3. Stammform (= Perfektstamm)
Den Perfektstamm erkennst du bei allen Verben an der Vorsilbe **ge-.**
Alle starken Verben haben im Perfektstamm die Endung **-en,** die schwachen und die unregelmäßigen die Endung **-t.**

Aufpassen musst du allerdings bei Verben, die bereits eine Vorsilbe haben.
Wenn sie betont ist, wird die Silbe ge- danach eingeschoben; wenn die Vorsilbe unbetont ist, entfällt das ge-.

Beispiele:

besichtigen	besichtigt
vorsorgen	vor-ge-sorgt

Im Folgenden haben wir dir eine Übersicht über alle Tempusformen zusammengestellt.

	stark	schwach	unregelmäßig
Infinitiv	fallen	lachen	bringen
Präteritumstamm	fiel	lachte	brachte
Perfektstamm	gefallen	gelacht	gebracht
betonte Vorsilbe	vorgefallen	ausgelacht	vorgebracht
unbetonte Vorsilbe	verfallen	verlacht	verbracht

Mit Hilfe der Stammformen bist du nun in der Lage, alle Tempusformen zu bilden.
Dabei unterscheidet man die **einfachen** von den **zusammengesetzten** Formen.

a) Einfache Tempusformen
Die einfachen Tempusformen werden durch das Vollverb allein gebildet. Nur das **Präsens** und das **Präteritum** haben einfache Tempusformen.

Achtung: Einige Verben bilden ein starkes und ein schwaches Präteritum mit unterschiedlicher Bedeutung.

Beispiele:

Der Bauer trinkt.	Der Bauer trank.
Der Bauer gab seinem Vieh zu trinken.	Der Bauer tränkte sein Vieh.

AUFGABE 6

Verwandle die Präsensformen in Präteritumformen und setze das passende Substantiv ein.

Auf dem Reiterhof

1. Ganz früh am Morgen reiten wir mit unseren Pferden aus.
2. Welch ein herrlicher ______________ über die grünen Wiesen!
3. Über einem Hindernis reißt sich Brigitte die Hose auf.
4. Den ______________ nähte danach ihre Mutter mit einem Flicken zu.
5. Auf dem Turnierplatz streichen Susanne und Carmen die Hindernisse an.
6. Der Trainer lobte sie: „Den ______________ habt ihr gut hinbekommen."
7. Dabei pfeift er anerkennend durch die Zähne.

8. Aber es war nur ein leiser ______________, den die anderen leider nicht hörten.

9. Im Stall greift Martin dem Schimmel in die dicke Mähne.

10. Aber den ______________ bemerkte der Schimmel gar nicht.

11. Nur ein kleines Tierchen flieht springend davon.

12. Kaum zu glauben. Es war ein ______________!

AUFGABE

7 Wandle die Präsensformen in Präteritumformen um.

1. Die Arbeiter fällen den Baum, und dann fällst du darüber.
2. Noch schwimmen Fische im Wasser. Aber wer schwemmt das Gift heraus?
3. Alle Wege führen nach Rom, deshalb fahren wir auch nach Rom.
4. Du beugst das Substantiv. Ich biege den Stahl.
5. Das Kind setzt sich auf den Stuhl. Dann sitzt es da und guckt.

Info

b) Zusammengesetzte Tempusformen

Alle mehrteiligen Verbformen bildet man aus einem **finiten Hilfsverb** und **infiniten Formen,** die sich nicht verändern. Als Hilfsverben dienen die Verben **werden, sein, haben.**

Achte auf die richtige Stellung der Verbform im Satz!

Im Hauptsatz steht das finite Hilfsverb an zweiter Stelle und die infiniten Verbformen am Ende des Satzes. Sie bilden so die **Satzklammer.**

Im Gliedsatz befindet sich das finite Hilfsverb am Ende und die finite Verbform davor.

Beispiele: Ich **werde** im Prunkbett des Maharadschas **schlafen.**
Ich freue mich darauf, dass ich im Prunkbett **schlafen werde.**

Tempusformen mit dem Hilfsverb „werden“

Futur I: „werden“ + 1. Stammform

Beispiel: Wir **werden** nach Jaipur **fliegen.**

Futur II: „werden“ + 3. Stammform + „haben/sein“

Beispiel: Ich verspreche dir: Bis Weihnachten **werde** ich meine Noten **verbessert haben.**

Tempusformen mit dem Hilfsverb „haben/sein“

Perfekt: „haben/sein“ + 3. Stammform

Beispiel: Ich **bin** in Delhi sehr spät **angekommen.**
Ich **habe** im Bett eines Maharadschas **geschlafen.**

Möglicherweise hast du Schwierigkeiten bei der Wahl des richtigen Hilfsverbs.

Beachte: Nur Verben, die eine Bewegung ausdrücken und kein Akkusativobjekt nach sich haben können, gebrauchen das Hilfsverb „sein“.

Beispiel: Ich laufe. Ich **bin** gelaufen.

Verben, bei denen du mit der Kasusfrage: Wen oder was? das Akkusativobjekt erhältst oder probeweise ergänzen kannst, benützen das Hilfsverb „haben“.

Beispiel: Ich singe ein Lied. Ich **habe** ein Lied **gesungen.**

Plusquamperfekt: „hatte/war“ + 3. Stammform

Beispiel: Nachdem wir die Altstadt von Delhi **besichtigt hatten,** gönnten wir uns ein Essen in einem feinen Restaurant.

Der Wechsel zwischen „haben“ und „sein“ richtet sich nach denselben Regeln wie beim Perfekt.

AUFGABE 8 Wandle die Präsensformen in Perfektformen um.

Wie FC Bayern Meister geworden ist

Zehn Meistertitel sammeln die Münchner Bayern. Der Lorbeer der Konkurrenz verwelkt. Drei Titel in einer Serie: Keinem gelingt das bisher. Und keiner begrüßt mehr Zuschauer, keiner verdient mehr, keiner gewinnt häufiger und bleibt länger ungeschlagen. Der FC Bayern verleiht der Bundesliga Glanz. Was kann die Mannschaft dafür, dass die Gegner so schwach auf der Brust sind?
Gleich zu Beginn setzen sich die Münchner an die Spitze, zu früh, wie der Trainer findet.

Genus des Verbs

Info

Mit dem **Genus des Verbs** drückst du aus, wie du das Geschehen betrachtest.

Mit dem Aktiv drückst du aus, dass das Subjekt im Mittelpunkt steht.

Beispiel: Ich **lobe** dich. = Sehrichtung auf das handelnde Subjekt

Im Passivsatz betrachtest du das Geschehen aus einer anderen Richtung. Im Mittelpunkt steht jetzt der Vorgang.

Beispiel: Ich **werde gelobt** = Sehrichtung auf den Vorgang

Achtung: Verwechsle das Genus des Verbs nicht mit dem Genus des Substantivs!
Deshalb rate ich dir, immer den Ausdruck „Genus des Verbs" zu benützen, um Missverständnisse zu vermeiden.

Was du beim Kapitel Tempus gelernt hast, kannst du jetzt gut gebrauchen. Im Passiv kommen nämlich dieselben sechs Tempora vor.

Bildung der Passivformen
Die Passivformen werden aus dem Hilfsverb „werden" bzw. „sein" und der 3. Stammform zusammengesetzt.
Erinnere dich daran, dass sich dabei nur das Hilfsverb verändert.

Tempusformen mit dem Hilfsverb „werden“

Präsens:	Ich **werde** überall **bestaunt.**
Präteritum:	Ich **wurde** überall **bestaunt.**
Futur I:	Ich **werde** überall **bestaunt werden.**
Futur II:	Ich **werde** überall **bestaunt worden sein.**

Tipp: Dir ist sicher aufgefallen, dass das Präsens Passiv ebenso wie das Futur I Aktiv das Präsens des Hilfsverbs „werden“ verwendet. Die Formen kannst du aber mit einem Blick leicht unterscheiden. Sieh immer auf die infinite Form und erinnere dich:
Nur das Futur I Aktiv hat einen Infinitiv bei sich!

Beispiele:

Futur I Aktiv:	Ich **werde** die Altstadt von Delhi **besichtigen.**
Präsens Passiv:	Delhi **wird** von vielen Menschen **besichtigt.**

Tempusformen mit dem Hilfsverb „sein“

Perfekt:	Ich **bin bestaunt worden.**
Plusquamperfekt:	Ich **war bestaunt worden.**

Neben den Passivformen, die einen Vorgang ausdrücken, gibt es auch noch das **Zustandspassiv,** das einen Zustand in den Mittelpunkt rückt.
Das Zustandspassiv besteht aus einer Personalform von „sein“ + Partizip.

Präsens:	Die Häuser **sind** rosarot **angemalt.**
Präteritum:	Die Häuser **waren** rosarot **angemalt.**

Du kannst das Zustandspassiv zur Probe in ein attributives Adjektiv umwandeln.

Beispiel: Die Häuser sind bewohnt. → Die bewohnten Häuser

Beachte: Die Formen des Perfekts Aktiv, die mit „sein“ gebildet werden, und des Zustandspassivs sehen recht ähnlich aus. Ergänze probeweise das Wort „worden“. Wenn es möglich ist, handelt es sich um eine passive Form.

Vergleiche:

Ich bin gewaschen.	Ich bin gewachsen.
Ich bin gewaschen worden.	–

AUFGABE

9 Bestimme Tempus und Genus der Verbformen.

Eine alte Wikingersiedlung in Norddeutschland

1. In der Nähe der Stadt Schleswig liegt eine der ältesten Siedlungen Deutschlands.
2. Hier befand sich einst ein bedeutsamer Hafen der Wikinger.
3. Er wurde öfters Opfer von Raubüberfällen.
4. Im Jahre 1066 war die Stadt fast völlig zerstört worden.
5. Aber immer noch werden in der Nähe des alten Hafens Ausgrabungen gemacht.
6. Man fand sogar ein ganzes Wikingerboot.
7. Und erst kürzlich hat man einen Runenstein entdeckt, in den altgermanische Schriftzeichen eingemeißelt sind.
8. Von dem alten Königsgrab aus hat man einen herrlichen Ausblick aufs ganze Land.

AUFGABE

10 Bestimme das Genus des Verbs mit folgenden Abkürzungen:
A = Aktiv, VP = Vorgangspassiv, ZP = Zustandspassiv.

Die Höhle von Lascaux: ein Blick in die Steinzeit

1. Nur durch einen Zufall wird 1940 die Höhle von Lascaux entdeckt.
2. In ihr gibt es Malereien, die vor 17 000 Jahren entstanden sind.
3. Die schönsten Bilder wurden in einem engen Gang gefunden.
4. Besonders rätselhaft ist der Mann mit dem Vogelkopf.
5. Dieses urzeitliche Heiligtum war von Menschen nie bewohnt.
6. Noch heute ist der Ort von einem geheimen Zauber erfüllt.
7. Durch die vielen Besucher sind jedoch die Bilder gefährdet.
8. Deshalb wurde die Höhle für Besucher geschlossen.
9. Aber daneben ist eine getreue Nachbildung der Höhle entstanden.
10. Das Abbild ist täuschend ähnlich geworden.

AUFGABE

11 Bestimme das Tempus und das Genus mit folgenden Abkürzungen:
PrA = Präsens Aktiv, PrP = Präsens Passiv, FA = Futur I Aktiv.

Praktische Hinweise für eine Flugreise

1. Immer mehr wird das Flugzeug das ideale Verkehrsmittel (   ), um von Europa in ferne Länder zu kommen.

2. Es wird empfohlen (   ), auf langen Reisen mindestens eine Übernachtung einzuplanen.
3. Nach Indien werden auch zahlreiche Charterflüge angeboten (   ).
4. Dadurch wird der Urlaub billiger (   ); da wird man gerne auf einigen Komfort verzichten (   ).
5. Aber Achtung! In einigen Ländern wird zusätzlich eine Flughafensteuer erhoben (   ).
6. Damit Ihr Urlaub im Fernost ein Genuss wird (   ), wenden Sie sich bitte an Ihr Reisebüro.
7. Dort wird man Sie freundlich beraten (   ); außerdem werden alle Formalitäten zuverlässig erledigt (   ).

Modus

Info

Der **Modus** bezeichnet die Art der Verbaussage.
Er bezieht sich in seiner Wirkung auf den ganzen Satz und gibt an, wie die Satzaussage einzuschätzen ist.
Es gibt drei Modi: Indikativ, Konjunktiv und Imperativ.

a) Indikativ

Du verwendest ihn, wenn du ein Geschehen als tatsächlich darstellst. Das gilt auch, wenn du z. B. Geschichten erfindest.

Beispiele: Es **ist** (tatsächlich) wundervoll hier.
Es **war** einmal ein König.

b) Konjunktiv

Durch ihn drückst du aus, dass du keine Aussage über Tatsachen machen willst oder kannst. Dabei musst du zwischen dem **Konjunktiv I** und **II** unterscheiden:

Der Konjunktiv I bezeichnet eine Anweisung oder einen Wunsch.

Außerdem dient er dazu, eine Aussage einzuschränken. Dies ist z. B. nötig, wenn du die Sätze einer anderen Person wiedergibst.

Beispiele: Man **nehme** ein Pfund Mehl und drei Eier!
Der Reiseleiter sagt, in Jaipur **seien** die Häuser rosa angemalt.

Den Konjunktiv II benützt du, wenn du klarmachen willst, dass das Geschehen nur gedacht ist und sich in Wirklichkeit nicht ereignet.

Beispiel: Es **wäre** schön, wenn du hier sein **könntest!**

c) Imperativ

Durch ihn drückst du einen Wunsch oder eine Aufforderung aus.

Beispiel: **Stell** dir vor: Ich reite auf einem Elefanten!

Bildung der Modalformen

a) Der **Indikativ** hat kein eigenes Moduszeichen.
Er hat dir sicher noch keine Schwierigkeiten bereitet.

b) Die Formen des **Imperativs** kannst du leicht von den Indikativformen ableiten. Es gibt nur drei Möglichkeiten:

	Imperativ
Singular	Stell(e) dir vor!
Plural	Stellt euch vor!
Höflichkeitsform	Stellen Sie sich vor!

Einige Verben verändern beim Imperativ den Stammvokal und hängen kein **-e** an.

Beispiel:

Grundform	(2. P. S. Ind. A.)	Imperativ Singular
befehlen	(du befiehlst)	Befiehl!

c) Der Konjunktiv I unterscheidet sich vom Indikativ Präsens nur in der 3. Person Singular.

Beispiel: Indikativ: er, sie, es lacht Konjunktiv I: er, sie, es lache

Der **Konjunktiv II** unterscheidet sich nur bei einigen starken Verben vom Indikativ Präteritum.

Beispiel:

ich **flog**	ich **flöge**
ich **war**	ich **wäre**

Hinweise zum Gebrauch der Konjunktivformen

Da der Indikativ im Präsens mit dem Konjunktiv I gleich lautet, werden meist die Formen des Konjunktivs II als Ersatzform benutzt.

Beachte: Dies ist bei der 3. Person Singular nie nötig, weil sich die Endungen immer unterscheiden.

Beispiele:

Indikativ	**Konjunktiv I**	**Ersatzform**
wir besichtigen	wir besichtigen	wir besichtigten
er, sie, es besichtigt	er, sie, es besichtige	–

Da der Indikativ im Präteritum mit dem Konjunktiv II gleich lautet, wird mit „würde“ umschrieben.

Beachte: Dies ist bei einigen starken Verben und den Modalverben nicht nötig, weil sie im Konjunktiv den Stammvokal verändern.

Beispiele:

Konjunktiv I	**Konjunktiv II**	**Ersatzform**
wir besichtigten	wir besichtigten	wir würden besichtigen
wir flogen	wir flögen	–
wir konnten	wir könnten	–

AUFGABE 12

Verändere das Salatrezept, indem du die Aufforderungen abschwächst und das unpersönliche „man“ mit dem Konjunktiv I verwendest.

Beispiel: Nehmen Sie ... ! ⟶ Man nehme ...

Kopfsalat

1. Reiben Sie die Schüssel mit einer Knoblauch-Zehe aus.
2. Zerkleinern Sie die Zutaten für die Sauce, verrühren Sie diese und lassen Sie alles etwas ziehen.
3. Gießen Sie die Sauce über den Salat und mischen Sie rasch durch.
4. Richten Sie den Salat erst kurz vor dem Verzehr an.
5. Tipp: Schütteln Sie die Sauce in einem Schraubglas kräftig durch.

AUFGABE

13 Ein indischer Fremdenführer erzählt:

1. Das Taj Mahal ist das schönste Grabmal der Erde.
2. Es wird von keinem anderen Bauwerk an Glanz und Pracht übertroffen.
3. Ein indischer Kaiser hat es für seine verstorbene Frau erbaut.
4. Dieses Grabmal soll den Menschen als ein Mahnmal für die Macht der Liebe dienen.
5. Der Kaiser hat 20 000 Arbeiter beschäftigt und zwei Jahre benötigt, um das Bauwerk fertig zu stellen.
6. Er hat auch vorgehabt, für sich selbst ein pechschwarzes Grabmal errichten zu lassen.
7. Sein Wunsch ist es gewesen, die beiden Grabstätten durch eine silberne Brücke zu verbinden.
8. Sein Sohn aber hat ihn in einer nahe gelegenen Festung einsperren lassen.

Schränke die Aussagen des Fremdenführers ein, indem du statt der Indikativformen Konjunktiv I-Formen einsetzt:

Man sagt,

1. ______________________________

2. ______________________________

3. ______________________________

Man vermutet,

4. ______________________________

5. ______________________________

6. ______________________________

Man erzählt sich,

7. ______________________________

8. ______________________________

AUFGABE **14**

Wandle folgende Behauptungen ins Gegenteil um. Beginne jeden Satz mit „Es wäre schön, wenn …“.

Beispiel: Im Winter ist es kalt. ⟶ Es **wäre** schön, wenn es im Winter **warm wäre.**

1. Der Nürnberger Trichter funktioniert nicht.
2. Die Stühle in der Schule sind nicht gepolstert.
3. Am Wandertag fahren die Schüler nicht nach Indien.
4. Die Regeln der Grammatik lernt man nicht im Schlaf.
5. Für die Teilnahme am Unterricht bekommt keiner 50 €.
6. Die deutschen Schüler haben in Europa die kürzesten Ferien.

AUFGABE **15**

Wandle die Höflichkeitsform (zusammen mit den Pronomina) in die 2. Person Singular um.

Beispiel: Sie lernen ⟶ du lernst

Die Sterne sagen immer die Wahrheit (oder auch nicht)

Zwilling

Sie lernen eine wichtige Persönlichkeit kennen. Schlagen Sie eine Bitte um Hilfe nicht ab. Geben Sie Ihrem Gefühl nach und helfen Sie ohne Bedenken.

Waage

Ein großer Wunsch geht in Erfüllung. Werfen Sie Ihre Hemmungen ab. Laden Sie Freunde ein und feiern Sie.

Schütze

Lassen Sie sich zu nichts überreden, was Sie anstrengt. Nehmen Sie sich nichts vor, was Ihre Kräfte übersteigt.
Werfen Sie nicht Ihre guten Vorsätze über Bord.

Löwe

Vergessen Sie Ihre Freunde nicht und zeigen Sie ihnen, wie wichtig sie Ihnen sind. Morgen fühlen Sie sich so wohl wie schon lange nicht mehr.

Skorpion

Sie spüren leise Wehmut, wenn Sie an einen bestimmten Menschen denken. Melden Sie sich doch einfach bei ihm.

Wassermann

Schreiben Sie mal auf, was Sie sich noch vorgenommen haben. Sehen Sie den Schwierigkeiten ins Auge.

Modalverb

Info

Das **Modalverb** bestimmt die **Art und Weise eines Geschehens** genauer. Es gibt sechs Verben, die als Modalverben verwendet werden:

Modalverb	**Art des Geschehens**	**Beispiele**
können	möglich	Ich kann schwimmen.
müssen	notwendig	Ich muss lernen.
wollen	beabsichtigt	Ich will fernsehen.
sollen	erwartet	Ich soll abwaschen.
dürfen	erlaubt	Ich darf ins Kino gehen.
mögen	erwünscht	Ich mag tanzen.

Verwechsle das Modalverb nicht mit dem Modus des Verbs. Das Modalverb bestimmt die Art des Geschehens, der Modus die Art der Aussage.

Beispiel: **Sollte** es zu viel verlangt sein, wenn du vielleicht so nett sein **könntest** und mir das letzte Brötchen mit viel Butter und noch mehr Marmelade herüberreichen **wolltest,** auf dass es mir wohl bekommen **möge.** (Vornehm!)

Beachte: Die Modalverben bilden kein Passiv und keinen Imperativ.

AUFGABE **16** Schreibe jeweils die entsprechende Ziffer zu den passenden Stichwörtern.

Umfrage: „Was muss ein richtiges Münchner Wirtshaus bieten (1)?“

Liesl Müller, Industriekauffrau: „Bodenständig und gemütlich müssen die Wirtshäuser sein (2). Knödel, Weißwürst’ und ein gutes Bier dürfen nicht fehlen (3).“

Josef Engel, Unternehmensberater: „Bäuerlich müssen sie sein (4). Auf das bayerische Essen will ich nicht verzichten (5). In einer anständigen Gaststätte soll es Schweinebraten und Krautsalat geben (6).“

Erika Meier, Arzthelferin: „Eine richtige Gaststätte muss billig sein (7) und viele Stammgäste haben (8). In den alten Wirtshäusern kann man in Ruhe sein Bier trinken (9). Die Bedienungen sollen schon Dirndl tragen (10). Und ein gutes Tellerfleisch muss auf der Karte stehen (11).“

Felix Faulstich, Jurist: „Ich will mich in unseren Wirtshäusern wohl fühlen (12). Die Bedienungen sollen fesche Dirndl tragen (13). Selbstbedienung mag ich nicht (14).“

Folgende Handlungen, Vorgänge oder Zustände sind

erlaubt: ________________	nicht erlaubt: ________________
notwendig: ________________	nicht notwendig: ________________
beabsichtigt: ________________	nicht beabsichtigt: ________________
erwartet: ________________	nicht erwartet: ________________
möglich: ________________	nicht möglich: ________________
erwünscht: ________________	nicht erwünscht: ________________

AUFGABE **17**

Wandle die vorgegebenen Sätze sinngemäß in Sätze mit Modalverben um.

Beispiel: Es wird erwartet, dass das Paket frühzeitig zum Postamt gebracht wird. → Das Paket **soll** frühzeitig zum Postamt gebracht werden.

Wichtige Hinweise der Post auf einer Paketkarte

1. Es ist vorgeschrieben, dass dem Paket eine Paketkarte beigelegt wird.
2. Es ist erlaubt, dass bis zu 10 Pakete an denselben Empfänger auf einer Paketkarte zusammengefasst werden.
3. Es wird erwartet, dass für die Aufschrift des Pakets der amtliche Klebezettel verwendet wird.
4. Es ist nicht erlaubt, Paketkarten für Paketaufschriften zu verwenden.
5. Es wird verlangt, dass die Aufschrift des Pakets in allen Angaben mit der Paketkarte übereinstimmt.

6 Schlusstest: Konjugation

MERKE

Du hast die Wortart Verb kennen gelernt. Es ist die einzige Wortart, die konjugiert wird.
Jede konjugierte Verbform ist durch fünf Merkmale bestimmt: (Person, Numerus, Tempus, Genus, Modus)

Beispiel:
(wir) lachen   1. Person | Plural | Präsens | Aktiv | Indikativ

Bei den zusammengesetzten Verbformen kannst du außerdem den infiniten Verbteil bezeichnen.

Beispiel:
(wir haben) gelacht   Partizip II = 3. Stammform

Die wichtigste inhaltliche Leistung des Verbs ist es, Handlungen, Vorgänge oder Zustände zeitlich einzuordnen.
Erinnere dich daran, dass die Tempora keinen genauen Zeitpunkt bezeichnen, sondern immer auf die Sprechzeit bezogen sind.

TEST

1 Entscheide dich, ob die farbigen Verbformen finit oder infinit sind.

Was so alles geschrieben steht

1. Suche Reitstiefel und Reitkappe und altes Schaukelpferd.
2. Ia Dauerwurst – von unseren eigenen Schweinen hergestellt
3. Klassenlehrer günstig abzugeben. Kl. 11 b
4. Notausgang. Benutzung strengstens untersagt!
5. Achtung! Bin aus dem Urlaub zurück. Euer Polizist Bruno
6. Hier ist das Fischen nur den Vögeln gestattet.
7. Lehrstelle als Millionär gesucht. Sofort oder später
8. Mehrere Einwohner haben am Himmel ungewöhnliche Objekte gesichtet, darunter drei Müllmänner.

TEST 2

Welche der hier geschilderten Ereignisse sind zum genannten Zeitpunkt gegenwärtig, welche bereits vergangen, welche zukünftig? Trage die entsprechenden Satzziffern ein.

Der Weg der deutschen Mannschaft zur Goldmedaille im 10-km-Langlauf

7.32	1. Die deutsche Mannschaft steht auf und frühstückt.
8.41	2. Sie wärmt sich durch Gymnastik auf und bereitet sich auf den Wettkampf vor.
11.00	3. Los geht's.
	4. Der erste Läufer startet.
11.02	5. Die Mannschaft Norwegens setzt zur Verfolgung an.
11.27	6. Der erste Läufer übergibt an den zweiten.
11.35	7. Der Vorsprung der deutschen Mannschaft schrumpft.
11.50	8. Der zweite Läufer meistert die schwere Abfahrt.
	9. Die Zuschauer jubeln.
11.56	10. Der dritte Läufer startet.
12.22	11. Dem zweiten Läufer kommen die ersten Glückstränen.
	12. Der dritte Läufer legt einen fantastischen Endspurt hin.
12.24	13. Die deutsche Mannschaft gewinnt Gold!
20.00	14. Dann beginnt in Oberstdorf die längste Nacht des Jahres.

Zeitpunkt: 11.00 Uhr

vergangen: ____________________ gegenwärtig: ____________________

zukünftig: ____________________

1. Die deutsche Mannschaft ____

2. ____

Zeitpunkt: 12.24 Uhr

vergangen: ____________________ gegenwärtig: ____________________

zukünftig: ____________________

12. ____

14. ____

TEST

3 Bestimme die Verbformen vollständig nach Person, Numerus, Modus, Tempus und Genus.

Ein Glückspilz

Roy Whetstine hat das Geschäft seines Lebens gemacht, als er bei einer Edelsteinausstellung auf einen roten Kristallklumpen aufmerksam wurde. Er erkannte sofort, was sich dahinter verbergen könnte. Zehn Dollar waren die Kaufsumme für den verstaubten Stein. Seine Söhne hätten ihm erst das Geld borgen müssen, gab er nachher lachend bekannt. Er wurde so zum Besitzer des größten jemals gefundenen Saphirs. Dessen Wert wird auf 2,8 Millionen Dollar geschätzt. Wer von uns hätte nicht schon einmal von solch einem Glück geträumt?

TEST

4 **Wie komme ich bitteschön von A nach B?**

Finde heraus, was sich jeweils von der ersten zur zweiten Tempusform verändert hat. Benenne die Veränderung(en).

Beispiel: mit zwei Veränderungen!!

a) ich werde gelobt	b) ich werde loben	Tempus und Genus

mit einer Veränderung!

1.	a) ich bin verloren	b) ich habe verloren	__________
2.	a) ich werde warten	b) ich würde warten	__________
3.	a) du tanzt	b) du kannst tanzen	__________
4.	a) du hilfst	b) du halfst	__________
5.	a) er geht	b) sie gehen	__________
6.	a) er lacht	b) ich lache	__________

mit zwei Veränderungen!!

1.	a) hilf!	b) du halfst	__________
2.	a) sie wäre verschwunden	b) sie waren verschwunden	__________
3.	a) er tanzt	b) du willst tanzen	__________
4.	a) du siehst	b) du bist gesehen worden	__________

5. a) wir springen	b) sie sprängen	________
6. a) ich stolpere	b) ich sei gestolpert	________

mit drei Veränderungen!

1. a) du singst	b) ihr hättet gesungen	________
2. a) wir sind verraten	b) ihr verratet uns	________
3. a) seid brav	b) wir sind brav gewesen	________
4. a) wir würden bestraft	b) wir haben bestraft	________
5. a) ich lache	b) du hättest auch gelacht	________
6. a) sie sind gelaufen	b) ich sei gelaufen	________

TEST 5

Verändere die Verbform nach dem jeweils angegebenen Stichwort und verwende sie dann weiter. (Besonders Mutige machen es zunächst nur im Kopf.)

Beispiel:

Ich bin gegangen	Konjunktiv	ich sei gegangen
ich sei gegangen	Plural	wir seien gegangen usw.

Formenschlange oder: Bis zum bitteren Ende

Wie heißt die letzte Form?

1. ihr werdet gelobt	Singular	________
2. ________	Aktiv	________
3. ________	Konjunktiv I	________
4. ________	3. Person	________
5. ________	Perfekt	________

1. wir flogen	Konjunktiv II	________
2. ________	Plusquamperfekt	________
3. ________	Singular	________
4. ________	Passiv	________
5. ________	3. Person	________

Dass Schüler bereits vor mehr als 2500 Jahren die Konjugation von Verben üben mussten, beweist ein Stückchen Papyrus aus Ägypten.
Auf ihm steht:

Adverb

Aus dem Bordtagebuch eines Indienfahrers

Donnerstag und Freitag, den 11. und 12. Oktober

Ich blieb weiterhin auf west-südwestlichem Kurs. Wir hatten sehr unter dem Seegang zu leiden, mehr als jemals zuvor. Wir erblickten einige Vögel und ein grünes Schilfrohr; es schien so, als wäre es eben erst abgeschnitten worden. Nach Sonnenuntergang kehrte ich wieder zur Westrichtung zurück. Wir kamen mit einer Stundengeschwindigkeit von 12 Seemeilen vorwärts, und bis 2 Uhr morgens hatten wir 90 Seemeilen durchlaufen. Die „Pinta“ war weitaus schneller als die beiden anderen Schiffe, deshalb entdeckte ein Matrose namens Rodrigo da Triana zuerst das Land. Allerdings hatte ich bereits um 10 Uhr nachts ein Licht bemerkt. Um 2 Uhr morgens kam Land in Sicht, von dem wir etwa 8 Seemeilen entfernt waren. Wir holten die Segel ein und benutzten nur das Großsegel. Dann ankerten wir und warteten bis zum Anbruch des Tages.

Wer war der Seefahrer, der nach Indien wollte und dabei einen neuen Erdteil entdeckte?
In diesem Bordtagebuch eines berühmten Kapitäns erfährst du Interessantes über die näheren Umstände eines weltbewegenden Ereignisses. Dass du dich in der Situation gut orientieren kannst, liegt vor allem an den Adverbien.

AUFGABE 1

Ergänze zu den angegebenen Vorgängen jeweils die weiteren wichtigen Angaben aus dem Text.

1 Ich blieb auf west-südwestlichem Kurs. ____________________

2. Wir hatten unter Seegang zu leiden. ____________________

3. Ich hatte um 10 Uhr ein Licht bemerkt. ____________________

4. Um 2 Uhr kam Land in Sicht. ______________________________

5. Wir holten die Segel ein. Wir ankerten. ______________________

6. Die Pinta war schneller. ________________________________

Info

Das **Adverb** bestimmt ein Geschehen oder Personen und Gegenstände genauer und macht nähere Angaben zum ganzen Satz.

Beispiele: Ich blieb weiterhin auf Kurs WSW. = Angaben zu einem Geschehen
Wir litten unter Seegang, mehr als zuvor. = Angaben zu einem Satz

Im Unterschied zum Adjektiv verändert es seine Form nie und steht im Satz alleine.

Die Adverbien lassen sich nach der **temporalen, lokalen, modalen** und **kausalen** Sinnrichtung unterscheiden.

Temporale Sinnrichtung

Info

Die **temporalen Adverbien** drücken zeitliche Umstände aus. Sie geben Auskunft auf die Fragen:
Wann? Seit wann? Wie lange? Wie oft?

Beispiel: Um 10 Uhr **nachts** hatte ich ein Licht bemerkt.

AUFGABE 2

Bringe die einzelnen Handlungen in die zeitliche Ordnung, indem du die Sätze richtig durchnummerierst. (Den ersten und den letzten Satz geben wir dir vor.)

Wie man in der Spanischen Hofreitschule das erste Mal ein Pferd besteigt

(1) Zunächst wird der junge Hengst in die Mitte der Reithalle geführt.
(   ) Jetzt wird der Reiter dicht neben dem Pferd mehrmals hochgehoben.
(   ) Hierauf lässt der Reiter ganz langsam sein Gewicht auf den Sattel nieder.
(   ) Unterdessen ist der Reiter unauffällig neben das Pferd getreten.
(   ) Zugleich muss das Pferd ein paar Schritte nach vorwärts tun und das ganze Gewicht des Reiters tragen.
(   ) Dann hebt der Reiter vorsichtig erst das eine Bein über den Sattel.
(   ) Einstweilen stützt er sich lediglich auf den Sattel, ohne sich hinzusetzen.
(8) Zuletzt zieht der Reiter das zweite Bein nach und sitzt auf dem jungen Pferd, ohne es erschreckt zu haben.

AUFGABE 3

Unterstreiche die temporalen Adverbien. Auf welche Verben beziehen sie sich?

Sprüche aus dem Poesiealbum

1. Was ein Häkchen werden will,
   krümmt sich beizeiten.
   Dein Turntrainer

2. Jedes Mal, wenn die Schule beginnt,
   packt mich sofort die Schlafkrankheit.
   Mitschüler Kalle

3. Wer mit dem Leben spielt,
   kommt nie zurecht,
   wer sich nicht selbst befiehlt,
   bleibt immer ein Knecht.
   Dein Religionslehrer

4. Wenn einst in fernen Tagen
   mein Name wird genannt,
   dann kannst du sehr wohl sagen:
   Die hab ich auch gekannt.
   Mutter.

5. Manchmal ereignet sich im Augenblick, was man bislang erhofflt hat.
   Römische Weisheit. Dein Lateinlehrer

Lokale Sinnrichtung

Info

Die **lokalen Adverbien** machen Angaben zu den räumlichen und örtlichen Verhältnissen (Standort, Herkunft, Richtung). Du findest sie sehr häufig bei Verben der Bewegung. Sie antworten auf die Frage:
Wo? Wohin? Woher?

Beispiel: Ich kehrte zur Westrichtung **zurück.**

AUFGABE 4

Setze die folgenden lokalen Adverbien in die passenden Sätze ein:

hinauf und hinunter, hin und her, vor und zurück, hier und dort, oben und unten, drunter und drüber.

1. Beim Tennisspielen fliegt der Ball immer ______
2. Beim Schwimmen geht es im Wasser ______
3. Beim Klettern muss der Bergsteiger ______
4. Beim Fechten springt man ______
5. Beim Drachenfliegen ist man bald ______ bald ______
6. Beim Ringen liegt der eine ______ der andere ______

AUFGABE 5

Vervollständige die Rätsel, indem du jeweils das entgegengesetzte lokale Adverb einsetzt. Findest du jedesmal des Rätsels Lösung?

1. Suchst du mich, so bin ich ______
   hast mich gefunden, so bin ich fort.
2. Rückwärts suchst du mich und ______ immer vergebens,
   doch seitwärts triffst du rückwärts und ______ mich.
3. ______ Holz, unten Holz, vorne Holz, ______ Holz,
   in der Mitte ein kalter Braten.

4. Man ruht ______________, man wohnt darunter,
und auch in Köpfen wächst es munter.

5. Es geht stets aus den Höhen ______________ des Steines Lauf;
das Ganze lässt ihn gehen hoch in die Luft hinauf.

6. „Ich“ ______________, „es“ draußen, „er“ hintendrein,
so ist es sicher. Siehst du's ein?

AUFGABE
6 Ordne die Adverbien dem passenden Stichwort zu.

Ein einfaches Spiel mit zwei Würfeln

1. Jeder Spieler schreibt anfangs die Zahlen 2–12 nebeneinander auf ein Papier.
2. Dann beginnt derjenige, der oben am Tisch sitzt.
3. Nun würfelt jeder und streicht sogleich die entsprechende Zahl durch.
4. Ist eine Zahl bereits durchgestrichen, geht der Würfel an den links sitzenden Mitspieler.
5. Die Zahlen 2 und 12 dürfen mehrmals durchgestrichen werden.
6. Wer zuerst alle Zahlen auf dem Papier durchgestrichen hat, ist Sieger.

temporale Adverbien: ______________ lokale Adverbien: ______________

Modale Sinnrichtung

Info

Die **modalen Adverbien** machen Angaben zu den näheren Begleitumständen eines Geschehens. Außerdem kannst du mit ihnen den Satz insgesamt beurteilen. Sie beantworten folgende Fragen:

Wie? Wie sehr? Inwiefern? Auf welche Art und Weise? In welchem Maße? Im Vergleich wozu?

Beispiele: Wir hatten **sehr** unter dem Seegang zu leiden.
Es schien **so**, als wäre das Schilfrohr eben erst abgeschnitten.

AUFGABE 7

Ordne folgende modalen Adverbien zwischen „ja“ und „nein“ ein.

sicherlich, vielleicht, bestimmt, möglicherweise, kaum, zweifellos, irgendwie, gewiss, keineswegs.

Bist du fleißig? Ich bin ______________ fleißig.

(ja) ____

____ (nein)

ein wenig, etwas, weitaus, nur ein bisschen, sehr viel, einigermaßen, kaum, durchaus, nicht, immerhin, wohl, schon, schwerlich

Bist du stärker als ich? Ich bin ______________ stärker als du.

(nein) ____

____ (ja)

AUFGABE 8

Stelle fest, wie das Adverb die Aussage näher bestimmt, und setze in die Klammer hinter dem jeweiligen Adverb das passende Zeichen.

(+) bedeutet	Erweiterung, Ergänzung, Hervorhebung
(–)	Einschränkung, Unbestimmtheit
(x)	Gegensatz, Widerspruch

Aus einer Schlussbemerkung unter einem Deutschaufsatz

Dein Aufsatz ist besonders (   ) im ersten Teil gelungen. Teilweise (   ) macht das Lesen deiner Erlebniserzählung richtig Spaß. Dagegen (   ) hast du im zweiten Teil dir weder (   ) große Mühe gegeben noch (   ) das Thema genau beachtet. Der Höhepunkt ist kaum (   ) erkennbar. Außerdem (   ) fällt auf, dass du ziemlich (   ) wenig anschauliche Adjektive verwendet hast. Jedoch (   ) ist der Schluss recht (   ) originell. Deine Arbeit wird den Anforderungen einigermaßen (   ) gerecht.

AUFGABE 9

Ersetze die folgenden Hauptsätze durch passende Adverbien.

Beispiel: Es ist sicher, dass ich morgen zu dir komme: → Sicherlich komme ich morgen zu dir.

1. Es besteht kein Zweifel, dass Kolumbus einer der größten Entdecker war.
2. Aber es ist auch sicher, dass er einem großen Irrtum erlegen ist.
3. Sein Irrtum bestand nämlich darin, dass er den Seeweg falsch berechnet hat.
4. Es ist möglich, dass er sein Unternehmen nicht sorgfältig vorbereitet hat.
5. Es war allerdings ein glücklicher Zufall, dass er dabei Amerika entdeckte.
6. Es ist zu bedauern, dass Kolumbus arm und einsam gestorben ist.
7. Das Unglück wollte außerdem, dass der Erdteil nicht nach ihm benannt ist.
8. Es ist zu hoffen, dass sein Name trotzdem niemals vergessen wird.

Kausale Sinnrichtung

Info

Die **kausalen Adverbien** begründen das Geschehen. Sie beziehen sich meist auf den ganzen Satz und beantworten die Fragen:

Wodurch? Womit? Wieso? Wozu? Mit welcher Folge? Warum?

Beispiel: Ich war krank, deshalb konnte ich am Ausflug nicht teilnehmen.

AUFGABE 10

Was geben die farbigen Adverbien an: Grund, Folge, Bedingung oder Zweck?

Hinweise für den Hundebesitzer

Jeder Hund ist ein Rudeltier. Deshalb ist es wichtig, dass immer Menschen um ihn herum sind. Es ist dazu notwendig, ihn nie längere Zeit alleine zu lassen. Sonst verkümmert seine Seele, und er wird folglich eher krank als ein glücklicher Hund. Wozu braucht der Hund den Menschen noch? Genau genommen zum Gehorchen. Der Hund braucht nämlich ein Leittier, das ihm überlegen ist. Notfalls muss man ihm das mit einem harten Griff klarmachen. Sonst wird er machen, was er will. Deshalb muss der Mensch auch dafür sorgen, dass der Hund sein Futter bekommt. Dadurch gewöhnt er sich noch mehr an sein „Herrchen“.

AUFGABE

11 Finde zu den farbigen Wörtern ein passendes Adverb in Frageform, so dass die vorgegebenen Sätze als Antwort möglich sind.

Beispiel: Wie muss der Hund gehorchen? —> Der Hund muss seinem Herrn aufs Wort gehorchen.

1. ______________________________

So wird ein Hund richtig erzogen.

2. ______________________________

Für diese Aufgabe musst du dir viel Zeit nehmen.

3. ______________________________

Mit Geduld und Zuwendung kannst du ihm am besten etwas angewöhnen.

4. ______________________________

Durch genaue Beobachtung lernst du auch sein Verhalten schnell verstehen.

5. ______________________________

Dein Hund braucht ständig Lob und Ermunterung.

6. ______________________________

Vor Schlägen und lautem Schreien hat ein Hund am meisten Angst.

Zusammenfassung und Test

MERKE

Das Adverb unterscheidet sich von den deklinierbaren und konjugierbaren Wortarten sehr wesentlich. Es verändert seine Form nie.
Es verdeutlicht einzelne Wörter oder den ganzen Satz und macht nähere Angaben zu vier Sinnrichtungen: lokal, temporal, modal, kausal.

TEST 1

Ordne die Adverbien je nach ihrer Sinnrichtung den entsprechenden Stichwörtern zu.

Geheimnis des Alltags: der Dosenöffner

In der Sendereihe „Die Geheimnisse des Alltags“ wenden wir uns heute einem Gegenstand zu, der unser Leben zutiefst verändert hat, dem Dosenöffner. Bald wird keine Hausfrau mehr auf diese Erfindung verzichten wollen. Der Ärger mit Nagelfeile und Schleifpapier ist nun endlich vorbei. Deswegen wollen Sie sicherlich wissen, wie er funktioniert. Er ist im Gebrauch besonders einfach. Sie nehmen zunächst das Gerät in die Hand und setzen es vorne – mit der Spitze unten – dort auf der Dose auf, wo Sie vorher ein Loch gebohrt haben: und dann – immer im Kreis herum. (Richten Sie deshalb vorsichtshalber Verbandszeug her.) Flugs ist die Dose geöffnet, und schon lächeln Ihnen die schönsten Dinge entgegen: Schuhcreme, Wiener Würstchen, Bier und Tennisbälle. Alles rein in den Topf – und alles mindestens eine Woche köcheln.

temporale Sinnrichtung: ______________________

lokale Sinnrichtung: ______________________

kausale Sinnrichtung: ______________________

modale Sinnrichtung: ______________________

TEST 2

Unterscheide das Adverb vom adverbialen und prädikativen Adjektiv. Führe die Adverbien und die Adjektive (in der Grundform) getrennt auf.

Aus dem ABC nach Hans Christian Andersen

Bauersleut leben heut / besser als in alter Zeit.
Elefanten tappen schwer / ebenfalls als Kind daher.
Ferkel werden niemals fein / folglich nie gesittet sein.
Hier und da und fern und nah / hört nicht jeder gern „hurra“.
Kuh ist weiblich, Stier ist Mann / Kälber kommen später dran.
Tönt auch wunderschön sein Lied / Teetopf summt nur, wenn er zieht.
Zöpfe, die man schneiden muss / zieren niemand. Aus und Schluss.

Adverbien: ______________________

Adjektive: ______________________

8 Präposition

Mach mal Urlaub auf der Südseeinsel Bora Bora!

Nördlich der Insel Tahiti liegt Bora Bora. Das Schönste sind die Riffinseln. Sie ziehen sich um Bora Bora wie in einem Kreis herum. Vielleicht wollen Sie auch am Nachmittag mit einem Glasbodenboot herumgondeln. Durch ein Fenster im Boden kann man während der Fahrt bunte Fische durchs Wassers flitzen sehen.
Wegen eines seltsamen Brauches unter den Eingeborenen empfiehlt sich ein Besuch auf der Insel Raiatea, die nicht weit von Tahiti entfernt liegt. Durch aufpeitschende Trommelschläge unempfindlich gegen Schmerzen gemacht laufen sie barfuß über glühende Kohlen. Dank ihrer erstaunlichen Körperbeherrschung tanzen sie dann ohne irgendeine Verletzung weiter.

Der Text, dem Polyglott Reiseführer „Südsee-Inseln“ entnommen, gibt dir auf kurzem Raum sehr viele Informationen. Dies liegt an den vielen Präpositionen, mit deren Hilfe du rasch und knapp zwischen einzelnen Wörtern inhaltliche Beziehungen herstellen kannst.

AUFGABE 1

Ergänze die Präpositionen mit dem dazugehörenden Bezugswort aus dem Text und bestimme den Kasus.

	Kasus
1. nördlich ______________________	______________
2. in ______________________	______________
3. durch ______________________	______________
4. gegen ______________________	______________
5. über ______________________	______________

6. dank ________________________________ __________

7. ohne ________________________________ __________

Info

Die **Präposition** setzt Personen und Dinge in ein bestimmtes Verhältnis zueinander.
Im Satz kommt sie meist mit einem Substantiv oder Pronomen zusammen vor. Sie bestimmt den Kasus des Wortes, zu dem sie gehört. Präposition und abhängiges Wort nennt man zusammen **Präpositionalausdruck.**

Wie das Adverb drückt auch die Präposition verschiedene Sinnrichtungen aus:
lokal, temporal, kausal, modal.

Lokale Sinnrichtung

Info

Die **lokalen Präpositionalausdrücke** machen Angaben zu Raum und Ort. Sie bezeichnen die Lage, den Standort oder die Richtung.
Einige Präpositionen können sowohl den Dativ als auch den Akkusativ nach sich haben. Du kannst die Frage: **Wo?** oder **Wohin?** stellen.

Beispiel: Richtung (wohin?) Ich fliege **auf die Insel Tahiti.**
Lage (wo?) Ich bin endlich **auf der Insel Tahiti.**

Die Präpositionen können mit dem bestimmten Artikel (Maskulinum und Neutrum) zu einer Form verschmolzen werden.

Beispiel: durch das Wasser ⟶ durchs Wasser

AUFGABE **2** Ordne die Präpositionalausdrücke der richtigen Spalte zu.

Wie romantisch!

Gehen Sie doch abends einmal an den Strand. Suchen Sie sich unter den dunklen Palmen ein ruhiges Plätzchen. Schauen Sie zu, wie sich die Sonne auf das tiefblaue Meer niedersenkt und sich dann hinter den Horizont langsam zurückzieht. An dem dunklen Himmel leuchten bald funkelnde Sterne, und über Ihnen erstrahlt das berühmte Kreuz des Südens. Träumen Sie und lassen Sie alle Sorgen hinter sich. Und wenn sich zwischen Ihre Träume die melodischen Lieder der Eingeborenen mischen, dann spüren Sie den ganzen Zauber der Südsee.

Standort, Lage Dativ	Richtung, Ziel Akkusativ
______________________	______________________
______________________	______________________
______________________	______________________
______________________	______________________
______________________	______________________

AUFGABE **3** Schreibe die Präpositionalausdrücke mit lokaler Sinnrichtung heraus.

Die Deutsche Bahn AG informiert

Lieber Kunde. Sie reisen in einem unserer Großraumwagen.

Ihrer Bequemlichkeit dienen:
- Sitze mit verstellbarer Armlehne
- Hochklappbare Armlehne zwischen den Sitzen
- Leseleuchte über jedem Platz
- Klapptisch vor jedem Sitzplatz in der Rückenlehne des Vordersitzes
- Regale für Gepäckstücke neben den Eingängen
- große Abfallbehälter an den Türen
- in den Einstiegsräumen ein Hinweisschild zum Zugrestaurant

Wir wünschen gute Reise!

Die Bahn

Temporale Sinnrichtung

Info

Mit den **temporalen Präpositionalausdrücken** bezeichnest du den **Zeitpunkt** und die **Zeitdauer** eines Geschehens. Sie antworten auf die Fragen: **Wann? Seit wann? Wie lange? Wie oft?**

Beispiele: Zeitpunkt: **während** der Fahrt
Zeitdauer: all die Jahre **hindurch**

AUFGABE 4

Suche die temporalen Präpositionalausdrücke heraus und ordne sie richtig zu.

Mit dem „Palast auf Rädern" durch Indien

Hauptbahnhof Delhi: Fauchend und auf Hochglanz poliert steht der Orientexpresszug abfahrbereit. Er verkehrt nur während der sechs kühlen Monate des indischen Winters. Von Oktober bis März herrscht Aufregung auf Bahnsteig 1. Und am darauf folgenden Mittwoch ist der „Palast auf Rädern" bei Tagesanbruch wieder zurück. In aller Eile wird er sauber gemacht und aufpoliert. In kurzer Zeit kann die Fahrt durch das Land der Maharadschas erneut losgehen. In früheren Jahren hatten die Engländer ein hervorragendes Eisenbahnnetz aufgebaut, das bis auf den heutigen Tag alle Teile Indiens miteinander verbindet. Seit dieser Zeit kann man von Delhi aus mit dem Zug zu den großen Sehenswürdigkeiten fahren. Auch in unseren Tagen ist es noch ein großes Erlebnis; denn bei dieser Reise werden die Gäste wie Großfürsten aus vergangenen Tagen verwöhnt.

temporale Präpositionen mit Genitiv:

____

temporale Präpositionen mit Dativ:

____

____

temporale Präpositionen mit Akkusativ:

____

Modale Sinnrichtung

Info

Die **modalen Präpositionalausdrücke** helfen dir, die **Art und Weise** oder die **Eigenschaft** auszudrücken. Sie geben Antwort vor allem auf die Fragen: **Wie? Von welcher Art? Für wen?**

Beispiel: **Ohne jede Verletzung** tanzen die Eingeborenen weiter.

Folgende Präpositionen solltest du kennen:

mit Genitiv:	abzüglich ..., anstatt ..., ausschließlich ..., einschließlich ..., trotz ...
mit Dativ:	aus ..., außer ..., bei ..., in ..., mit ..., nach ..., unter ..., von ..., zu ...
mit Akkusativ:	auf ..., bis ..., für ..., gegen ..., ohne ..., über ..., wider ...

AUFGABE

5 Bestimme, welcher farbige Ausdruck die Art und Weise bzw. die Eigenschaft bezeichnet. Ordne ihn dann dem entsprechenden Stichwort zu.

Es geht weiter mit der Bahn durch Indien

Der „Palast auf Rädern“ hat die Länge von 20 Waggons. Jeder dieser Salonwagen einschließlich der prächtigen Lokomotiven ist aus dem Besitz von Maharadschas und über 50 Jahre alt. Für europäische Verhältnisse herrscht ein verschwenderischer Luxus; jeder Passagier hat z. B. zwei Badezimmer mit vergoldeten Wasserhähnen. Die Innenausstattung ist bis in die Kleinigkeiten verschwenderisch. Das Essen nach Wahl wird auf Tellern aus Silber serviert. Für die Passagiere sorgt ein Personal, mit dem man sich auf Englisch verständigen kann, es erfüllt auch Wünsche außer der Reihe. Trotz der anstrengenden Eisenbahnfahrt fühlt sich jeder Reisende wie ein Maharadscha.

Art und Weise: ______________________________

____

Eigenschaft: ______________________________

____

AUFGABE 6

Ersetze die modalen Präpositionen durch solche, die das Gegenteil bezeichnen.

1. Gehen Sie ohne feste Schuhe und ohne Kletterseil ins Gebirge.
2. Verzehren Sie Ihr Essen mit Hast und in Eile.
3. Steigen Sie nur entgegen der Erlaubnis des Hüttenwirts auf.
4. Nehmen Sie alles Nötige mit, ausgenommen ein Notsignal.
5. Seien Sie über das gesunde Maß hinaus ehrgeizig.
6. Befolgen Sie diese Hinweise wider alle Vernunft.

So verhält man sich richtig im Gebirge!

1. ______________________________
2. ______________________________
3. ______________________________
4. ______________________________
5. ______________________________
6. ______________________________

Kausale Sinnrichtung

Info

Die **kausalen Präpositionalausdrücke** dienen dir dazu, das Geschehen zu begründen, indem die **Ursache**, das **Mittel**, die **Bedingung** oder der **Zweck** angegeben wird. Sie geben Antwort vor allem auf die Fragen:
Warum? Womit? Unter welcher Voraussetzung? Wozu?

Beispiel: **Wegen eines seltsamen Brauches** unter den Eingeborenen empfiehlt sich ein Besuch auf der Insel Raiatea.

Folgende Präpositionen solltest du kennen:

mit Genitiv: angesichts …, anlässlich …, aufgrund…, dank …, gemäß …, infolge …, trotz …, wegen …
mit Dativ: aus …, laut …, nach …, von …, zu …, zufolge …, … zuliebe
mit Akkusativ: auf …, durch …

AUFGABE 7

Bilde Präpositionalausdrücke mit dem richtigen Kasus.

Deshalb konnte ich nicht in die Schule kommen!

1. Anlässlich (Geburtstag von Kaiser Franz)

2. Aufgrund (kräftiger Knoblauchgenuss),

3. Wegen (angeborene Antriebsschwäche)

4. Gemäß (einstimmiger Familienbeschluss)

5. Aus (unerfindliche Gründe)

6. Auf (ausdrücklicher Wunsch meines Katers)

7. Nach (uralte Indianerweisheit)

8. Infolge (plötzlicher Wintereinbruch)

AUFGABE 8

Suche die kausalen Präpositionalausdrücke heraus. Welche haben den Genitiv nach sich, welche den Dativ?

Sommerurlaub in Deutschland

Laut einer Umfrage fährt nur etwa die Hälfte der Deutschen in den Urlaub. Von denen bleiben aus finanziellen Gründen oder infolge schlechter Erfahrungen im Ausland viele zur Erholung im eigenen Land. Vor allem den Kindern gefällt der Urlaub wegen der vielen Freunde, die sie schnell finden, besser als Ferien im fremden Land. Auch die Eltern, die vielleicht nur ihren Kindern zuliebe hier geblieben sind, finden ihr Vergnügen: z. B. einmal nach Lust und Laune durch kleine romantische Dörfer zu bummeln. Trotz mancher Regenfälle werden sie sich prächtig erholen. Und dank der Bundesbahn kommt man auch wieder bequem nach Hause.

Zusammenfassung und Test

MERKE

Die Präposition kommt nur in Verbindung mit einem anderen Wort vor. Bei den deklinierbaren Wortarten bestimmt sie den Kasus.

Präpositionen haben bestimmte Sinnrichtungen.

Beispiele:	lokal:	Ich komme aus dem Haus.
	modal:	Das Essbesteck ist aus Silber.
	kausal:	Aus Interesse lese ich gerne Bücher über vergangene Zeiten.

Denke daran, dass du die Sinnrichtungen durch bestimmte Fragen herausfinden kannst.

TEST

1 Bestimme die Sinnrichtung und den Kasus der farbigen Präpositionalausdrücke und ordne sie zu.

Kein Faschingsscherz!

Der Krapfen gehört zum Fasching wie das Clownskostüm. Dass er nur durch Zufall erfunden wurde, weiß kaum jemand. Vor etwa 350 Jahren soll die Bäckermeisterin Cäcilie Krapf aus lauter Wut einem ungeschickten Lehrbuben ein Stück Teig quer durch die Backstube nachgeschleudert haben. Aber der Teig landete in einer Pfanne mit heißem Fett. Gegen alle Erwartung war die Bäckerin vom Ergebnis höchst entzückt. So wurde das „Wurfgeschoss" zu einem schmackhaften Geschenk für die Menschheit. Das alles soll einer Wiener Chronik zufolge im Jahr 1635 gewesen sein. Seit diesen Tagen kann man sich den Fasching ohne den Krapfen gar nicht mehr vorstellen. Sogar Seine Majestät der Kaiser ließ ihn bei allen Hofbällen auftischen. Manche machten sich schon damals einen Jux daraus, in einige Krapfen Senf statt Marmelade zu füllen. Also Vorsicht! Und ganz langsam in den weichen Teig hineinbeißen!

lokale Präpositionen mit Akkusativ:

___

temporale Präpositionen mit Dativ:

___

kausale Präpositionen mit Dativ:

____

modale Präpositionen mit Akkusativ:

____

TEST 2 Bestimme die Wortart der Ausdrücke mit der Präposition „auf".

„Ich gebe euch nun die Hausaufgaben auf morgen. Übersetzt das Kapitel 12 auf Seite 24. Wer sich nicht ganz sicher ist, kann die Aufgabe auch zunächst auf einem eigenen Blatt machen. Und legt wieder mehr Wert auf die Schrift. Auf jeden Fall möchte ich morgen die Lösungen auf Englisch auf den Tischen sehen. Noch eines: Schaut euch die Regeln auf derselben Seite genau an. Und achtet auf alles, was ich heute gesagt habe."

Substantivgruppe ____

Pronomen ____

Adjektiv ____

Adverb ____

TEST 3 Bestimme die Wortart bei den Präpositionalausdrücken und schreibe sie in die richtige Zeile.

Am nächsten Tag

„Susi, komm doch bitte nach vorne an die Tafel. An und für sich dürftest du keinen Fehler machen, weil wir die Aufgaben bis in jede Einzelheit besprochen haben. Von mir aus kannst du die Lösung vom Blatt ablesen. Und schreib' bitte deutlich, damit man es auch von weitem lesen kann. Für die anderen gilt es jetzt aufzupassen. Vergleicht eure Lösungen mit dem, was die Susi bis jetzt geschrieben hat."

Substantivgruppe ____

Pronomen ____

Adjektiv ____

Adverb ____

Konjunktion

9

Rundreise auf Tahiti

Die Fahrt ist an einem Tag gut zu bewältigen, und es bleibt genug Zeit für kleinere Aufenthalte oder Verschnaufpausen. Wenn man nicht hetzen will, sollte man spätestens gegen 8 Uhr morgens aufbrechen. Es empfiehlt sich, Tahiti im Uhrzeigersinn, also mit dem Lauf der Sonne zu umfahren, weil sich dann Ausblicke auftun, die schöner sind, als Sie sich vorstellen können. Nachdem man die Hauptstadt Papeete verlassen hat, erreicht man bald eine berühmte Sehenswürdigkeit der Natur. Am Ende von unterirdischen Gängen schießt das Wasser wie eine höllische Quelle meterhoch in die Luft. Bevor Sie wieder nach Papeete zurückkehren, können Sie noch einen kurzen Ausflug auf die Halbinsel Taiarapu mit den Resten uralter Tempelanlagen und herrlicher Privathäuser machen.

In diesem Text, mit dem du deinen Urlaub auf einer Südseeinsel noch etwas fortsetzen kannst, findest du viele Konjunktionen.

AUFGABE **1** Trage zu den vorgegebenen Konjunktionen die fehlenden Teile ein.

1. Die Fahrt ist an einem Tag gut zu bewältigen, und ____________________
2. Es bleibt genug Zeit für kleinere Aufenthalte oder ____________________
3. Fahren Sie im Uhrzeigersinn, also ____________________,
   weil ____________________
4. Die Ausblicke sind schöner, als ____________________
5. Das Wasser schießt wie ____________________ in die Luft.

Du stellst fest:
Konjunktionen verknüpfen Wörter oder Sätze miteinander.

Info

Konjunktionen verbinden Einzelwörter, Wortgruppen oder Sätze mit anderen. Sie stehen immer **am Beginn** des angefügten Teiles.
Nach der Art der Verknüpfung unterscheidet man die **nebenordnenden** von den **unterordnenden** Konjunktionen.

Nebenordnende Konjunktionen

Info

Nebenordnende Konjunktionen verknüpfen Wörter, Wortgruppen oder Sätze.

Beispiele: Die Fahrt ist an einem Tag gut zu bewältigen **und** es bleibt noch Zeit für kleinere Aufenthalte **oder** Verschnaufpausen.
Das Baden im Meer ist **zwar** nicht so angenehm **wie** bei uns in einem See, **aber** dafür ist es recht erfrischend. **Dennoch** lohnt sich ein Ausflug ans Meer immer.

Tipp: Beachte bei den nebenordnenden Konjunktionen die Zeichensetzung!

Ohne Komma werden verwendet:

	Bedeutung:
und, sowohl … als auch …, (so)wie	Gleichartigkeit
oder, entweder … oder …	Wahlmöglichkeit
wie, als	Vergleich

Immer mit Komma werden verwendet:

	Bedeutung:
aber, sondern, dennoch, zwar	Unterschied
denn, nämlich, also	Begründung

AUFGABE 2

Setze die folgenden Bruchstücke eines zerrissenen Geständnisses so zusammen, dass sie einen Sinn ergeben.
(Wenn du die Teile auf einzelne Zettel schreibst und dann zusammenfügst, geht es leichter.)

Ich bin ein Mörder!!!

Hiermit erkläre

Ich bin mit einer harten,

sondern auch den Wienern

Aber ich bitte um Milde

und beschwöre, dass die Hamburger weder Schmerzen

oder etwas Ähnlichem.

und Frankfurtern aus dem Weg gehen.

und in meinen Haaren stammt aus einer Ketschupflasche

Das rote Blut auf meinen Lippen

und um Gnade.

aber gerechten Strafe einverstanden.

oder Frankfurter dazu gezwungen.

noch Qualen erdulden mussten.

und bekenne ich, dass ich zwei Hamburger umgebracht habe.

In Zukunft werde ich nicht nur den Hamburgern,

Ich versichere

Denn ich wurde durch einen Wiener

AUFGABE

3 Wandle die Adjektive in der Klammer in die richtigen Formen um und füge die passende nebenordnende Konjunktion ein.

Wie warm ist der Mensch?

Der Körper des Menschen ist nicht überall gleich warm: (kalt) ist es an den Zehenspitzen, während sich die Haut an der Schulter ungefähr so (warm) ______________ unter der Achsel anfühlt. Die Körpertemperatur misst man (gut) im Mund, weil die Schleimhaut (genau) Werte gibt ______________ andere Körperteile. Wenn du aufwachst, fühlst du dich meist (frisch) ______________ am Abend. Kein Wunder: Dein Körper ist um 6 Uhr (kühl) ______________ 12 Stunden (spät).

Unterordnende Konjunktionen

Info

Unterordnende Konjunktionen verknüpfen einen **Gliedsatz** mit einem anderen Satz. Man nennt sie auch **Subjunktionen.** Dabei ist der Gliedsatz vom übergeordneten Satz abhängig. Der übergeordnete Satz kann ein Hauptsatz oder ebenfalls ein Gliedsatz sein.

Beispiele: (1) Ich spiele gerne Schach, (2) **weil** es so aufregend ist.
Der Gliedsatz (2) ist abhängig vom übergeordneten Hauptsatz (1).
(1) Ich spiele gern Schach, (2) **weil** es toll ist, (3) **wenn** ich gewinne.
Der Gliedsatz (3) ist abhängig vom Gliedsatz (2).

Einen Gliedsatz, an dessen Beginn eine unterordnende Konjunktion steht, nennt man **Konjunktionalsatz.**
Die unterordnenden Konjunktionen bestimmen die Sinnrichtungen des Gliedsatzes.

a) Durch **temporale Konjunktionen** drückst du das Zeitverhältnis zwischen zwei Sätzen aus. Die wichtigsten temporalen Konjunktionen sind:

Gleichzeitigkeit	Vorzeitigkeit	Nachzeitigkeit
während, indem, als, wenn sooft, sobald, solange	nachdem, als, wenn sobald, seit(dem)	bevor, ehe bis

Vorzeitigkeit: (1) Nachdem man die Hauptstadt Papeete verlassen hat, (2) erreicht man bald eine berühmte Sehenswürdigkeit. Das Geschehen in Satz (1) liegt zeitlich vor dem Geschehen in Satz (2).

Nachzeitigkeit: (1) **Bevor** Sie nach Papeete zurückkehren, (2) können Sie noch einen Ausflug machen. Das Geschehen in Satz (1) liegt zeitlich nach dem Geschehen in Satz (2).

b) Durch **kausale Konjunktionen** begründest du das Geschehen des übergeordneten Satzes. Die häufigsten kausalen Konjunktionen sind:

Grund, Ursache:	weil, da, dadurch dass
Ziel, Zweck:	damit
Bedingung,Voraussetzung:	falls
Folge, Auswirkung:	so dass
Einschränkung, Gegengrund:	obwohl

Beispiel: Sie sollten die Insel im Uhrzeigersinn umfahren, (2) **weil** sich da wunderbare Ausblicke auftun.

Die Tatsache in Satz (2) ist der Grund für die Empfehlung in Satz (1).

c) Mit Hilfe der **modalen Konjunktionen** bezeichnest du nähere Umstände des Geschehens im übergeordneten Satz. Die häufigsten modalen Konjunktionen sind:

begleitende Umstände:	indem
fehlende, unnötige Umstände:	ohne dass
Gegensatz:	während (hingegen)
Vergleich:	wie, als dass
Möglichkeit:	sofern

Beispiel: (1) Sie können ganz Tahiti mit dem Auto umfahren, (2) **ohne dass** Sie einmal anhalten müssen.

	Der Satz (2) nennt Umstände, die für das Geschehen in Satz (1) nicht nötig sind.	
Beachte:	Auf zwei Besonderheiten musst du achtgeben: a) Einige Konjunktionen werden **sowohl nebenordnend als auch unterordnend** verwendet.	
Beispiel:	Ich bin schneller, **als** du dir denkst.	= nebenordnend
	Als ich heimkam, läutete das Telefon.	= unterordnend
	b) Manche unterordnende Konjunktionen drücken **mehr als eine Sinnrichtung** aus.	
Beispiele:	**Wenn** das Radio läuft, lerne ich nicht.	= **temporal** (Gleichzeitigkeit)
	Wenn ich Geld habe, mache ich Urlaub.	= **modal** (Bedingung)

AUFGABE

4 Verwandle den jeweils ersten Hauptsatz in einen Gliedsatz.

Beispiel: Ich habe mich geduscht. Nachher frühstücke ich.
Nachdem ich mich geduscht habe, frühstücke ich.

Ein ganz normaler Tag

1. Der Wecker klingelt. Vorher hat die Mutter bereits das Frühstück hergerichtet.
2. Der Wecker hat geklingelt. Danach wacht Klausi auf und dreht sich nochmals auf die Seite.
3. Klausi verzehrt genüsslich seine Haferflocken mit Schoko. Gleichzeitig hört er den neuesten Schlagern aus dem Radio zu.
4. Die erste Unterrichtsstunde hat begonnen. Unterdessen liest Klausi die Sportnachrichten.
5. Der Rundfunksprecher hat wie jeden Tag sein Programm unterbrochen. Dann ruft er: „Jetzt aber los, Klausi!“

AUFGABE 5

Die Geschichte der Xocoatl

1. Fernando Cortez eroberte für Spanien das Reich der Azteken.
2. Er entdeckte auch das Getränk Xocoatl.
3. Es wurde aus Kakaobohnen gewonnen.
4. Um 1530 brachte das erste spanische Schiff Kakaokerne nach Europa.
5. Das bittere Getränk wurde mit Zucker und Vanille versüßt.
6. Es eroberte schnell die Herzen und die Gaumen der Genießer.
7. In Preußen musste man eine Extra-Steuer dafür bezahlen.
8. Heute kann sich jeder mit wenig Geld Xocoatl kaufen.

Sicher hast du begriffen, was mit Xocoatl gemeint ist.
Wie nennt man heutzutage bei uns die Xocoatl? ______________

Wähle eine geeignete temporale Konjunktion und wandle den jeweils zuerst genannten Satz in einen Gliedsatz um.
Ordne die Sätze 1 + 2 gleichzeitig.
Ordne die Sätze 1 + 4, 4 + 6 vorzeitig.
Ordne die Sätze 8 + 7 nachzeitig.

AUFGABE 6

Setze die passenden modalen Konjunktionen in der richtigen Reihenfolge ein. Folgende Möglichkeiten hast du.

– indem – ohne dass – während

Seife zum Selbermachen

1. Rühren Sie die Zutaten langsam zusammen, ______________ sich Bläschen bilden.
2. ______________ sich einige Öle gut vermischen lassen, kommt es bei anderen zu leichten Verfärbungen.
3. Sie vermeiden Verunreinigungen, ______________ Sie einen Glasstab verwenden.

AUFGABE 7

Was wird durch die kausale Konjunktion bezeichnet, Bedingung, Folge, Grund, Zweck, Einräumung?

Seife zum Selbermachen

Die Seife ist ganz mild, so dass ihr Schaum auch nicht einmal in Kinderaugen brennt. Falls Sie eine sehr empfindliche Haut haben, können Sie die Seifencreme auch noch mehr verdünnen. Geben Sie zusätzlich ein paar Tropfen Kräuteröl hinzu, wenn Sie eine strapazierte Haut haben, weil sie z. B. zu viel Sonne abbekommen hat. Benützen Sie ein Rührgerät, damit die Zutaten sehr gut vermischt werden. Wenn die Mischung zu flüssig geworden ist, fügen Sie einige Gramm Verdicker hinzu.
Noch ein Hinweis: Experimentieren Sie mit den Mengen, obwohl die Zutaten nicht gerade billig sind.

Zusammenfassung und Test

MERKE

Mach dir nochmals den Unterschied zwischen den nebenordnenden und den unterordnenden Konjunktionen klar. Die nebenordnenden Konjunktionen verknüpfen gleichartige Einzelwörter, Wortgruppen oder Sätze mit anderen.

Die unterordnenden Konjunktionen leiten immer einen Gliedsatz ein, der zu einem übergeordneten Satz gehört, und bestimmen dabei die Sinnrichtung: temporal, kausal oder modal.

TEST 1

Bestimme, ob es sich um neben- oder um unterordnende Konjunktionen handelt.

Aus Werbeanzeigen für Urlaub und Ferien

Der skandinavische Sommer ist deshalb so groß und so heiß und so kribbelig und voller Früchte und Hechte und Blumen und Musik und so heiter oder in wenigen Worten: Er platzt deshalb aus allen Nähten, weil die Götter als Ausgleich für die anderen Jahreszeiten ein unerhörtes Fest spendieren.
Urlaub! Neu und ganz anders. Und mit anderen die Lust am Leben genießen.

Surfen Sie allein oder gemeinsam. Oder entspannen Sie sich, bis Sie die Lust zu bekannten und unbekannten Abenteuern verspüren. Oder Spaß am Theater, auf oder vor der Bühne. Sie brauchen viel Fantasie, wenn Sie sich alle Möglichkeiten vorstellen wollen – für alle Gäste: die großen wie die kleinen …

TEST 2

Wandle die farbigen Ausdrücke in Konjunktionalsätze um. Bestimme anschließend die Art der Konjunktion.

Beispiel: Aus Ärger komme ich nicht ⟶ Weil ich mich ärgere, komme ich nicht.

Schnell und kurz

1. Komme stop trotz Erkältung stop Onkel Fred
2. Nach Beendigung der Arbeiten Fenster schließen
3. Rufen Sie bei Gasgeruch sofort die Gaswache an!
4. Vor Inbetriebnahme des Geräts Benützerhinweise durchlesen
5. Verständigen Sie bitte im Unglücksfall meine Eltern!
6. Wegen Gleisarbeiten sind Zugverspätungen möglich.

TEST 3

Gib bei den unterordnenden Konjunktionen die Sinnrichtung (temporal, kausal, modal) an.

Die Osterinsel

Als die ersten Europäer auf die Osterinsel kamen, schien es ihnen so, als wären sie auf einem anderen Stern im Paradies gelandet. Da gab es riesige Gestalten aus Stein, größer als ein Haus. Sie waren überall verstreut, als ob Götter sie vom Himmel geworfen hätten. Auch 200 Jahre später, als Touristen die Osterinsel besuchten, haben diese Steinfiguren ihren Zauber noch nicht verloren.
Während die meisten dieser tonnenschweren Denkmäler, die Moais genannt werden, von brutalen Eroberern umgestürzt wurden, ragen einige noch wie ehemals in den Himmel. Während man zwischen den hohen Gestalten hindurchgeht, weht einen der Hauch der Vorzeit an.
Wenn man entlang der Küste zum heiligen Berg Orongo fährt, stößt man auf alte Felsenwohnungen. Auch wenn sie heute nicht mehr bewohnt sind, so weiß man doch von Felsenzeichnungen, dass früher Menschen dort gewohnt hatten. Und immer wenn Eroberer die Insel überfielen, zogen sich die Einwohner hierher zurück.

10 Schlusstest: Nichtflektierbare Wortarten

MERKE

Du hast die Wortarten Adverb, Präposition und Konjunktion kennen gelernt. Ihnen ist gemeinsam, dass sie nicht flektiert werden, d.h. sich ihre Wortformen nicht verändern. Ein nichtflektierbares Wort nennt man eine Partikel. Partikeln drücken bestimmte Sinnrichtungen aus und beziehen sich auf einzelne Wörter oder den ganzen Satz. Die Partikeln gehen oft Verbindungen mit anderen Wortarten ein.

Die Adverbien *da, hier* und *wo* werden mit Präpositionen zusammengesetzt. Man nennt sie Pronominaladverbien.

Beispiel: Ich bekam gestern viele Geschenke. Ich freute mich darüber.

Adverbien oder Präpositionen können mit Verben zusammengesetzt werden. Man nennt dies Verbzusatz, der sich bei finiten Verbformen abtrennt.

Beispiel: auffinden ⟶ ich finde auf

TEST

1 Beantworte zunächst folgende Fragen zu den „kleinen, aber feinen" Wörtern. Kreuze die jeweils zutreffende Eigenschaft an.

Eigenschaft	**Adverb**	**Präposition**	**Konjunktion** nebenordnend	**Konjunktion** unterordnend
1. ist mit einem Wort verbunden				
2. verbindet Sätze				
3. bestimmt den Kasus				
4. kann im Satz mehrmals vorkommen				

TEST 2

Vervollständige die Tabelle unten.

So stellt man Joghurt selber her

Anwendung: Verwendbar ist jede Milch aus dem Handel. H-Milch kann ohne Erhitzung sofort verwendet werden. Jede andere Milch bis an den Siedepunkt erhitzen, um unerwünschte Keime abzutöten. Milch daraufhin auf 45 °C abkühlen! 1 Beutel Joghurt Ferment in 1 Liter der so vorbereiteten Milch einrühren, diese dann in den Joghurtbereiter geben und bis 5 Stunden reifen lassen. Während der Reifung Gläser nicht bewegen! Nach der Reifung Gläser im Kühlschrank aufbewahren! Der Joghurt ist fertig, wenn er stichfest ist. Für weitere Zubereitungen werden jeweils 3 Esslöffel des selbst zubereiteten Joghurts auf 1 Liter Milch gegeben.

adverbiale/prädikative Adjektive:	Adverbien:	Präpositionalausdrücke:
verwendbar ______	______	______
______	______	______

TEST 3

Verstärke die Bedeutung der Präposition, indem du dahinter ein passendes Adverb schreibst.

Beispiel: Ich gehe in das Haus **hinein.**

Erlebnisse an der Nordsee

Es macht einen Riesenspaß, mit dem Pferdewagen kreuz und quer durch das Wattenmeer ______ zu fahren, von Cuxhaven ______ zu herrlichen Badeinseln ______. Vielleicht darfst du sogar auf dem Kutscherbock ______ sitzen und von dort ______ die Pferde lenken. Allerdings muss man nach einiger Zeit wieder zum Land ______, weil einen sonst die Flut von hinten ______ einholt. An Land ______ warten bereits die Krabbenfischer mit ihrem Fang. Die Krabben schmecken in diesem Augenblick ______ besonders köstlich. Versuche sie mit etwas Zitrone ______, und du bist für alle Ferientage ______ stark wie ein alter Seebär.

TEST

4 Vermeide die unschönen Wortwiederholungen, indem du das entsprechende Pronominaladverb einsetzt.

Ein weiterer Ferienspaß an der Nordsee

An der Nordsee gibt es viele lohnenswerte Ausflugsziele. Zu diesen Ausflugszielen gehört auch die Insel Helgoland, zu der stündlich Schiffe fahren. Nach der Überfahrt empfiehlt sich die Helgoländer Düne zum Baden. Du kannst dann sogar beim Baden Robben auf Sandbänken sehen. Hinter den Sandbänken fährt auch manchmal ein großer Ozeanriese vorbei. Wenn du nach dem Baden das große Aquarium besuchst, dann sieh dir auf jeden Fall das große Bassin mit den Haien an. In diesem Bassin segeln riesige Rochen durch das Wasser.

TEST

5 Ordne die farbigen Partikeln richtig ein.

Urlaub auf dem Bauernhof (Kann sehr schön sein!)

„Warum denn in die Ferne schweifen, wo doch das Gute liegt so nah?" Mit diesem altbekannten Spruch lockt der oberbayerische Fremdenverkehrsverband deutsche Gäste ins eigene Land. Und es stimmt: Gerade die Kinder aus der Großstadt erleben wahre Wunder zwischen Feld und Flur. Wo sonst dürfen sie rosa Schweinchen übers borstige Fell streicheln? Wann haben sie jemals zuvor eine lebendige Kuh mit Gefühl oder mit Gewalt gemolken? In der Nacht lauschen sie dann Gesängen, die genauso seltsam klingen wie die Lieder der Eingeborenen auf Tahiti. Aber ganz im Ernst: Es lohnt immer, wenn man sich die eigene Heimat genau anschaut. Weil man dabei Herrliches erleben kann, ist auch der Urlaub auf einem Bauernhof eine Reise wert.

Adverbien: ______________________________

Präpositionalausdrücke: ______________________________

Konjunktionen:
beiordnend ______________________________

unterordnend ______________________________

TEST 6

Wandle die Adverbien in Präpositionalausdrücke um.

Beispiel: vormittags (Adverb) ⟶ am Vormittag (Präpositionalausdruck)

Wetterbericht

Südbayern: Rascher Übergang zu starker Bewölkung mit zeitweiligen Regenfällen, mittags sonnige Abschnitte. Schwacher bis mäßiger Wind, abends böig um West.

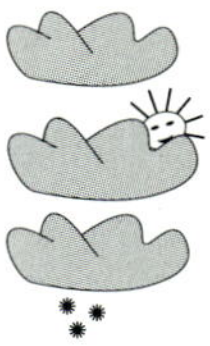

Alpengebiet: Tagsüber Eintrübung und Regen, samstags aufgelockerte Bewölkung, später aber niederschlagsfrei. Nachts Temperaturen um 18 Grad, Tiefstwerte um 12 Grad. Am Wochenende anfangs Berge in Wolken, sonntags frei. Temperatur in 2000 m bis 5 Grad sinkend, in der Höhe frischer Westwind.

Vorhersage für Samstag und Sonntag: keine wesentlichen Änderungen.

11

Quiz

Bei diesem Quiz kannst du prüfen, wie gut du die grammatischen Fachausdrücke kennst. Manche Antwort wirst du raten müssen.

1. Welches ist die häufigste Wortart?
   a) Verb b) Adjektiv c) Substantiv

2. Wie viele Wörter enthält der deutsche Wortschatz?
   a) bis 100 000 b) bis 500 000 c) bis 1 Million

3. Wie viele Formen hat ein vollständig konjugiertes Verb?
   a) 48 b) 96 c) 144

4. Wie viele unregelmäßige Verben gibt es im Deutschen?
   a) 200 b) 225 c) 250

5. Wo kommen die wenigsten Passivformen vor?
   a) in Zeitungstexten b) in Liebesromanen c) in Gebrauchsanleitungen

6. Zu welcher Wortart gehören folgende Begriffe?
   (Trage in die richtige Spalte ein Kreuzchen ein.)

	Substantiv	Adjektiv	Pronomen	Verb
Deklination				
Konjunktiv II				
Plural				
Passiv				
2. Person				
Imperativ				
Superlativ				
indefinit				
Vergangenheit				
kongruent				
gleichzeitig				

7. Welche Wortart hat folgende Eigenschaften?

	Verb	Subst	Art	Pron	Adj	Adv	Präp	Konj
steht im Satz allein								
kann sich verändern								
bestimmt den Kasus								
kann gesteigert werden								
hat zusammenges. Formen								
steht vor dem Substantiv								

8. Streiche den Begriff durch, der nicht in die Reihe gehört.
   a) konjugiert b) dekliniert c) finit d) infinit
   a) Präteritum b) Konjunktiv c) Konjunktion d) Passiv
   a) Präposition b) Genus c) Kasus d) kausal

9. Streiche jeweils durch, was nicht zum ersten Begriff passt.
   a) Substantiv Adjektiv, Konjunktion, Genitiv
   b) Modus Kasus, Tempus, Genus des Verbs
   c) Pronomen modal, demonstrativ, indefinit

10. Manche grammatischen Begriffe gehören paarweise zusammen.
    Finde jeweils den fehlenden Begriff.

    a) Aktiv ____________________

    b) nebenordnende Konjunktion ____________________

    c) Abstraktum ____________________

11. Wie heißt der dritte Begriff?

    a) Positiv b) Komparativ c) ____________________

    a) Modalverb b) Hilfsverb c) ____________________

    a) Adverb b) __________ c) Konjunktion

12. Was ist was? (Verwende die Abkürzungen: F = Wortform, W = Wortart)
    a) Konjunktion ( ) b) Konjunktiv ( )
    a) Partikel ( ) b) Partizip ( )
    a) Genus ( ) b) Genitiv ( )

Verzeichnis der grammatischen Fachausdrücke

lat.	deutsch	Beispiel
Abstraktum	Begriffswort	Gedanke; Freiheit; Lebewesen
Adjektiv	Eigenschaftswort, Beiwort	schön; grün; klar
Adverb	Umstandswort	heute; oben; sehr; deshalb
adverbiales Adjektiv	einem Verb beigefügtes Adjektiv	ich singe **schön**
Akkusativ	4. Fall, Wenfall	ich sehe **dich, das Haus, den Himmel**
Aktiv	Tätigkeitsform des Verbs	ich tanze; es schneit; es ist kalt
Artikel	Geschlechtswort	**das** Mädchen; **ein** Mädchen
attributives Adjektiv	einem Substantiv beigefügtes Adjektiv	das **schöne** Haus, ein **roter** Hut
Dativ	3. Fall, Wemfall	ich danke **dir, dem Freund,** der **Freundin**
Deklination	Beugung, Veränderung des Kasus	das Haus, **des** Haus**es**
Demonstrativpronomen	hinweisendes Fürwort	**dieser** Tisch; **jene** Berge
Femininum	weibliches Geschlecht	**die** Frau, **die** Trompete, **die** Liebe
finites Verb	Verbform mit Angabe der Person	ich **komme,** du **wirst** kommen
Flexion	Beugung, Formveränderung eines Wortes	ich tanze, wir **tanzten;** das Haus, **die Häuser**
Futur I	erste Zukunft	ich **werde tanzen**
Futur II	zweite (vollendete) Zukunft	ich **werde getanzt haben**
Gegenwart	Zeitstufe	ich tanze; ich habe getanzt
Genitiv	2. Fall, Wesfall	das Haus **des Försters;** während **des Sommers**
Genus	grammatisches Geschlecht	**der** Ball; **die** Pfeife; **das** Spiel

Genus des Verbs	Sehrichtung einer Verbform	ich **lobe; ich werde gelobt**
Gleichzeitigkeit	Zeitverhältnis	ich **singe** und (gleichzeitig) ich **tanze**
Hilfsverb	Teil einer zusammen-gesetzten Verbform	ich **werde** tanzen; du **hast** gesungen
Imperativ	Befehlsform des Verbs	lache! bewegt euch!
Indefinit-pronomen	unbestimmtes Fürwort	**irgendeine** Person; **niemand**
Indikativ	Wirklichkeitsform des Verbs	ich **komme;** wir **lachten**
infinites Verb	Verbform ohne Angabe der Person	singen; singend; gesungen
Infinitiv	Nennform, Grundform des Verbs	singen; sich freuen
Interrogativ-pronomen	fragendes Fürwort	**Welche** Farbe hat der Hut? **Wer** ist das?
Kasus	Fall	das Haus, **den** Häusern
kausal	den Grund betreffend	deshalb; **aus** Angst; ich esse, **weil** ich Hunger habe
Komparation	Steigerung des Adjektivs	schön, schön**er**, am schön**sten**
Komparativ	erste Steigerungsstufe des Adjektivs	**älter als** du
Konjugation	Beugung des Verbs	ich tanze; du hast gesungen
Konjunktion	Bindewort	ich **und** du; ich tanze, **weil** ich mich freue
Konjunktiv I	Möglichkeitsform der Gegenwart	man **nehme;** so **sei** es
Konjunktiv II	Möglichkeitsform der Vergangenheit	es **wäre** schön, wenn du hier **sein könntest**
Konkretum	Gegenstandswort	der Ball; der Baum
lokal	den Ort betreffend	oben; **in den** Wald
Maskulinum	männliches Geschlecht	**der** Wald; **der** Gedanke; **der** Freund

modal	die Art und Weise betreffend	besonders; **ohne** Verletzung; ich arbeite, **soweit** ich kann
Modalverb	Verb zur Bezeichnung der Handlungsart	ich **kann** tanzen; du **darfst** schwimmen
Modus	Aussageweise des Verbs	ich **komme;** ich **käme; komm**
Nachzeitigkeit	Zeitverhältnis	ich **tanze** und du **wirst** (nachher) **singen;** ich tanze, **bevor** du singst
Neutrum	sächliches Geschlecht	**das** Mädchen; **das** Lied
Nomen (Substantiv)	Namenwort, Dingwort, Hauptwort	Ball; Mädchen; Gefühl
Nominativ	1. Fall, Werfall	dieses Haus; ich
Numerus	Anzahl	das Haus, die Häuser; ich, wir
Objekt	Satzglied, Ergänzung	ich sehe **dich**
Partikel	nicht veränderbares Wort	immer; während; und auch
Partizip I	Mittelwort der Gegenwart	singend; schwebend
Partizip II	Mittelwort der Vergangenheit	gesungen; gewesen
Passiv	Vorgangsform des Verbs	ich **werde gelobt;** ich **bin gelobt**
Perfekt	vollendete Gegenwart	ich **habe gelacht;** ich **bin gewesen**
Personalpronomen	persönliches Fürwort	ich; du; ihr; sie
Plural	Mehrzahl	die **Häuser; wir**
Plusquamperfekt	vollendete Vergangenheit	ich **hatte getanzt;** du **warst** krank **gewesen**
Positiv	Grundstufe des Adjektivs	ich bin **so groß wie** du
Possessivpronomen	besitzanzeigendes Fürwort	**mein** Buch; **seine** Freunde
Prädikat	Satzaussage	Der Vogel **fliegt.**
prädikatives Adjektiv	zum Prädikat gehörendes Adjektiv	Das Haus **ist groß.**
Präposition	Verhältniswort	**vor dem** Haus; **während des** Tages
Präsens	Gegenwart	ich **lache** (gerade)

Präteritum	Vergangenheit	ich **tanzte** gestern
Pronomen	Fürwort	**dieses** Mädchen; **du; wer?**
Reflexivpronomen	rückbezügliches Fürwort	Der Junge beeilt **sich;** die Katze putzt **sich.**
Relativpronomen	bezügliches Fürwort	das Mädchen, **dem** der Ball gehört
Singular	Einzahl	das Haus; ich tanze
Subjekt	Satzgegenstand	**Der Ball** ist rund.
Substantiv (Nomen)	Namenwort, Dingwort, Hauptwort	Ball; Gefühl; Mädchen
Superlativ	zweite Steigerungsstufe des Adjektivs	das **schönste** Haus; ich bin **am größten**
temporal	die Zeit betreffend	nachts; **in den** Ferien; **sooft** ich tanze, singe ich
Tempus	Zeifform des Verbs	ich **lache, lachte, habe gelacht**
Verb(um)	Tätigkeitswort, Zeitwort	singen; scheinen; sein
Vergangenheit	Zeitstufe	ich **tanzte, hatte getanzt**
Vorzeitigkeit	Zeitverhältnis	ich **frühstückte, nachdem** ich mir (vorher) die Hände gewaschen hatte.
Zukunft	Zeitstufe	ich **werde tanzen, getanzt haben**

SATZTEILE UND SATZARTEN

1 Was ist ein Satz?

Du hast sicher erkannt, dass es sich bei dieser Ansammlung von Wörtern und Sätzen um Kritzeleien auf einer Schülerbank handelt, die zusammen einen Text ergeben. Du findest:

einzelne Wörter:	Hey! Ciao!
unvollständige Sätze:	Bin ein Mädchen. Wie alt?
vollständige Sätze:	Ich bin leider nur am Dienstag hier.
	Schreib mal wieder!

Neben den vollständigen Sätzen gibt es auch unvollständige Sätze oder Kurzsätze. Sie sind allerdings nur innerhalb eines Textes oder in einer eindeutigen Situation verständlich.
Unvollständige Sätze lassen sich zu vollständigen ergänzen:
Wie alt? ⟶ Wie alt bist du?
Bin ein Mädchen? ⟶ Ich bin ein Mädchen.

Wörter und Sätze sind sprachliche Zeichen. Alle sprachlichen Zeichen zusammen bilden unsere Sprache.

Im Unterschied dazu sind Fotos oder Abbildungen nicht-sprachliche Zeichen.

Im ersten Teil dieses Bandes „Wortarten" haben wir einzelne Wörter untersucht. Da hast du zum Beispiel erfahren, was ein Substantiv ist und wie es seine Formen verändern kann.

Nun geht es um die Rolle, die ein einzelnes Wort in einem Satz spielen kann, und um vollständige Sätze.

Zuerst wollen wir den einzelnen Satz mit seinen Bestandteilen genauer ansehen.

Ich singe.

Ich singe – ein Lied.

Ich singe – meinem Goldfisch – ein Lied.

Ich singe – meinem Goldfisch – zum Geburtstag – morgen – ein Lied.

Du siehst: Sätze können nicht nur unterschiedlich lang und unterschiedlich ausführlich sein, sie können auch aus sehr unterschiedlichen Teilen bestehen.

Ein vollständiger Satz muss wenigstens ein Prädikat („singe") besitzen, kann aber noch weitere Ergänzungen und Erweiterungen („meinem Goldfisch zum Geburtstag") enthalten.

Info

Es gibt zwei Möglichkeiten zu bestimmen, aus welchen Teilen ein vollständiger Satz zusammengesetzt ist.

1. Bei der **Umstell- oder Verschiebeprobe** veränderst du probeweise die Reihenfolge der Wörter im Satz. Dabei darf sich der Sinn nicht ändern. Auf diese Weise erfährst du, welche Wörter vom Sinn her zusammenbleiben müssen.
Ein Wort oder eine Gruppe von Wörtern, die in einem Satz umgestellt werden kann, ist ein **Satzglied.**

Beispiele:

Ich	bin	leider nur am Dienstag hier.
Leider	bin	ich nur am Dienstag hier.
Hier	bin	ich leider nur am Dienstag.
Nur am Dienstag	bin	ich leider hier.

Ergebnis:
Die Ausdrücke „ich“, „leider“, „hier“ und „nur am Dienstag“ sind Satzglieder.
Das Wort „bin“ ist immer an derselben Stelle geblieben.

2. Bei der **Ersatzprobe** tauschst du Wörter oder Wortgruppen durch andere aus. Dabei darf sich der Satzbau nicht ändern.
So findest du heraus, welche Wörter im Satz die gleiche Rolle spielen.

Beispiele:

Ich bin nur	am Dienstag	hier.
Ich bin nur	dienstags	hier.
Ich bin nur	selten	hier.
Ich bin nur	einmal in der Woche	hier.

Ergebnis:
Alle vier Ausdrücke haben die Aufgabe, näher zu bestimmen, **wann** die Schreiberin an diesem Platz sitzt.

Am Beispiel unserer Bankinschrift ist dir klar geworden, dass Sätze immer an andere Personen gerichtet sind. Die Absicht, die du mit deinen Sätzen verfolgst, bestimmt dabei die Art der Sätze. An der Satzart erkennt der Hörer oder Leser, was du mit deinem Satz erreichen willst.

Info

Man unterscheidet drei Satzarten. Sie werden nach der Sprechabsicht benannt.

Sprechabsicht	Satzart
eine Aussage machen, etwas feststellen, etwas behaupten	. Aussagesatz
an jemanden eine Aufforderung richten, etwas befehlen	! Aufforderungssatz
jemandem eine Frage stellen, etwas wissen wollen, eine Antwort verlangen	? Frage

Beispiel: Ich bin ein Mädchen.

Beispiel: Schreib mal wieder!

Beispiel: Wie heißt du denn?

Man kann Sätze auch nach ihrer Wichtigkeit unterscheiden. Sätze, die alleine stehen können, nennt man **Hauptsätze.** Sätze, die von einem anderen Satz abhängen, nennt man **Nebensätze.**

Beispiel: Ich freue mich, wenn du schreibst.
Hauptsatz **Nebensatz**

Bevor es mit den Sätzen richtig losgeht, kannst du dich bei den Interjektionen noch etwas entspannen. Das sind recht merkwürdige Wörter. Meist sind sie kurz, und man kann mit ihnen keine „ausgewachsenen" Sätze bilden. Aber manchmal sind sie wichtiger als vollständige Sätze. Sieh sie dir auf den nächsten Seiten einfach mal an.

2 Interjektion

HUCH.
BRRRRRRRRH.
UUAAAH.
IIIEEH.
BRRRRRRRH.
AAAAAAH.

Kannst du dir vorstellen, was diese Töne bedeuten? Wohl kaum. Ich habe sie in einer Anzeige für eine Duschbrause gefunden. Der weitere Text lautet:

„So hört es sich an,
wenn jemand mit der ABC-Brause
von XYZ duscht.
Und so fühlt es sich vor allem auch an.
Die ABC ist die pfiffige Brause
mit dem drehbaren Duschkopf:
Huch, der prasselnde Brausekopf.
Brrh, der pulsierende Massagestrahl.
Aaaah, der prickelnde Luftsprudelstrahl.
DIE BRRRAUSSSEN VON XYZ.“

Du merkst: Die Ausrufe brauchen häufig (nicht immer!) eine Erklärung, wenn man ihre Aussage und ihren Sinn eindeutig erfassen will.

Info

Das einfachste und kürzeste Mittel, sich einem andern gegenüber auszudrücken, ist ein **einzelnes Wort** oder ein **einzelner Laut.**

Solche Ausdrucks- oder Ausrufewörter, die sich nicht verändern, nennt man **Interjektionen.** Sie ahmen oft Geräusche nach und drücken vor allem Empfindungen und Gefühle aus.

Interjektionen können ganze Sätze ersetzen.

Beispiele:

Uii!

Dieser Ausdruck der Verblüffung, Überraschung, Verwunderung u. ä. ersetzt Sätze wie:
„Da bin ich aber überrascht!“,
„Das hätte ich nicht gedacht!“
„Damit hab’ ich nicht gerechnet.“

Stöhn!

Herein!

Manchmal bestehen Ausrufe auch aus verkürzten Sätzen. Du findest sie besonders häufig in Comics.
„Da muss ich stöhnen!“
„Kommen Sie herein! Komm herein!“

AUFGABE 1

Versuche die Gefühlsbezeichnungen den passenden Ausrufewörtern zuzuordnen.

1. Schmerz
2. Überraschung
3. Empörung
4. Zweifel
5. Verwunderung
6. Erschöpfung
7. Erschrecken

AUFGABE

2 Von wem stammen die folgenden Ausrufe? Versuche nach folgendem Muster einfache Sätze zu bilden.

Beispiel: Knurr: —> Der Hund knurrt.

1. Blubb!	Hund
2. Galoppel!	Vogel
3. Flatter! Flatter!	Taucher
4. Grunz!	Onkel Dagobert beim Eintritt ins Haus
5. Hops!	Hase
6. Schnaub!	Pferd
7. Kläff! Kläff!	Donald Duck beim Essen
8. Stolper!	Stier
9. Schmatz!	Schwein

AUFGABE

3 Ordne die folgenden Sätze den passenden Ausrufen zu.

1. Herein!	Ich hoffe, dass wir uns wiedersehen!
	Lasst es euch schmecken!
2. Tag!	Ich freue mich, wenn ich dich wiedersehe.
	Ich wünsche Ihnen einen guten Appetit.
3. Guten Appetit!	Kommen Sie doch herein!
	Ich wünsche Ihnen einen guten Tag.
4. Danke schön!	Ich bitte Sie sehr.
	Ich bedanke mich schön bei Ihnen.
5. Bitte!	Ich wünsch' dir einen schönen Tag.
	Wir bedanken uns.
6. Auf Wiedersehen!	Kommt doch endlich ins Zimmer!

Im täglichen Leben gibt es nur wenige Situationen, in denen du dich mit einem Wort begnügen kannst. Wenn du dich mit jemandem unterhältst oder einen Text schreibst, genügen Ausrufewörter nicht. Deshalb wenden wir uns jetzt den vollständigen Sätzen zu.

Seufz!!

SATZTEILE

1 Prädikat

Wie aus Holz und Stoff Menschen werden

Eine Marionettenspielerin berichtet:
„Ich setze eine Marionette aus 14 Einzelteilen zusammen. Mit Draht verbinde ich sie beweglich miteinander. Ich mache zuerst den Rumpf. Er besteht aus einem Gerüst aus Holz. Dann stelle ich den Kopf aus einem Stück Lindenholz her. Die Form des Kopfes zeichne ich auf, dann säge ich die grobe Form aus und schnitze sie mit einem Messer nach. Der Kopf wird auf eine große Perle aufgesetzt und kann dadurch bewegt werden. Die Hände kann man auch aus festem Stoff machen. Zum Schluss bemale ich die Marionetten und ziehe ihnen kostbare Kleider an. Und siehe da: Die Puppen leben.“

AUFGABE **1**

Stell dir vor, du willst einem Freund erklären, wie man eine Marionette herstellt. Wandle die folgenden Anweisungen in der Grundform (= Infinitiv) entsprechend um. Vergleiche die Verbformen.

1. Die Marionette aus 14 Einzelteilen zusammensetzen

   Du ______________________________

2. Zuerst den Rumpf bauen

   Du ______________________________

3. Die Form des Kopfes aufzeichnen

   Du ______________________________

4. Sie aussägen und nachschnitzen

   Du ____

5. Zum Schluss die Marionette bemalen

   Du ____

Du stellst fest: Die Verben kommen in den Sätzen nicht in der Grundform (= Infinitiv) vor.

Info

Jeder vollständige Satz besitzt ein **Prädikat** (Satzaussage). Es drückt aus, was im Satz geschieht oder ist.
Das Prädikat ist der wichtigste Bestandteil eines Satzes.
Von ihm hängen die anderen Bausteine des Satzes ab.

Beispiele: Ich setze eine Marionette aus 14 Einzelteilen zusammen. (= Handlung)
Die Holzfigürchen werden zu richtigen Menschen. (= Vorgang)
Der Kopf besteht aus einem Gerüst aus Holz. (= Zustand)

1. Zusammen mit dem Subjekt (Satzgegenstand) bildet das Prädikat das Grundgerüst des Satzes.
Einfache Sätze bestehen nur aus Prädikat und Subjekt.

Beispiel: Die Puppen leben.

2. Das Prädikat bestimmt, wie viele Objekte vorkommen und in welchem Kasus sie stehen.

Beispiele: Ich mache **den Rumpf.** (= Objekt im Akkusativ)
Ich ziehe **den Marionetten kostbare Kleider** an. (= zwei Objekte im Dativ und Akkusativ)

3. Das Prädikat ist immer eine konjugierte Verbform. Du erkennst sie daran, dass **Person** und **Numerus** bestimmt sind. Eine solche Verbform nennt man auch **finit.**

Beispiele:

	Person	Numerus
Du **bemalst** die Marionette.	2.	Singular
Die Marionetten **verbeugen** sich.	3.	Plural

AUFGABE **2**

Bevor du Deutsch lernst, solltest du Japanisch können! Die Japaner betonen das Geschehen im Satz mehr als wir. Statt „Die Glocke läutet“ sagen sie „Der Glocke läuten“.

Wandle nach diesem Beispiel die wörtlichen Übersetzungen aus dem Japanischen in übliche deutsche Sätze um.

Ich kann Japanisch!

1. chiisai inu ga naku
   kleines Hundes Bellen ______________________
2. uguisu no naku
   Nachtigalls Rufen ______________________
3. tori ga naku
   Vogels Schreien ______________________
4. sakura ga saita
   Kirschbaumblühen ______________________

AUFGABE **3**

Wandle das zweite Substantiv in ein Prädikat um und bilde auf diese Weise einfache Sätze.

Auf dem Bauernhof

1. Magd	Frühstück	Die Magd frühstückt.
2. Bäuerin	Butter	______________________
3. Bauer	Zorn	______________________
4. Kuh	Kalb	______________________
5. Eisen	Rost	______________________
6. Korn	Schimmel	______________________

AUFGABE **4**

Wandle die Vergleiche in Prädikate um und verkürze so die etwas lang gewordenen Sätze.

1. Ich sammle wie ein Hamster alles Essbare.
2. Ich bewege mich wie eine Robbe durchs Feld.
3. Ich stehle wie eine Maus Nüsse.
4. Ich lerne wie ein Büffel für die Prüfung.

5. Ich gehe wie ein Lahmer.
6. Ich spreche wie ein Berliner.
7. Ich schreibe in meiner Freizeit wie ein Schriftsteller.
8. Ich laufe wie ein Vagabund durch die Gegend.

Info

Das Prädikat besteht oft nicht aus einer einfachen, sondern einer mehrteiligen Verbform.
Zu der konjugierten (**finiten**) Verbform treten andere Wörter hinzu. Sie verändern sich – im Unterschied zur konjugierten Verbform – nicht; man nennt sie deshalb **infinit** (Gegenteil zu finit).
Bei einem mehrteiligen Prädikat musst du zwischen dem finiten und infiniten Prädikatsteil unterscheiden. Vergleiche, welche Verbformen sich verändern.

Beispiele:

	finiter Prädikatsteil		infiniter Prädikatsteil
Ich	**werde**	eine Marionette	**bauen.**
Wir	**werden**	eine Marionette	**bauen.**
Du	**willst**	eine Marionette	**bauen.**
Wer	**kann**	eine Marionette	**bauen.**

Solche unveränderlichen Prädikatsteile können sein:

a) infinite Verbformen nach einem Hilfs- oder Modalverb:

Beispiele: Die Marionette **ist** aus vielen Teilen **zusammengesetzt.** (= Partizip Perfekt)
Die Hände **kann** man aus Stoff **machen.** (= Infinitiv)

b) Vorsilben oder Partikel als (trennbare) Verbzusätze:

Beispiel: Ich **setze** die Marionette aus 14 Teilen **zusammen.**

c) Substantiv- oder Adjektivausdrücke:

Beispiele: Ich **nehme** die Marionette **zur Hand.**
Ich **nehme** meine Arbeit sehr **ernst.**

Beachte: Diese unveränderlichen Prädikatsteile stehen am Ende des Satzes und schließen alle Wörter dazwischen ein. Man nennt dies **Satzklammer.**

AUFGABE **5** Kommen in den Buchtiteln Prädikate vor? Unterstreiche sie.

AUFGABE **6** In welchen Sätzen ist ein Prädikat enthalten? Unterstreiche sie.

Wir fertigen Lampenschirme nach Ihren Entwürfen. Standardschirme vorrätig.

Früh-Rentner, absolut zuverlässig, übernimmt Kurierdienste/Flüge In- und Ausland/Eilaufträge.

Im „Schlaf" Geld verdienen! Gerne vermitteln wir kostenl. Ihre Whg. etc.

Monty – außergewöhnliches Showtalent mit Köpfchen sucht seriösen Produzenten. Ich komme so weit wie Madonna! Wetten dass?

AUFGABE 7

Unterstreiche die Sätze, die kein Prädikat haben.

Aus einer Sportreportage

Die Mannschaften kommen zur zweiten Halbzeit aus den Kabinen. FC Unterschwalbach führt 2:3. Nicht einmal unverdient. Ein weiter Abschlag vom Tor des Gegners. Charly Sulzknie versucht zu dribbeln, geht am ersten Abwehrspieler vorbei und auch am zweiten. Jetzt muss die Flanke in den Strafraum kommen! Hoch steigt Bruno Dickschädel, der wuchtige Mittelstürmer. Ein kräftiger Kopfstoß! Und ein heilloses Durcheinander in der Hintermannschaft von Eintracht Oberschwalbach. Da ist der Ball im Netz. Das ist die Entscheidung! Und damit zunächst zurück zum Funkhaus.

AUFGABE 8

Im Gedicht von Ernst Jandl „Ottos Mops“ findest du auch unvollständige Sätze. Schreibe nur die Zeilen, in denen ein Prädikat vorkommt, in der üblichen Weise (Großschreibung, Satzzeichen) auf.

ottos mops trotzt
otto: fort mops fort
ottos mops hopst fort
otto: soso

otto holt koks
otto holt obst
otto horcht
otto: mops mops
otto hofft

ottos mops klopft
otto: komm mops komm
ottos mops kommt
ottos mops kotzt
otto: ogottogott

(Geht es auch mit Trudes Pudel?)

AUFGABE

9 Von welcher Verbart wird das Prädikat gebildet? Trage die entsprechenden Wörter bei den richtigen Begriffen ein.

Die Hallig – eine besondere Art von Insel

Eine Hallig darf man mit einer normalen Insel nicht vergleichen. Sie ist ganz flach und wird nur von niedrigen Deichen eingegrenzt. Bei erhöhter Flut versinken diese Inseln bis „zum Hals" im Wasser. Die Häuser einer Hallig stehen deshalb auf künstlich errichteten Hügeln. Bei gutem Wetter aber solltest du dir einen Ausflug auf eine Hallig gönnen; du kannst sie sogar zu Fuß erreichen.

1. Vollverb ____________________
2. Hilfsverb ____________________
3. Modalverb ____________________

AUFGABE

10 Unterstreiche die mehrteiligen Prädikate.

Das Wundersofa

1. Es macht endlich Schluss mit den schweißtreibenden Übungen.
2. Verschiedene Geräte machen Sie auf angenehme Weise fit.
3. Auf der Trainingsliege wird mit einer sanften Wellenbewegung der Kreislauf angeregt.
4. Durch die vierte Übung werden Pfunde an Bauch und Hüften weggeschmolzen.
5. Der Po-Trainer kann Orangenhaut an den Oberschenkeln abbauen.
6. Durch die Klappmesser-Übung werden Sie bis zu 20 Pfund abnehmen.
7. Nach dem Training dürfen Sie sich noch unter dem Solarium die richtige Urlaubsbräune holen.

Info

Verben wie **sein, scheinen, werden** brauchen meist eine zusätzliche inhaltliche Ergänzung, damit das Prädikat vom Sinn her vollständig ist. Solche Ergänzungen können sein:

a) Substantive

Beispiel: Das Material des Kopfes **ist Lindenholz.**

b) Präpositionalausdrücke

Beispiel: Der Kopf **ist aus einem Stück Lindenholz.**

c) Adjektive, die ihre Form nicht verändern.

Beispiel: Der Kopf **ist hölzern.** Die Köpfe **sind hölzern.**

AUFGABE 11

Wandle die farbigen Ausdrücke in einfache Sätze mit dem Verb „sein" um.

Beispiel: Das rosa Haus gefällt mir. —> Das Haus ist rosa.

Hawaii

Die Hawaii-Insel Oahu mit ihrer weltberühmten Waikiki-Bucht lädt Sie zu diesem wunderschönen Urlaub ein. Die Südsee lockt Sie mit glitzerndschwarzen Sandstränden und riesigen Palmen. Bummeln Sie durch die verwinkelten Straßen von Honolulu. Vergessen Sie nicht die köstlichen Spezialitäten der Köche aus China! Bewundern Sie im herrlichen Naturpark Sea Life die gezähmten Delphine oder die farbenprächtigen Fische. Nehmen Sie unterm tropisch-blauen Himmel teil an den fröhlichen Tanzdarbietungen der Eingeborenen!

2 Subjekt

„Wie ich lernte, eine Gans zu werden …"

Biologin zog verlassene Jungtiere auf und lernte ihre „Sprache"

Vorm Martinstag hat Angelika Hofer etwas Angst. Denn da könnten sich gewisse Leute „an meinen Kindern vergreifen". Die Kinder sind fünf Wildgänse. Ihre derzeitige Sorge ist begründet. Die fünf Streifengänse sehen dank menschlicher Erziehung jeden Mann, jede Frau als Artgenossen an. Dass einer dieses Zutrauen missbraucht und den Tieren an die Gurgel geht, ist gut möglich. Dabei sind Streifengänse nix zum Essen.

Zu Hause lernte Frau Hofer bald die Gänsesprache. „Pfühp, pfühp" bedeutet „Wir sind allein.", „Wiwiwi" heißt „Hier bin ich, wo bist du?" und „Drrr-drrr" kann übersetzt werden mit „Bleib endlich stehen!". Die Gänsemutter wiederum begrüßt ihre Kinder stets mit „Gang-gang". Leckerbissen brachte sie den Kleinen so bei: Mit Daumen und Zeigefinger zwackte sie an Gänseblümchen, Salat und Klee. Schwimmen konnten die Kleinen natürlich von Haus aus. Aber sie setzen sich gerne auf den Rücken ihrer menschlichen Mutter. Der Spätsommer verstrich wie im Flug: Nach kniffligen Starts gingen die Gänse in die Luft. Und Frau Hofer fuhr mit dem Rad hinterher. Auf „Gong-gong" landeten sie. Inzwischen sind die Gänse vom Mutterhaus an den Ammersee ausgezogen.

(Nach einem Bericht in der Münchener „Abendzeitung" vom 24./25. Oktober 1987)

AUFGABE **1**

Ergänze die unvollständigen Sätze mit Angaben aus dem Text.

1. ______________________ hat etwas Angst.
2. ______________________ lernte die Gänsesprache.
3. ______________________ begrüßt ihre Kinder mit „Gang-Gang".
4. ______________________ sehen jeden als Artgenossen an.
5. ______________________ konnten von Haus aus schwimmen.

Du erkennst:
Zu dem Geschehen, das durch Prädikate ausgedrückt wird, gehören Personen oder Lebewesen. Erst dann erhältst du eine vollständige Aussage.

Info

In jedem vollständigen Satz wird das Prädikat durch das **Subjekt** ergänzt.
Das Subjekt nennt die Person oder die Sache, von der das Geschehen ausgeht oder zu der ein Zustand gehört.

Beispiele: **Biologin** zog verlassene Jungtiere auf und lernte ihre „Sprache".
Streifengänse sind nicht essbar.

1. Subjekt und Prädikat sind in Numerus und Person kongruent, d. h. sie stimmen überein.

Beispiele:

Subjekt	**Prädikat**
Die Gänse	gingen in die Luft
Ich	spreche (wie eine Gans).

2. Das Subjekt steht unmittelbar vor oder hinter dem Prädikat.

Beispiel: **Die Gänsemutter begrüßt** ihre Kinder mit „Gang-gang".
Mit „Gang-gang" **begrüßt die Gänsemutter** ihre Kinder.

3. Subjekt und Prädikat müssen inhaltlich zusammenpassen.

Beispiel: Die Biologin fuhr den Gänsen mit dem Rad hinterher.
aber nicht:
~~Die Gänse fuhren mit dem Rad hinterher.~~

Beachte: Das Subjekt steht immer im Nominativ.
Wenn du in einem Satz das Subjekt finden und bestimmen willst, stellst du an den Satz die Frage:
Wer oder **was** tut etwas? **Wer** oder **was** ist?
Als Antwort erhältst du das Subjekt.

Beispiel: Die fünf Streifengänse sehen jeden Mann als Artgenossen an.
Wer sieht jeden Mann als Artgenossen an?
Antwort: die fünf Streifengänse → Subjekt

AUFGABE

2 Welches Geräusch passt zu welchem Tier? Verbessere die Sätze und setze die Tiere dabei in den Singular.

Katzen krähen

Frösche brüllen

Tauben kläffen

Schweine summen

Bienen grunzen

Stiere gurren

Hähne quaken

Hunde tirilieren

Lerchen miauen

AUFGABE

3 Zu einem Prädikat passen jeweils zwei Subjekte.

Eimer Hund Mutter Tür Schnaps Streichholz

1. Die	______________	springt auf.	Die	______________	springt auf.
2. Das	______________	brennt.	Der	______________	brennt.
3. Der	______________	leckt.	Der	______________	leckt.

AUFGABE

4 Achtung! Die Subjekte sind vertauscht. Bringe die beiden Texte in Ordnung, so dass man wieder darüber lachen kann.

Bereits 1980 wurde in Kalifornien dein Lehrer zu einer riesigen Blase aufgepustet. Niemand erreichte den sagenhaften Durchmesser von 48,9 cm! Bis heute hat er diese Superleistung übertreffen können. Aber ein Kaugummi darf dich beim Training in der Schule nicht erwischen.

An der Haltestelle wartet eine Toilette auf seinen Bus. Wie im Training übt eine alte Dame das schnelle Dribbeln. Das sieht der große Fußballstar Pele Knallschuh. Da geht er auf ihn zu und sagt: „Junger Mann! Dort drüben ist sie."

AUFGABE 5

Bestimme das Subjekt eines jeden Satzes.

So bastle ich ein Kaleidoskop

Am besten du besorgst dir drei kleine Spiegel (20 cm lang, 4 cm breit). Billiger ist allerdings Spiegelfolie. Außerdem werden Pappe, Buntpapier oder bunte Glasscherben und Haushaltsfolie benötigt.
Zunächst werden die Spiegelteile zu einem Dreieck zusammengestellt und mit Klebebändern festgemacht. Ein Ende wird dann mit der durchsichtigen Haushaltsfolie verschlossen. Nun füllst du die dreieckige Röhre mit den bunten Glasscherben oder Papierschnipseln. Zum Schluss wird die Folie auch über dem anderen Ende befestigt.

Info

Folgende Wortarten können Subjekt sein.

a) Substantiv oder Substantiv mit Beifügungen

Beispiele: **Biologin** zog verlassene Jungtiere auf.
Die Gänsemutter begrüßt ihre Kinder.
Die fünf Streifengänse sehen jeden als Artgenossen an.

b) Eigenname

Beispiel: Vorm Martinstag hat **Angelika Hofer** etwas Angst.

c) Pronomen

Beispiel: „Pfühp, pfühp" bedeutet „**Wir** sind allein."

AUFGABE 6

Bestimme die Wortart der Subjekte.

Mit einer Plastikfolie kannst du noch etwas anderes basteln. Zuerst wird ein Dreieck aus der Folie ausgeschnitten. Dann werden die Kanten durch die drei Plastikhalme verstärkt. Allerdings dürfen die Halme nur an den Ecken festgeklebt werden. Denn die Folie muss frei beweglich bleiben; die Luft kann sonst den Flieger nicht emporheben. Die Mitte der Segelfläche kann man durch einen zusätzlichen Halm verstärken. Mit einem kleinen Gewicht verändert sich die Flugbahn. Ich wünsche dir viel Spaß mit deinem Flieger!

Substantiv: ______________________________

Pronomen: ______________________________

Info

Auch andere Wortarten können Subjekt werden. Dazu müssen sie allerdings erst zu Substantiven gemacht werden. Du schreibst sie groß und stellst einen Artikel davor. Man nennt dies **Substantivierung.**

Beispiele:

Verb:	(Die Gänse **schnattern.**) **Das Schnattern** der Gänse stört mich nicht.
Adjektiv:	(Die **kleinen** Gänse können noch nicht fliegen.) **Die Kleinen** können noch nicht fliegen.
Interjektion:	**(Wiwiwi!)** **„Wiwiwi"** heißt „Hier bin ich, wo bist du?"

AUFGABE

7 Trage die farbigen Subjekte in der Grundform bei der richtigen Wortart ein.

Beispiel: Die Alten beschützen die Jungen. → Adjektiv: alt

So wird man flügge

Den Vogelkindern geht es so wie den Menschenkindern: Das Stillsitzen im Nest geht ganz schön auf die Nerven. Endlich steht Fliegen auf dem Stundenplan. Das Auf und Nieder der Flügel versetzt die „Lehrlinge" fast in einen Rausch, und aufgeregtes Zwitschern erfüllt die Luft. Bald verlassen die Jungen ihre Familie. Dann gilt das harte Gesetz der Natur: Wichtiger als der gestrige Tag ist das Heute. Das Überleben-Wollen fordert die ganzen Kräfte. Nach einiger Zeit gründen die Stärksten unter ihnen selbst eine Familie. Und alles beginnt wieder von vorne.

Verb: ______________________________

Adverb: ______________________________

Adjektiv: ______________________________

Info

Ein besonderes Subjekt ist das Wörtchen **es.**
Du musst drei Verwendungsarten unterscheiden:

1. „Es" ist ein **unpersönliches Subjekt** bei einem Vorgang oder Zustand, den keine bestimmte Person oder Sache verursacht hat.

Beispiel: Im letzten Sommer war **es** recht kühl, **es** regnete oft.

2. „Es" weist als **Stellvertreter** auf ein Substantiv im Text hin.

Beispiel: Das Mädchen fiel hin. Da weinte **es** (= das Mädchen).

3. „Es" steht an der Spitze eines Satzes. Es ist aber inhaltlich nicht nötig, sondern **vertritt** nur den **Platz eines Subjekts.** Wenn du ein anderes Wort an seine Stelle setzt, verschwindet es. Dieses Subjekt nennt man grammatisches Subjekt. Es kommt vor allem in Passivsätzen vor.

Beispiel: Es darf im Schulhaus nicht geraucht werden.
Im Schulhaus darf nicht geraucht werden.

Beachte: Bei den Verben **sein, werden, bleiben** u. ä., die einen Zustand ausdrücken, ist manchmal ein Substantiv im Nominativ Teil des Prädikats. Diesen Prädikatsteil darfst du nicht mit dem Subjekt verwechseln.

Beispiele:

Frau Hofer	wird **Großmutter.**
Die Kinder	sind **fünf Wildgänse.**
Subjekt	**Prädikat** (Verb + Ergänzung im Nominativ)

Subjekte kannst du zu Subjektsätzen erweitern.

Beispiele: **Der Missbrauch des Zutrauens** ist gut möglich. (Subjekt)
Dass einer das Zutrauen der Gänse missbraucht, ist gut möglich. (Subjektsatz)

AUFGABE

8 Bestimme das Wörtchen „es“.
(1 = verweist auf Subjekt, 2 = unpersönliches Subjekt, 3 = Subjektersatz)

Die Erfindung des Sauerteigs

Es (   ) geschah vor vielen Jahrhunderten in Ägypten. Eine Dienerin hatte aus Schlamperei einen frischen Teig vergessen. Man muss wissen: Dort ist es (   ) sehr feucht und warm. Es (   ) war über Nacht aus dem flachen Fladen ein runder Laib entstanden. Es (   ) ist schade darum, dachte sich die Dienerin und legte das Teigstück in den Backofen. Durch das Backen war es (   ) noch schöner geworden, und außerdem hatte es (   ) einen würzigen Geschmack bekommen. Ein Hinweis noch: Es (   ) wird nicht jede Schlamperei so schön belohnt!

Schlusstest: Prädikat und Subjekt

MERKE

Du hast erfahren, dass jeder vollständige Satz ein Prädikat und ein Subjekt enthält. Sie sind die wichtigsten Bestandteile eines Satzes.

Das Prädikat ist immer eine finite Verbform, die einteilig oder mehrteilig sein kann. Die unveränderlichen Prädikatsteile stehen im Aussagesatz am Ende und bilden so die Satzklammer.

Das Subjekt wird durch ein Substantiv oder Pronomen im Nominativ gebildet. Andere Wortarten können substantiviert werden.

Prädikat und Subjekt sind durch den gleichen Numerus und die gleiche Person miteinander verbunden. Beide müssen auch inhaltlich zusammenpassen.

TEST

1 Bilde ganze Sätze ohne Doppelpunkt. Achtung! Die Vogelnamen sind vertauscht. Orientiere dich an der Bedeutung des Verbs. Es bezeichnet eine Tätigkeit, von der der Vogel seinen Namen hat.

Bedrohte Vogelarten

1. der Neuntöter: Braucht Sümpfe mit Schilfrohr und Riedgräsern.
2. das Wintergoldhähnchen: Frisst gerne Samen von Disteln.
3. die Bartmeise: Hängt an ihren Gesang ein klapperndes Trillern an.
4. den Seggenrohrsänger: Zieht im Winter nicht nach Süden.
5. der Distelfink: Spießt seine Beute auf Dornen auf.
6. die Klappergrasmücke: Trägt einen „Backenbart“.

TEST 2

Zwei Substantive passen jeweils zu einem Prädikat. Bilde vollständige Sätze.

der Hafer   der Vogel   das Messer   der Blindenhund
der Schüler   die gegnerische Mannschaft   die Nase   der Hase

1. stechen ______________________________
2. führen ______________________________
3. fliegen ______________________________
4. laufen ______________________________

TEST 3

Unterstreiche die Subjekte der Sätze.

1. Im ersten Spiel unter Trainer Peter Neururer kam Alemannia Aachen zu einem 0:0 beim Aufstiegskandidaten Darmstadt 98.
2. Noch einige tausend Sitzplatzkarten sind für das Europapokal-Spiel FC Bayern gegen Real Madrid in der Geschäftsstelle erhältlich.
3. Die DFB-Meisterschale wird Werder Bremen bereits nach dem letzten Heimspiel gegen den Hamburger SV verliehen.

TEST 4

Setze folgende Prädikate richtig in die Sätze ein.

begegnete   bemerkte   beschimpfen   fragte   gibt
wird genannt   überlegte   weinst   ist

Kleine Fabel aus dem Russischen

Ein Esel ______________ auf der Straße einem weinenden Schwein. „Du ______________ Warum?“ ______________ mit Anteilnahme der Esel. „Alle Menschen ______________ die anderen mit meinem Namen. Jeder Betrüger ______________ Schwein ______________ Allen Verbrechern ______________ man den Namen Schwein.“ Der Esel ______________ lange und ______________ dann: „Das ______________ wirklich eine riesige Schweinerei!“

TEST 5

Wandle die Infinitive in die richtige Tempusform um und setze sie dann als Prädikate in die Sätze ein. Achte auf die wechselnden Subjekte.

erleben (Perfekt)	gratulieren wollen (Präteritum)
entdecken können (Präteritum)	alt sein (Futur I)
entzückt sein (Präsens)	aussehen (Präsens)

99 Jahre jung

Maggie Aston, eine ältere englische Dame, ____________ kürzlich an ihrem 100. Geburtstag eine freudige Überraschung ____________ Die ganze Familie und das ganze Dorf ____________ der alten Dame ____________ Doch in ihrer Geburtsurkunde ____________ etwas Angenehmes ____________ Sie ____________ erst im nächsten Jahr hundert Jahre ____________ „Ich ____________. Da ____________ man immer so alt ____________."

TEST 6

Suche die Subjekte heraus. Zu welcher Wortart gehören sie?

Eine afrikanische Fabel

Einst forderte das Chamäleon den Elefanten zu einem Wettlauf auf. Der nahm die Herausforderung siegessicher an. Am nächsten Tag sollte die Entscheidung dann fallen. In der Nacht aber verteilten sich viele Artgenossen in kurzer Entfernung an der Rennstrecke. Der Gegner hatte sich gut vorbereitet: Gleich bei Morgenanbruch begann er das Rennen. Das Chamäleon war ihm währenddessen auf den Schwanz geklettert. Aber jener bemerkte es gar nicht.
Der Elefant sagte jedem Chamäleon am Weg: „Ich werde allmählich müde, aber du siehst noch sehr frisch aus."
Und dann durchlief das Chamäleon die kurze Strecke bis zum Ziel. Da keuchte der Dickhäuter: „Ich kann nicht mehr. Du hast gewonnen." Die kleinen Schlaumeier feierten bis zum frühen Morgen ausgelassen.

Diese afrikanische Fabel erinnert dich sicher an eine ähnliche deutsche Fabel.

4 Akkusativobjekt

So hat man vor 2000 Jahren Zahnschmerzen geheilt

Man reibt den schmerzenden Zahn mit dem größten Knochen einer weißen männlichen Wasserschlange. Der Knochen muss bei Vollmond herausgenommen werden und darf die Erde nicht berührt haben. Mit Wein spült man den Mund aus. In hohle Zähne steckt man trockene Eidechsenleber. Die Asche einer mit Salz verbrannten Schlange verschafft Linderung. Die in den Hörnern der Schnecken vorkommenden Sandkörner beruhigen hohle Zähne. Eine mit der linken Hand gefangene Spinne wird Schmerzen vertreiben. Mit einem hohlen Hühnerknochen soll man das Zahnfleisch berühren und dann den Knochen wegwerfen. Öl mit Spatzenmist verjagt den Schmerz sofort, es verursacht allerdings ein starkes Jucken. Dies alles empfahlen Zauberer vor 2000 Jahren gegen Zahnschmerzen.

Diese Rezepte hat ein Mann namens Plinius vor knapp 2000 Jahren gesammelt. (Ich rate dir allerdings nicht, sie tatsächlich auszuprobieren.)

AUFGABE 1

Wenn die Ratschläge helfen sollen, genügt es nicht zu erfahren, was geschieht und wer handelt. Ergänze die Prädikate und Subjekte mit Angaben aus dem Text.

Beispiel: Man reibt **den schmerzenden Knochen.**

1. Man spült ______________________ mit Wein aus.
2. Eine Spinne wird ______________________ vertreiben.
3. Die Asche einer Schlange verschafft ______________________.
4. Die Sandkörner beruhigen ______________________.
5. Öl mit Spatzenmist verjagt ______________________.

Du stellst fest: Einige Sätze sind noch unvollständig, wenn sie nur aus Prädikat und Subjekt bestehen.

Info

In vielen Sätzen verlangt das Prädikat neben dem Subjekt noch eine Ergänzung, damit die Aussage des Satzes vollständig ist. Diese Ergänzung nennt man **Objekt.**

Das Objekt nennt die Person oder Sache, auf die sich das Geschehen bezieht. Prädikat, Subjekt und Objekt müssen von ihrem Sinn her zusammenpassen.

Eine Ergänzung des Prädikats, die im Akkusativ steht, wird **Akkusativobjekt** genannt.

Beispiele: Ich sehe dich,
das Haus,
das Rot der Hausdächer.
aber nicht:
~~Ich sehe (Gesang.)~~

Beachte: Du findest das Akkusativobjekt im Satz mit der Frage:
Wen oder was?

Beispiel: Öl mit Spatzenmist verjagt den Schmerz.
Wen oder was vertreibt Öl?
Antwort: den Schmerz → Akkusativobjekt

Ein Objekt ist wie das Subjekt ein Substantivausdruck, der auch aus mehreren Wörtern bestehen kann, oder ein Pronomen.

Beispiele: Man reibt den **schmerzenden Zahn.** (= Substantiv)
Das alles empfahlen Zauberer vor 2000 Jahren.
(= Pronomen)

Welche Ergänzung notwendig ist, hängt vom **Prädikat** ab. Verben, die ein Akkusativobjekt verlangen, nennt man **transitive** Verben, alle anderen intransitive Verben.

Beispiele:

transitiv:	Öl lindert Schmerzen.	= Akkusativobjekt
intransitiv:	Ich helfe dir.	= Dativobjekt
	Ich zittere.	= kein Objekt

Wenn du einen Aktiv-Satz in einen Passiv-Satz umwandelst, ändert sich der Satzbau.

Aktiv: Du reibst den Knochen.
Du reibst die Knochen.

Passiv: Der Knochen wird (von dir) gerieben.
Die Knochen werden gerieben.

Folgende Veränderungen stellst du fest:

1. Aus dem Akkusativobjekt wird ein Nominativ. Er ist das neue Subjekt des Passiv-Satzes.

2. Das Prädikat stimmt mit dem neuen Subjekt in Numerus und Person überein.
Es kommen alle Personen beim Prädikat vor. Man spricht vom **persönlichen Passiv.**

3. Die Präposition **von** + Dativ bezeichnet den Täter oder den Grund eines Geschehens. Er kann auch unerwähnt bleiben.

AUFGABE

2 Verwende die Substantive als Subjekt oder Objekt. Bilde alle Sätze, die sinnvoll sind.

Hase Hund Katze Maus	jagen verbellen
Elefant Fliege Löwe	stechen zertreten

AUFGABE 3

Streiche alle Wörter durch, die nicht als Akkusativobjekt passen.

1. Ich sehe dich/Sätze/den Honig/nicht/fern/das Radio/zwei Engel.
2. Ich höre das Plätschern des Baches/meinen Vater/die Rose.
3. Ich rieche das Knistern des Feuers/frisches Heu/Sterne/gut.
4. Ich ertaste dich/den Regenwurm/die gute Luft/den Spinat/oben.
5. Ich schmecke die Schweinshaxe/alles Viereckige/das Rascheln.

AUFGABE 4

Bilde sinnvolle Sätze. Die Akkusativobjekte sind farbig.

altes auch Brühe ein eine gibt gute Huhn

bei Bohnen man Regenwetter säen soll

braucht gutes halben Land Samen

Froschgeschrei herbei jedes nicht Regen zieht

AUFGABE 5

Sind die farbigen Ausdrücke Subjekte (S) oder Akkusativobjekte (A)? Trage die entsprechenden Abkürzungen ein.

Neues von den Elefanten

Erwachsene Elefanten (   ) bringen ein Gewicht von sechs Tonnen (   ) auf die Waage. Pro Tag werden 200 kg Grünfutter (   ) verspeist. Die Speisekarte bietet 100 verschiedene Pflanzen (   ) an. Nach der Mittagsruhe drängt es die Jumbos (   ) zu den Wasserstellen. Dickhäuter (   ) müssen alle 24 Stunden einmal trinken. Sie (   ) brauchen eine Wassermenge von 150 Litern. (   ) Die hitzeempfindlichen Dickhäuter (   ) benützen das Wasser (   ) auch zur Abkühlung ihrer sehr dünnen Haut. Erst nach einem Jahr trinken übrigens die kleinen Elefanten (   ) das Wasser (   ) wie die großen mit der Nase.

AUFGABE

6 Bestimme die Akkusativobjekte und die Wortart.

Geheimschrift

Man benötigt eine Zwiebel oder eine Zitrone, presst sie aus und siebt sie durch. Dann taucht man einen Pinsel hinein. So bringt man die Geheimbotschaft aufs Papier. Der Empfänger muss es dann erwärmen. Dadurch macht er die Schrift lesbar.

Substantiv: ____

Pronomen: ____

AUFGABE

7 Setze den Bericht in Ich-Form.

In der Nähstube

Die Kostüme werden in der Schneiderwerkstatt gemacht. Hier werden die nackten Holzmarionetten angezogen. Zuerst wird genau Maß genommen. Dann werden die Maße auf den Stoff übertragen. Erst nach mehreren Stunden sind die Marionetten märchengerecht angezogen. Die Form wird ausgeschnitten, und dann wird das Kleid um die Marionetten gelegt. Schließlich werden die letzten Feinarbeiten erledigt und die Stoffteile festgenäht. So ist aus einem einfachen Stoff das Gewand einer Prinzessin hergestellt worden.

Die Marionettenkleidernäherin (uff!) berichtet von ihrer Arbeit: „Ich mache …“

Info

Neben Substantiven und Pronomen können auch **substantivierte Wortarten** als Akkusativobjekte verwendet werden.

Beispiele: Das Öl verursacht heftiges **Jucken.** (= substantiviertes Verb)
Ich sehe das **Gelb.** (= substantiviertes Adjektiv)

AUFGABE 8

Setze folgende Wörter in die Sätze ein. Ein paar musst du vorher zu Substantiven machen.

krank Fahrwege knattern Gold jeder
wertvoll reich beladenes Schiff es gestern

Piraten ahoi!

______________ lässt der Kapitän im Hafen zurück. Seeräuber kennen die ______________ von reichen Händlern und Kaufleuten sehr genau. Schon von weitem hören sie das ______________ der Segel und riechen das ______________. Dann entern sie das ______________ Sie töten ______________ schleppen alles ______________ von Bord und setzen ______________ in Brand. Keiner wird sich wohl das ______________ herbeiwünschen.

AUFGABE 9

Durch welche Wortarten wird das Akkusativobjekt gebildet? Trage die Objekte bei der entsprechenden Wortart ein.

Piraten ahoi!

Ein richtiger Seeräuber muss täglich das Schießen mit der Flinte üben und sie selbst instand halten. Jederzeit kann ihn der Befehl des Kapitäns zur Ausfahrt treffen. Vor einem Unternehmen sucht sich der Kapitän die Kräftigsten und noch Unverletzten für eine schlagkräftige Mannschaft aus.

Pronomen: ______________

substantiviertes Adjektiv: ______________

substantiviertes Verb: ______________

5 Genitiv- und Dativobjekt

Von den Elefanten

Das größte Tier auf dem Land ist der Elefant. Sein Verstand gleicht dem menschlichen Verstand. Er versteht die Sprache seines Landes und huldigt dem König. In den Gebirgen Afrikas treffen sich die Elefanten bei Neumond, erweisen dem Mond ihre Ehre und kehren in ihre Wälder zurück. Einige sollen sogar die griechische Schrift gelernt haben und Sätze in den Sand geschrieben haben. Manche Könige bedienten sich der Elefanten auch im Krieg. Sie wollten den Feinden dadurch Angst und Schrecken einjagen. Ihren Herren dienen die Elefanten mit großer Treue und gehorchen sogar Kindern aufs Wort.
Elefanten helfen auch schwächeren Tieren. Nur die Maus ist ihnen zuwider.

Auch diesen Text hat Plinius, den du schon kennst, vor vielen Jahrhunderten verfasst.

AUFGABE 1

Finde zu den vorgegebenen Sätzen Sätze aus dem Text, die eine ähnliche Bedeutung haben. Bestimme dann den Kasus der Ergänzungen.

1. Der Elefant verehrt den König.

___

2. Manche Könige benützten Elefanten im Krieg.

___

3. Elefanten bedienen ihre Herren mit großer Treue.

___

4. Elefanten unterstützen auch schwächere Tiere.

___

Du stellst fest:
Auch ein Dativ oder Genitiv kann Ergänzung des Prädikats sein.

Info

In einigen Sätzen verlangt das Prädikat einen **Dativ** oder **Genitiv** als **Objekt.**
Verben, die ein Dativ- oder Genitivobjekt brauchen, sind **intransitiv** – im Unterschied zu den transitiven Verben, die ein Akkusativobjekt nach sich haben.

Beachte: Du findest das **Dativobjekt** im Satz mit der Frage: **Wem?**

Beispiel: Die Elefangen gehorchen sogar kleinen Kindern.
Wem gehorchen die Elefanten sogar?
Antwort: kleinen Kindern → Dativobjekt

Beachte: Das **Genitivobjekt** findest du mit der Frage: **Wessen?**
Es kommt nur noch in alten und umständlichen Wendungen vor.

Beispiel: Könige bedienten sich oft der Elefanten im Krieg.
Wessen bedienten sich Könige oft?
Antwort: der Elefanten → Genitivobjekt

In vielen Fällen unterscheidet sich der Akkusativ nicht vom Dativ. So findest du den Kasus heraus:

1. Stelle an den Satz die Frage nach dem Kasus.

Beispiele:

Ich sehe den Elefanten. Wen oder was sehe ich?	→	Akkusativobjekt
Den Elefanten geht es schlecht. Wem oder was geht es schlecht?	→	Dativobjekt

2. Schau auf den Artikel oder das Pronomen.

Beispiele: Ich nähere mich **dem** Elefanten.
Ich vertreibe **den** Elefanten.

AUFGABE 2

Bilde sinnvolle Sätze nach dem Muster Subjekt – Prädikat – Dativobjekt.

Beispiel: Du drohst mir.

Du	drohen glauben winken ähneln begegnen	ich du Luftballon Meerschweinchen Erbtante

AUFGABE 3

Entscheide, ob im Prädikat ein transitives oder intransitives Verb steckt. Trage sie dann im Infinitiv ein.

Aus zwei Fernsehankündigungen

Brian soll beim Erntedankfest in der Schule einen „Spargel“ spielen und hat entsetzliches Lampenfieber. Ihm geht es richtig schlecht. Schließlich hilft ALF seinem Freund und besorgt ein Maskottchen. Doch der angebliche Glücksbringer bringt nur Sorgen.

Anlässlich des Erntedankfestes veranstaltet die Schule eine große Feier. Alle Kinder sollen, als Gemüse verkleidet, das Fest bereichern. Brian muss einen Spargel darstellen. Aber so ganz gefällt ihm diese Rolle nicht. Da fällt ALF ein rettender Gedanke ein: Ein Maskottchen am Morgen vertreibt Kummer und Sorgen. Doch ALF und Brian entkommen ihrem Schicksal nicht.

transitive Verben: ____________________

intransitive Verben: ____________________

transitive Verben: ____________________

intransitive Verben: ____________________

AUFGABE **4** Bestimme den Kasus des Wortes „Gold“. Benutze die Abkürzungen N (= Nominativ), D (= Dativ), A (= Akkusativ).

Gold (   ) ist ein wichtiges Heilmittel. Man hängt Gold (   ) Kindern um den Hals, so macht es Gift unwirksam. Gold (   ) wohnt allerdings auch eine schädliche Kraft inne: Gold (   ) schadet dem Eierlegen der Hühner. Du wendest die Gefahr auf diese Weise ab: Gold (   ) abwaschen und die Tiere mit dem Wasser besprengen. Gold (   ) mit Honig gekocht brauchen auch Leute mit Verdauungsschwierigkeiten. Manche schreiben Gold (   ) noch eine andere Wirkung zu: Es bringt Warzen zum Verschwinden. Gold (   ) kannst du auch reinigen: Du röstest das Gold (   ) mit zwei Teilen Salz und einem Teil Schiefer.

AUFGABE **5** Gib an, in welchem Kasus das Wort „Bauer“ jeweils steht.

2. Februar
1. Lichtmess trüb ist dem Bauern lieb.

*

März
2. Märzen trocken bringt den Bauern auf die Socken.

*

Mai
3. Mairegen auf die jungen Saaten klingt den Bauern wie Dukaten.

*

4. Gewitter im Mai, da singen die Bauern juchhei!

*

August
5. Der Augusti macht die Bauern lusti (lustig).

AUFGABE

6 Vermeide die umständlichen Genitivobjekte. Verwende dazu die vorgeschlagenen Ersatzverben.

abgewöhnen	ausziehen	brauchen	ergreifen
erwarten	gebrauchen	haben	zurückweisen

Umständliche Vorbereitungen für den Unterricht

1. Ich entledige mich unter großer Anstrengung meines Mantels.
2. Ich entwöhne mich gezwungenermaßen des Kopfhörers.
3. Ich harre geduldig der göttlichen Eingebung.
4. Ich bemächtige mich wieder meines Kopfhörers.
5. Ich bedarf dringend der inneren Ruhe.
6. Ich erwehre mich deshalb der Frage des Lehrers.
7. Ich bediene mich dazu einer gepflegten Ausdrucksweise:
8. „Ich bin – was das kleine Einmaleins betrifft – anderer Meinung als Sie, mein verehrter Meister der Mengenlehre."

Info

Bei der Umwandlung eines Aktiv-Satzes in einen Passiv-Satz verhalten sich transitive und intransitive Verben ganz verschieden.
Die transitiven Verben können ein **persönliches Passiv** bilden.

Beispiel:

Aktiv-Satz	Passiv-Satz
Ich unterstütze **dich.**	**Du wirst** unterstützt.
Ich unterstütze **euch.**	**Ihr werdet** unterstützt.

Vergleiche damit den Passiv-Satz eines intransitiven Verbs.

Aktiv-Satz	Passiv-Satz
Ich helfe **dir.**	**Dir wird** geholfen. (Es wird dir geholfen.)
Ich helfe **euch.**	**Euch wird** geholfen.

Folgende Unterschiede stellst du fest:

a) Das Prädikat kommt – im Unterschied zum persönlichen Passiv – nur in der 3. Person Singular vor.
b) Es gibt kein Subjekt. Ersatzweise kann das Wörtchen „es" eingefügt werden.
c) Das Objekt des Aktiv-Satzes bleibt erhalten.

AUFGABE 7

Verwandle die umständlichen Passiv-Sätze in Aktiv-Sätze. Für ein fehlendes Subjekt kannst du das Pronomen „man" verwenden.

Was so in der Schule geschieht

Am Anfang der Stunde wird dem vergangenen Wochenende nachgetrauert. Nach einer ausführlichen Gedenkminute wird dem Lehrer dann doch von der ganzen Klasse aufmerksam zugehört. Bei einer besonders schwierigen Aufgabe an der Tafel wird dir von deinem freundlichen Nachbarn geholfen. Für die richtige Antwort wird dir von einigen Mitschülern kräftig applaudiert. Und von deiner Freundin wird dir heimlich zugeblinzelt. Vom Lehrer wird dem Wunsch nach ganz wenig Hausaufgaben entsprochen. Ihm wird von allen freudig zugestimmt.

6 Präpositionalobjekt

Von Gold und Edelsteinen

Ich will nun von den Metallen reden. Denn der Mensch will auf vielfache Weise das Innere der Erde erforschen. Hier gräbt er nach Gold und Silber, dort sucht er Edelsteine zum Schmuck für Wände und Finger. Wir verfolgen alle ihre Adern, wohnen auf einer ausgehöhlten Erde und steigen in ihr Inneres und spüren selbst bei den Wohnsitzen der Verstorbenen nach Schätzen. Möge der menschliche Geist die Zukunft bedenken und wohin die Habsucht führt!
Er soll an seine Nachkommen denken und für sie sorgen. Wie glückselig wäre unser Leben, wenn wir nichts anderes, als was über der Erde, nichts anderes, als was um uns ist, begehrten.

Plinius ist auch der Verfasser dieses Textes. In großer Voraussicht hat er bereits vor 2000 Jahren die Probleme gesehen, die uns heute so sehr beschäftigen.

AUFGABE 1

Vergleiche die Sätze und unterstreiche die Ergänzungen zum Prädikat in allen Sätzen. Was stellst du fest?

1. Der Mensch gräbt nach Gold und Silber.
   Er sucht Edelsteine.
2. Der Mensch erforscht das Innere der Erde.
   Er steigt ins Innere.
3. Möge der Mensch die Zukunft bedenken.
   Er soll an seine Kinder und Kindeskinder denken.

Du stellst fest:
Als notwendige Ergänzung zum Prädikat kommen Ausdrücke vor, die aus einer Präposition und einem Substantiv bestehen.

Info

Einige Verben verlangen nach einer Ergänzung, die von einer Präposition abhängt. Die Präposition gehört zum Verb und bestimmt den Kasus der Ergänzung. Dieses Objekt nennt man deshalb **Präpositionalobjekt.**

Beachte: Den Kasus der Präpositionalobjekte erfragst du zusammen mit der jeweiligen Präposition.

Beispiele: Der Mensch soll an seine Kinder denken.
An wen soll der Mensch denken?
Antwort: an seine Kinder → Präpositionalobjekt

Ein paar Verben können verschiedene Präpositionen nach sich haben. Dabei ändert sich die Bedeutung des Verbs.

Beispiele: Ich arbeite **an meinen Hausaufgaben.**
(Ich beschäftige mich mit meinen Hausaufgaben.)
Ich arbeite **für Geld.**
(Ich bekomme Geld für meine Arbeit.)

Das Präpositionalobjekt tritt auch gemeinsam mit einem anderen Objekt, vor allem mit dem Akkusativ auf.

Beispiel: Der Mensch durchwühlt **die Erde** **nach Gold.**
Akkusativ- Präpositionalobjekt

AUFGABE 2

Schreibe die Verben im Infinitiv heraus. Vergiss die dazugehörenden Präpositionen nicht.

Tipps für die Schönheit

a) Viele Menschen vertrauen auf die Wirkung der Natur.
b) Am besten fängt man mit einem erholsamen Bad an.
c) Ihre Hautcreme soll aus reinem Öl bestehen.
d) Zur Entspannung gehört auch viel Ruhe.
e) Warme Bäder mit Latschenkieferextrakt sorgen für gesunde Füße.
f) Bei der Schönheitspflege sollten Sie auf Ruhe achten.

AUFGABE 3

Bestimme den Kasus der Präpositionalobjekte.

Tipps für den Alltag

☞ Ärgern Sie sich nicht über Fischgeruch! Spülen Sie das Geschirr kalt ab und vertrauen Sie auf den frischen Zitronenduft.

☞ Gehen Sie mit Kräutern sorgsam um!

☞ Freuen Sie sich auf leckeren Pudding! Greifen Sie ruhig nach der Zuckerdose.

☞ Plagen Sie sich nicht mit zähem Knabbergebäck ab!

☞ Erfahrene Hausfrauen schwören auf einen einfachen Trick: Vor dem Verzehr kurz in den Backofen!

AUFGABE 4

Verwende jeweils die beiden Präpositionen und ergänze sie durch ein passendes Substantiv.

1. Ich arbeite	an / gegen	die Uhr / eine schwierige Bastelei	.
2. Ich spreche	über / mit	mein Hobby / mein Freund	.
3. Ich sterbe	an / für	Langeweile / Erdbeeren mit Vanilleeis	.
4. Ich streite	um / mit	mehr Taschengeld / mein Freund	.
5. Ich schreibe	an / über	ein Aufsatz / mein schönstes Tiererlebnis	.
6. Ich urteile	nach / über	Gefühl / mein Freund	.

Info

Vor allem Verben mit Vorsilben verlangen oft ein Präpositionalobjekt.

Beispiele: Ich sehe **den Baum.**
Ich sehe **von einer Strafe ab.**

Manche Präpositionalobjekte lassen sich durch ein Akkusativ- oder Dativobjekt ersetzen.

Beispiele: Sie fürchten sich nicht **vor dem Meer.**
Sie fürchten **das Meer** nicht.

AUFGABE 5

Bilde aus den vorgegebenen Wörtern jeweils zwei Sätze in der Ich-Form. In einem der beiden Sätze kommt ein Präpositionalobjekt vor.

Beispiel: heben – sich abheben – fünf Zentner – mein Bruder
a) Ich hebe fünf Zentner. b) Ich hebe mich von meinem Bruder ab.

1. hören – aufhören – das Zwitschern der Vögel – die Arbeit
2. brechen – ausbrechen – das Gefängnis – der Stab
3. halten – sich halten – der Dieb – dein Ratschlag
4. nehmen – zunehmen – beim Frühstück viel Zucker – Gewicht
5. einstellen – mich einstellen – die Uhr – die Arbeit
6. hüten – sich hüten – die Schafe – wilde Tiere
7. drücken – sich drücken – die Arbeit – die Daumen

AUFGABE 6

Ersetze die farbigen Prädikate durch sinnähnliche Verben. Dabei ändert sich der Kasus der Objekte.

trauern um   streben nach   forschen nach   aufhören mit   sich bei jemandem erkundigen   denken an   achten auf   stoßen auf

Auf Goldsuche

Auf der ganzen Welt erstrebt man das Gold. Schon vor Jahrhunderten suchten viele Abenteurer in den Bergen das wertvolle Metall. Sie befragten alle Leute und beachteten jeden Stein. Denn schon in der obersten Erdschicht fanden manche häufig kleine Goldkörner. Selbst in der Nacht beendeten sie nicht ihre mühevollen Arbeiten. Leider bedachten sie die Folgen nicht. Oft stürzten die unterhöhlten Berge ein und man musste viele Opfer betrauern.

7 Schlusstest: Objekte

MERKE

In vielen Sätzen verlangt das Verb im Prädikat noch ein weiteres Substantiv oder Pronomen als Ergänzung, damit die Satzaussage vollständig wird. Diese notwendigen Ergänzungen nennt man Objekte. Das Prädikat bestimmt, ob, wie viele und welche Objekte für die Satzaussage nötig sind.

Beispiele:	Die Blume blüht.	–
	Ich sehe den Vogel.	*Akkusativ*
	Ich gebe dir das Buch.	*Dativ und Akkusativ*

Das Prädikat bestimmt dabei den Kasus der Objekte. Die Objekte hängen entweder direkt vom Verb oder von einer Präposition des Verbs ab. Du findest die Objekte, indem du bestimmte Fragen an den Satz stellst.

Beispiele:	Ich sehe den Elefanten.	
	Wen sehe ich? also:	*Akkusativobjekt*
	Ich nähere mich den Elefanten.	
	Wem nähere ich mich? also:	*Dativobjekt*

Verben, die in einem Aktiv-Satz ein Akkusativobjekt verlangen, nennt man transitiv. Alle übrigen Verben sind intransitiv.

TEST

1 Bestimme, ob die Verben transitiv oder intransitiv sind. Schreibe die Infinitivformen auf.

Die Flamingos bevölkern vor allem salzreiche Orte. Sie ähneln unseren Störchen und haben einen fast zwei Ellen langen Hals und verhältnismäßig lange Beine. Ihr Gefieder ist rot und weiß, der Schnabel gleicht dem einer Gans. Den Eingeborenen schmeckt besonders deren daumendicke Zunge.

transitive Verben: ______________________________

intransitive Verben: ______________________________

TEST 2

Entscheide, ob die Sätze ein Akkusativobjekt brauchen oder nicht. Setze bei vollständigen Sätzen einen Punkt. Wähle bei unvollständigen Sätzen geeignete Wörter aus.

der Saft einer Zitrone
eine Zitrone
dein Geheimnis
das Papier
die geheime Botschaft

Für die Geheimschrift brauchst du nur
Deshalb zerdrückst du
Mit dem Saft schreibst du
Mit einem Bügeleisen erwärmt dein Freund dann
Die Buchstaben werden braun
So erfährt er

TEST 3

Gib den Kasus der Objekte an.

Das alles kann meine Zahncreme:

entfernt Zahnbeläge
verhindert Zahnsteinbildung
kräftigt das Zahnfleisch
gehört zur täglichen Zahnpflege
schützt vor Karies
sorgt für glatte Zähne
riecht nach Pfefferminz
eignet sich auch zur Vorsorge

TEST 4

Ersetze die farbigen Verben durch sinnähnliche. Möglicherweise musst du dabei den Kasus der Objekte ändern.

entfernen
beobachten
bestaunen
zergehen lassen
hinweisen auf

Du zeigst dem Publikum deine leeren Hände und nimmst dann langsam das Tuch weg. Alle schauen dir aufmerksam zu: Du hast die Münze tatsächlich in Luft aufgelöst. Das Publikum staunt über deine Zauberkräfte.

TEST 5

Verwandle die folgenden Aktiv-Sätze in Passiv-Sätze.

Zu diesem Trick benötigt man einen Helfer. Ihm muss man blind vertrauen können. Er unterstützt dich bei deinem Kunststück. Ganz am Ende rufst du ihn auf. Dann nimmt er heimlich die Münze weg. Aber das Publikum applaudiert dir, dem großen Meister.

TEST 6

Stelle zunächst fest, welche Aktiv-Sätze ein Akkusativobjekt enthalten. Verwandle diese in Passiv-Sätze.

Der Turban – eine seltsame Kopfbedeckung

Im Nordwesten Indiens trägt man die größten und dicksten Turbane. Ein Turban ist einfach ein meterlanger Schal aus dünner Baumwolle. Der Vater bringt es dem Sohn bei. In einem Turban kann man alles Mögliche unterbringen. Einige haben ihn auch als Seil bei der Flucht vor bösen Feinden verwendet. Ein echter Inder legt seinen Turban nicht einmal zum Schlafen ab.

TEST 7

Bestimme jeweils den Kasus der farbigen Substantive. Benutze die Abkürzungen Nominativ (N), Genitiv (G), Dativ (D), Akkusativ (A).

Urmenschen ( ) haben schon vor 400 000 Jahren eine sehr wichtige Erfindung ( ) gemacht. Die Erfindung ( ) bestand darin, einen Stein ( ) zu einem scharfen Messer ( ) zu machen. Einem begabten Urmenschen ( ) war Folgendes eingefallen: Man bearbeitet einen Stein ( ) auf beiden Seiten mit einem andern; dadurch splittern kleine Teile ab. Schließlich entsteht ein Stein ( ) mit einem stumpfen Ende und scharfen Kanten. Ein solches steinernes Messer ( ) nennt man Faustkeil. Diese Erfindung ( ) machte man zuerst in Afrika. Erst nach Tausenden von Jahren wurde der Faustkeil von den Urmenschen ( ) auch nach Europa gebracht. Das steinerne Messer ( ) wurde immer größer und schärfer. In Höhlen wurden Messer ( ) mit einer Länge von 60 cm gefunden.

8 Adverbial

So kannst du Millionär werden

„Folge dem Lauf des Flusses 70 Schritte ins Landesinnere. Wende dich nach Norden. Du erkennst dann eine Klippe. In der Schulterhöhe eines Mannes findest du einen Spalt. In diesen musst du ein Brecheisen stecken. Dann öffnet sich eine Felsentür. Hinter ihr liegt der Schatz verborgen."

Halte dich genau an diese Beschreibung! Dann kannst du von einem Tag auf den anderen vielfacher Millionär sein. An besagter Stelle warten nämlich nach alter Überlieferung über 30 Tonnen Gold und Edelsteine auf ihren Entdecker. Es handelt sich um den Kirchenschatz von Lima. Ihn brachten die Spanier Anfang des 19. Jahrhunderts vor den anrückenden Feinden in Sicherheit. Ihn soll ein schottischer Kapitän – statt ihn ordnungsgemäß anzuliefern – auf einer einsamen Cocos-Insel westlich von Costa Rica vergraben haben.

(Nach einem Beitrag in P. M. Magazin, Heft 2/1988)

AUFGABE **1**

Im folgenden Text fehlen noch ein paar wichtige Angaben. Ergänze sie aus dem Einführungstext.

1. Ich folge dem Lauf des Flusses 70 Schritte ____________________
2. Ich wende mich ____________________
3. Ich finde einen Felsenspalt ____________________
4. Ich stecke ein Brecheisen ____________________
5. Der Schatz liegt verborgen ____________________
6. Den Schatz hat ein schottischer Kapitän vergraben ____________________

Du erkennst:
Nicht alle Sätze, die Prädikat, Subjekt und Objekt besitzen, sind vom Sinn her schon vollständig. Es werden weitere Angaben verlangt.

Info

Das **Adverbial** ist in vielen Sätzen nötig, um den Sinn zu verdeutlichen. Mit dem Adverbial kannst du einen Satz ausbauen und erweitern und so die Aussage des Satzes verdeutlichen und vervollständigen.

Das Adverbial bestimmt die Umstände einer Handlung, eines Vorgangs oder eines Zustands genauer. Man nennt das Adverbial deshalb auch **Umstandsangabe.**

Beispiele: **In den Spalt** musst du ein Brecheisen stecken. (= Handlung)
Dann öffnet sich eine Felsentür. (= Vorgang)
Hinter ihr ist der Schatz verborgen. (= Zustand)

Beachte: Im Unterschied zu den Objekten ist das Adverbial nicht direkt vom Prädikat abhängig.
Die Adverbialien lassen sich inhaltlich nach ihrer Bedeutung unterscheiden. Es gibt **vier Sinnrichtungen:**

1. Die **temporalen** Adverbialien machen Angaben zu den zeitlichen Umständen.
Sie antworten auf die Fragen: Wann? Wie lange? Seit wann?

Beispiel: **Wann** haben die Spanier den Schatz in Sicherheit gebracht?
Anfang des 19. Jahrhunderts.

2. Die **lokalen** Adverbialien erläutern die Umstände **des Ortes und des Raumes.**
Sie werden erfragt mit: Wo? Wohin? Woher?

Beispiel: **Wo** findest du einen Spalt?
In der Schulterhöhe eines Mannes.

3. Mit den **kausalen** Adverbialien machst du klar, weshalb etwas geschieht oder ist. Du benennst auf diese Weise den Grund, die Mittel oder die Absicht.

Du findest sie z. B. mit folgenden Fragen heraus: Weshalb? Wozu? Womit? Von wem?

Beispiele: **Weshalb** brachten die Spanier den Schatz in Sicherheit?
Weil die Truppen anrückten.
Von wem ist der Schatz versteckt worden?
Von einem schottischen Kapitän.

4. Die **modalen** Adverbialien beschreiben die Begleitumstände. Sie geben z. B. an, in welchem Zustand oder in welcher Stimmung etwas getan wird, in welchem Ausmaß etwas vorhanden ist.
Du fragst: Wie? Unter welchen Umständen? In welchem Ausmaß?

Beispiel: **Wie** hat ein schottischer Kapitän den Schatz vergraben?
unrechtmäßig

Adverbialien gleicher Sinnrichtung lassen sich miteinander austauschen.
Durch Wörter wie **danach, deshalb, davor** kannst du ganze Wortgruppen ersetzen.

Beispiel:

lokale Sinnrichtung:	Hinter der Felsentür	liegt ein Schatz.
	Dahinter	liegt ein Schatz.

In einem Satz können auch mehrere Adverbialangaben vorkommen.

Beispiele: Ein schottischer Kapitän hat den Schatz **angeblich** (modal) – anstatt ihn **ordnungsgemäß** (modal) abzugeben – **auf einer einsamen Cocos-Insel** (lokal) vergraben. **An besagter Stelle** (lokal) warten **nach alter Überlieferung** (kausal) über 30 Tonnen Gold.

AUFGABE

2 Achtung: Die adverbialen Bestimmungen sind vertauscht. Berichtige die Sätze.

Da stimmt was nicht!

Heute wurde Amerika von Christoph Kolumbus entdeckt. Ganz gefahrlos landete er in seinem Bordtagebuch. Im Jahre 1492 kannst du auf der Insel San Salvador die spannenden Abenteuer dieses berühmten Seefahrers unter Lebensgefahr miterleben.

AUFGABE

3 Bestimme die Sinnrichtungen der farbigen Adverbialien und trage sie beim richtigen Begriff ein.

Ein ungewöhnlicher Wandertipp

Nur ungern fährt man mit dem Auto über die Alpen. Mal flutet der Ferienverkehr in Richtung Italien, mal verstopfen die Rückreisenden die Straßen. Vielleicht wird deshalb eine andere Art der Alpenüberquerung wieder modern: zu Fuß auf alten Saumpfaden von Bayern nach Italien. Vier Wochen ist ein strammer Wanderer bis nach Venedig unterwegs. Die meisten tun's auf eigene Faust – mit dem Rucksack auf dem Buckel. Man sollte sich rechtzeitig vor Wintereinbruch auf den Weg machen.

lokal: ______________________________

temporal: ______________________________

modal: ______________________________

kausal: ______________________________

AUFGABE

4 Unterstreiche in den Werbeanzeigen die kausalen Adverbialien.

Durch die deutlich gesenkten Preise kommen Sie jetzt mit der Fähre billiger nach England!

Kenner aus aller Welt schätzen unser Tafelwasser wegen des unnachahmlich frischen Geschmacks.

Zu Ihrer Bequemlichkeit haben wir unsere Busse mit Liegesitzen ausgestattet.

Unsere Pralinen sind dank eines alten Geheimrezepts „in aller Munde“.

Für Ihr Wohlbefinden nehmen Sie am besten täglich zwei Tabletten. Gegen frühe Altersbeschwerden empfehlen wir unsere bewährten Knoblauchpillen.

AUFGABE 5

Schreibe die lokalen und temporalen Adverbialien heraus.

Die Trommelsignale der Afrikaner tönen weithin – und bis auf den heutigen Tag werden in Afrika Informationen noch auf diese Weise weitergegeben. Bis zu 40 Kilometer reichen die Nachrichten. Oft trommeln die Afrikaner von der Mitte eines Flusses aus. Von dort sind die Trommelschläge nämlich besser zu hören als vom Land aus.

lokale Sinnrichtung: ______________________________

temporale Sinnrichtung: ______________________________

AUFGABE 6

Ersetze die Präpositionalausdrücke durch passende Adverbien.

früher danach später heute

leider überall woanders dadurch

Die Geschichte der Kiefer

Vor mehr als 10 000 Jahren besiedelte die Kiefer die Kältesteppen. In den darauf folgenden Jahrhunderten breitete sie sich schnell über alle Länder aus. Nach einiger Zeit wurde sie zum Bedauern der Förster durch die Laubbäume aus dem Wald verdrängt. Aber die Kiefer kann auch auf schlechten Böden überleben. Sie hat sehr tiefe Wurzeln. Durch diesen Vorteil gibt es die Kiefer auch in unseren Tagen noch.

AUFGABE

7 Mach aus dem Alltag ein Urlaubsparadies, indem du die modalen Adverbialien ins Gegenteil umwandelst.

So ist es im Alltag

Mit unangenehmer Dudelmusik aus dem Radio beginnt der Tag. Ganz schnell stehe ich auf. Unausgeruht gehe ich ins Bad und dusche mich ohne ein Lied auf den Lippen. In aller Eile ziehe ich mich an. Mein Frühstück nehme ich im Stehen ein. Schlecht gelaunt trete ich auf die Straße. Alle Menschen blicken mich unfreundlich an. (Ach, wenn nur schon Urlaub wäre!)

So ist es im Urlaub …

Info

Folgende Wortarten kommen als Adverbialien vor:

1. Adverb

Beispiel: **Dann** öffnet sich die Felsentür.

2. Adjektiv (nicht dekliniert und unveränderlich)

Beispiel: Halte dich **genau** an die Beschreibung!

3. Substantivausdruck (mit oder ohne Präposition)

Beispiel: Folge dem Lauf des Flusses **70 Schritte ins Landesinnere!**

Beachte: Ein Präpositionalausdruck kann in einem Satz sowohl Objekt als auch Adverbial sein.
Wie kannst du das eine vom anderen unterscheiden?

- Beim Objekt ist die Präposition fest mit dem betreffenden Verb verbunden und kann durch keine andere ersetzt werden.
- Bei der Umstandsangabe ist die Präposition nicht mit dem Verb verbunden und kann deshalb ausgetauscht werden.

Beispiele: Ich warte auf dich. (= Präpositionalobjekt)
Ich tanze nach dem Essen/danach (= Adverbial)

Beachte: Die Begriffe **Adverb** und **Adverbial** klingen recht ähnlich, bedeuten aber etwas Verschiedenes.
Das **Adverb** ist eine bestimmte Wortart. Es besteht aus einem Wort und verändert sich nicht.

Beispiele: bald, dort, heute, aufwärts, genug, etwa, allerdings

Das **Adverbial** ist ein Satzglied und kann aus mehreren Wörtern bestehen.

Beispiele: im Jahre 1988, Anfang des 19. Jahrhunderts

Adverbialien kannst du zu Adverbialsätzen (= Umstandssätzen) erweitern.
Die Spanier brachten den Schatz
vor den anrückenden Feinden in Sicherheit.
Adverbial

, weil die Feinde anrückten.
Adverbialsatz

(Genaueres über diese Adverbialsätze erfährst du auf S. 208 ff.).

AUFGABE 8

Unterscheide zwischen Adverbial und Präpositionalobjekt. Schreibe die Umstandsgaben bzw. die Verben in der Grundform zusammen mit der Präposition heraus.

Gleich brech' ich in Entzücken aus,
In meinem Schrank, da sitzt 'ne Maus.

Nach Arbeit, Stress und Studium
Seh' ich mich nach 'nem Ketschup um.

Verzichte gern auf Ruhm und Geld,
Wenn endlich auf den Zähnen
meine Spange hält.

Red' ich vom Geldgewinn im Lotto,
Fällt von der Wand das Urlaubsfoto.

9 Attribut

Begegnung mit Indianern im Jahre 1500

Afonso Lopez, unser Lotse, brachte zwei junge, kräftige Männer aus dem Land dort auf Befehl es Kapitäns zu ihm an Bord. ... Ihre Hautfarbe ist braun, etwas rötlich, sie haben gutgeschnittene Gesichter und Nasen. Sie gehen nackt, ohne irgendeine Bekleidung.
Beide hatten eine durchbohrte Unterlippe und trugen darin echte weiße Knochen, die so dick wie eine Baumwollspindel waren. Ihr Haar ist glatt. Und ihr Kopf ist bis auf einen langen Haarbüschel geschoren und oberhalb der Ohren ausrasiert. Einer von ihnen trug eine sehr buschige und dicke Perücke aus gelben Vogelfedern.

(Nach einem Bericht des Pero Vaz de Caminha aus dem Jahre 1500, in: Die Neue Welt, Suhrkamp Verlag)

AUFGABE

1 Bestimme zunächst, welche Satzglieder die Ausdrücke 1–6 sind. Suche dann aus dem Text zusätzliche Angaben, die sie genauer bestimmen, und schreibe den erweiterten Ausdruck daneben.

1. Afonso Lopez ______
2. Männer ______
3. auf Befehl ______
4. ohne Bekleidung ______
5. Unterlippe ______
6. Knochen ______

Du stellst fest:
Satzglieder können durch zusätzliche Angaben genauer bestimmt werden. Dadurch wird der Sinn des Satzes deutlicher und besser verständlich.

Info

Das **Attribut** ist eine Beifügung zu einem Satzglied und bestimmt es genauer. Es ist **kein selbstständiges Satzglied,** weil es mit seinem Satzglied fest verbunden ist und nicht von ihm getrennt werden darf. Ein Attribut ist deshalb nur ein Satzgliedteil. Das Wort, das näher bestimmt wird, nennt man **Bezugswort.**
Attribute findest du leicht heraus durch die Umstell- bzw. Verschiebeprobe. Das Attribut kann immer nur zusammen mit seinem Bezugswort im Satz verschoben werden.

Beispiele: Auf Befehl **des Kapitäns** brachte Afonso Lopez, **unser Lotse,** zu ihm **zwei junge, kräftige** Männer an Bord.
Afonso Lopez, **unser Lotse,** brachte auf Befehl **des Kapitäns zwei junge, kräftige** Männer zu ihm an Bord.
Zwei junge kräftige Männer brachte Afonso Lopez, **unser Lotse,** auf Befehl **des Kapitäns** zu ihm an Bord.

Das Attribut gehört meistens zu einem Substantiv.
Wir unterscheiden

Adjektivattribut:

Beispiele: eine **buschige** Perücke, mit einer **buschigen** Perücke

Das Substantiv als Attribut erscheint meist im Genitiv. Es kann aber auch mit einer Präposition angeschlossen werden.

Genitivattribut:

Beispiel: auf Befehl **des Kapitäns**

Attribut mit Präposition:

Beispiel: eine Perücke **aus gelben Vogelfedern**

Als Attribute kommen außerdem vor:

Beispiele:

Adverb:	aus dem Land **dort**
Verb (im Infinitiv):	die Freude, **sich zu schmücken**
Pronomen:	ohne **irgendeine** Bekleidung

	Ein Bezugswort kann auch mehrere Attribute haben.
Beispiele:	**zwei kräftige, junge** Männer **aus dem Land dort** eine **sehr buschige und dicke** Perücke **aus gelben Vogelfedern.**
Beachte:	Eine besondere Form des Attributs ist die **Apposition.** Sie ist eine zusätzliche Erläuterung, die im gleichen Kasus wie das Bezugswort steht. Die Apposition ist durch Kommas von ihrem Bezugswort getrennt.
Beispiel:	Afonso Lopez, **unser Lotse,** brachte zwei Männer mit. Afonso Lopez, **unserem Lotsen,** gelang es, zwei Männer an Bord zu bringen.

AUFGABE

2 Stelle durch die Verschiebeprobe fest, welche Wörter eine Gruppe bilden. Schreibe sie heraus und unterstreiche das Bezugswort.

Vom Diamant

Unter allen den Menschen bekannten Dingen hat der Diamant den höchsten Wert. Man findet ihn in tiefen Bergwerken, und er ist ein Begleiter des Goldes oder des Kristalls. Auch die Macht des Feuers kann die unzerstörbare Härte nicht besiegen. Nur durch das Blut eines Bockes wird die unüberwindliche Kraft des Steines gesprengt.

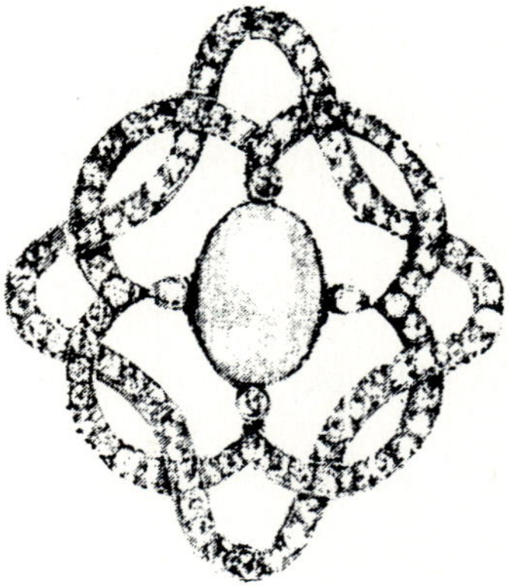

AUFGABE

3 Wandle die Attribute, die hinter dem Substantiv stehen, in Adjektive um.

Eine originelle Einladung

Der Feinschmecker von heute will mit einem Essen voll Fantasie verwöhnt werden. Machen Sie deshalb Ihre Einladung am Abend zu einem Ereignis.

Beginnen Sie mit einer scharfen Suppe aus Indien. Überraschen Sie Ihre Gäste dann mit deftigen Spezialitäten aus Deutschland: mit leckerem Schinken aus Westfalen oder schwäbischen Maultaschen mit Füllung.
Zum Abschluss empfehlen wir Ihnen eine besondere Eisbombe: Auf dem Boden der Schale aus Porzellan liegt ein Gutschein für ein Essen erster Klasse an einer Würstchenbude mit Gemütlichkeit! Diesen Gag werden Ihre Gäste ohne Einfälle sicher nicht vergessen.

AUFGABE **4** Ordne die folgenden Attribute ihren richtigen Bezugswörtern zu.

afrikanischen auf ihrem Pelz des Tigers dunklen gestreifte
hungrigen ohne deutliches Muster ohne Fellzeichnung schwarzen

Im Pflanzendickicht ist die Gestalt ________________ mit ihren ____________ Streifen auf dem gelben Grund kaum zu erkennen. Das ______________ Zebra ist in den ______________ Steppen schwerer zu erkennen als das ungestreifte Gnu. In einer Landschaft ______________, z. B. in einer Schneelandschaft, findet man häufig Tiere ______________. Mit ______________ Flecken oder auffälligen Streifen ______________ würden sie von ihren ____________ Feinden schnell entdeckt werden.

AUFGABE **5** Ordne die Attribute dem richtigen Stichwort zu.

Efeu

Er wächst auf frischen, nährstoffreichen Böden und rankt sich an den Stämmen der Bäume hoch. Aus seinem Stiel bildet er kleine Wurzeln. Mit ihnen hält er sich an den Rinden der Bäume fest. Bei zunehmendem Alter ändert er die Form seiner Blätter. Die alten Griechen weihten Efeukränze dem Gott des Weines. Der Efeu ist eine immergrüne Pflanze. Aus diesem Grund legten die frühen Christen ihre Toten auf abgeschnittene Efeuzweige. Sie galten als Sinnbild der Unsterblichkeit der Seele.

Adjektivattribut: ____

Genitivattribut: ____

AUFGABE

6 Suche die Attribute aus dem Text heraus. Unterstreiche das jeweilige Bezugswort.

Amerigo Vespucci an seinen Fürsten

In den vergangenen Tagen schrieb ich dir von meiner Rückkehr aus den neuen Ländern. Sie waren unter dem Befehl des allerdurchlauchtigsten Königs von Portugal erforscht worden. Mit gutem Grund nennt man sie die Neue Welt; denn keines dieser Länder war unseren Vorfahren bekannt.

AUFGABE

7 Welches Satzglied wird durch ein Attribut genauer bestimmt? Ordne es zusammen mit seinen Attributen dem richtigen Stichwort zu.

Aus einem altindischen Text

Hiranyakasipu hatte nicht nur einen goldglänzenden Körper, sondern besaß auch alle erdenklichen Reichtümer. Er ließ sich sogar im prachtvollen Palast des Himmelskönigs Indra nieder. Die Stufen aus Korallen in diesem Palast blendeten das Auge, und den mit Smaragden verzierten Fußboden bedeckten prächtige Teppiche. Das seidene, perlenverzierte Bettzeug war über alle Maßen schön. Die Damen des Palastes spazierten unter dem melodischen Klang der Fußglöckchen im weiträumigen Palast hin und her und betrachteten ihr eigenes Spiegelbild in glitzernden Edelsteinen.

Subjekt: ____________________

Objekt: ____________________

Adverbial: ____________________

AUFGABE

8 Entscheide, ob die farbigen Wörter im Satz Adverbial oder Attribute sind.

Neue Erfindungen

Auf der Erfindermesse in Nürnberg gibt es neben nützlichen Dingen auch recht merkwürdige zu sehen.
Der Schreibstift mit individueller Schreibmulde für den Finger formt sich selbstständig und ohne Kraftaufwand beim ersten Griff: Ein Abdruck in Weichplastik bewahrt die Form des Fingers und schafft so auch für später sicheren Halt.
Das ist vielleicht auch für dich interessant: Mit 25 € kannst du bereits deine Erfindung als gesetzlich geschütztes Gebrauchsmuster anmelden.

Adverbial: ______________________________

Attribut: ______________________________

AUFGABE 9

Füge folgende Erklärungen als Appositionen in die Sätze ein.

1. der ostfriesische Zappelphilipp
2. eine Mischung aus Jodlern und Jux
3. ein Durcheinander von Armen und Beinen
4. sein trockener Humor von der Waterkant
5. Deutschlands größter Witzbold

Wir alle kennen ihn, (1), aus Film und Fernsehen. Mit seiner Stimme, (2), reißt er sein Publikum immer wieder zu Beifallsstürmen hin. Seinen spindeldürren Körper, (3), benützt er wie eine Marionette. Mit seinen Witzen, (4), macht er sich über sich selbst und andere lustig. Ihn, (5), kennst du sicher auch.

Info

Das Attribut kannst du zu Attributsätzen erweitern. (Genaueres zu den Attributsätzen erfährst du auf S. 213 ff.)

Beispiel: Beide hatten eine **durchbohrte** Unterlippe. (= Attribut)

Beide hatten eine Unterlippe, **die durchbohrt war.** (= Attributsatz)

10

Schlusstest: Satzteile

MERKE

Du hast gesehen, dass der Satz aus Wörtern oder Wortgruppen, den Satzteilen oder Satzgliedern, zusammengesetzt ist. Sie stehen im Satz nicht zufällig nebeneinander, sondern kommen in einer geordneten Reihenfolge vor.

Ein sinnvoller Satz ergibt sich erst, wenn alle notwendigen Bestandteile in der richtigen Form vorhanden sind.

Auch inhaltlich müssen die Bestandteile eines Satzes zusammenpassen; erst dann ergibt sich eine abgeschlossene Äußerung.

Du hast vor allem erfahren, wie wichtig das Prädikat für den Bau des Satzes ist.
– Es bildet zusammen mit dem Subjekt den Satzkern.
– Es bestimmt außerdem die Anzahl und den Kasus der Objekte.

Mit dem Adverbial und dem Attribut kannst du den Satz erweitern und ausbauen und dich dadurch genauer ausdrücken.

Verwechsle nicht die Wortart mit dem Satzglied. Bezeichnungen wie Substantiv, Verb oder Präposition bezeichnen die Art des Wortes. Dies hängt nicht davon ab, wo das Wort in einem Satz steht.
Bezeichnungen wie Prädikat oder Subjekt geben an, welche Rolle ein Wort im Satz spielt.

Du kannst über ein Wort im Satz also immer zwei Angaben machen:
a) zu welcher Wortart es gehört und
b) welche Rolle es im Satz spielt.

Beispiel: Der Hund läuft schnell.
a) „Hund“ ist ein Substantiv.
b) Im Satz spielt es die Rolle des Subjekts.

TEST 1

Welcher Bestandteil des Satzes ist das Wort „Pferd“ jeweils?

1. Das Pferd hat einen Schweif.
2. Den Schwanz des Pferdes nennt man Schweif.
3. Dem Pferd nähert man sich am besten vom Schweif her.
4. Pferde sind Flüchter.
5. Den Pferden schmeckt Hafer am besten.
6. Die Hufe der Pferde müssen nach dem Ritt gereinigt werden.

TEST 2

Stelle die Satzglieder um. Wie viele Sätze kannst du bilden?

1. Den Pferden schmeckt Hafer am besten.
2. Dem Pferd nähert man sich am besten vom Schweif her.

TEST 3

Vergleiche die Sätze und schreibe die Satzglieder auf, die verschoben worden sind.

1. Die Hufe der Pferde reinigt man nach dem Ritt.
   Nach dem Ritt reinigt man die Hufe der Pferde.
   Man reinigt die Hufe der Pferde nach dem Ritt.

Verschoben worden sind: ______________________________

2. Den Schwanz eines Pferdes nennt man Schweif.
   Schweif nennt man den Schwanz eines Pferdes.
   Man nennt den Schwanz eines Pferdes Schweif.

Verschoben worden sind: ______________________________

TEST 4

Die einzelnen Wörter sind falsch abgetrennt. Schreibe die Sätze in der richtigen Form auf und unterstreiche jeweils das Subjekt.

So kann das kein Mensch singen

1. Dasw an der nist des müll er slust
2. Ims chön sten wies engr und esteh tme ines vater shaus
3. Einvo gel woll te hoch ze itm ach en inde mgrü nenw alde
4. Einm ännchen steh tim wal deg anz stil lunds tumm
5. Hä schen inder grub es aßundsch lief

TEST 5

Bestimme die einzelnen Satzteile.

Wer ist das?

1. Kleines grünes Tier wird geküsst.
2. Armes graues Mädchen tanzt mit einem goldenen Schuh.
3. Zwei Geschwister finden in einem finsteren Wald ein Haus aus einem merkwürdigen Material.
4. Eine sehr müde Königstochter schläft hinter einer Dornenhecke.
5. Ein Haustier stiefelt durch die Landschaft.

TEST 6

Stelle die ursprünglichen Sätze wieder her.

Unser Abführtee Rapido	vor Husten und Heiserkeit schützen
Der wohlschmeckende Hustensirup Keuch	das Gesicht straffen
Die natürliche Knoblauchbutter	Zahnfleischbluten verhindern
Die Pflegecreme für die moderne Frau	aus jedem Steak ein Festgericht machen
Unsere in Kliniken erprobte Zahnpasta	den Darm in Schwung bringen

TEST 7

Bilde Sätze mit dem wichtigen Substantiv „Taschengeld“ und den angegebenen Verben. Schreibe hinter die Substantivformen den Kasus (N, G, D, A).

abgehen

vermissen

brauchen

Taschengeld

fehlen

mangeln

benötigen

TEST 8

Mit welchem Satzglied beginnt jeweils der Satz?

Kräuter sind zum Baden da. Ihre Kräfte entspannen oder regen an. Beim Baden dringen wertvolle Öle in die Haut ein. Sanft wird Ihre Haut gepflegt. Die belebende Wirkung spüren Sie am ganzen Körper. Ihre Lebensgeister werden durch das Bad aus den Schätzen der Natur geweckt. Acht verschiedene Naturkräuterbäder bieten wir Ihnen an.

TEST 9

Welches Substantiv passt in alle Sätze? Trage es in der richtigen Form ein und gib an, welches Satzglied es jeweils ist.

Schon die Ägypter kannten ???, und die Römer schätzten ??? nicht nur als Fensterscheibe. Heute ist ??? ein wichtiger Bestandteil des Bauens und Wohnens. Dem ??? verdanken Sie Wohnlichkeit und ungestörte Ruhe. Denn durch ??? werden Verkehrslärm und Zugluft abgehalten.
Und am Abend verzaubert die Schönheit eines geschliffenen ??? Ihre festliche Tafel.
Ohne ??? würde unser aller Leben ohne Glanz sein.

TEST 10

Bestimme, zu welchem Satzglied das farbige Adjektiv jeweils gehört.

Der Bau der chinesischen Mauer

30 000 Arbeiter setzte der chinesische Kaiser beim Bau der Großen Mauer ein. Doch ein kurzer Streckenabschnitt trotzte allen Bemühungen. Immer wieder stürzte die Mauer ohne ersichtlichen Grund ein.
Der ratlose Kaiser befragte die Götter und erhielt die überraschende Antwort: „Lass Zehntausend (Wan) im Boden der Mauer begraben." Nach kurzer Überlegung befahl er, einen Arbeiter mit dem Namen Wan (Zehntausend) zu begraben.
So rettete er durch den Tod dieses Unglücklichen das Leben vieler und konnte den Bau der Großen Mauer vollenden.

TEST 11

Entscheide, ob der Präpositionalausdruck als Adverbial oder Attribut verwendet ist.

Die ersten Tiergärten

Es begann im Reich der Mitte (   ). Im Jahre 1150 (   ) vor Christi Geburt (   ) gründete der Fürst Wenwang den ersten Zoo. Beim Anblick seiner Tiere (   ) erholte er sich von den Regierungsgeschäften (   ). Den ältesten Zoo in Europa (   ) findet man in Wien. Franz I. von Österreich (   ) eröffnete ihn bereits im Jahre 1752 (   ). In Deutschland (   ) hat Berlin den ältesten Zoo. Die ersten Freianlagen entstanden in Hamburg (   ).

TEST 12

Bestimme die farbigen Ausdrücke. Sind es Objekte, Adverbialien oder Attribute?

Städte an der Alten Salzstraße

Einst zogen Salzwagen von Lüneburg durch das Herzogtum Lauenburg nach Lübeck zur Ostsee. Heute erschließt sich dem Wanderer ein Paradies aus Wäldern und Seen. Die historischen Altstädte von Mölln, Ratzeburg, Lübeck und Lauenburg machen den Urlaub in diesem Land zu einem Erlebnis. Ratzeburg liegt auf einer Insel inmitten der Seenplatte des Naturparks. Ratzeburg freut sich auf Sie! Die historische Hansestadt Lübeck ist Tor zum europäischen Norden. Sie verfügt über den größten Fährschiffhafen Europas.

Objekte: ______________________________

Adverbialien: ______________________________

Attribute: ______________________________

SATZARTEN

1

Hauptsatz

Zauberkunststück Nr. 1

Willst du zaubern lernen?
Ich habe hier einen Ring aus einem Papierstreifen. Ich schneide ihn der Länge nach in der Mitte durch. Wie viele Papierringe entstehen? Meinst du zwei? Bist du da ganz sicher? Warte mal ab!
Ich murmle nun meinen Zauberspruch: „Abrakadabra!“ Siehe da! Es ist ein einziger Ring geblieben.
Wie macht man das? Du brauchst einen etwa 10 cm breiten und 1 m langen Papierstreifen. Nimm das Ende des Papierstreifens, drehe es einmal herum und klebe es dann am Anfang fest! Schneide jetzt den Papierstreifen der Länge nach durch!

AUFGABE 1

Ordne die farbigen Sätze den drei Möglichkeiten 1–3 zu. Stelle dabei fest, an welcher Stelle im Satz sich das Prädikat jeweils befindet.

1. Ich frage dich: ______________________________

____

2. Ich fordere dich auf: ______________________________

____

3. Ich stelle fest: ______________________________

____

Du bemerkst:
Das Prädikat steht im Satz entweder an erster oder zweiter Stelle.

Info

Die **Art des Satzes** richtet sich danach, was du beim Hörer (oder Leser) erreichen willst.
Du kannst drei Satzarten unterscheiden, mit denen der Sprecher verschiedene Absichten verfolgt.

1. Aussagesatz
Mit ihm kannst du etwas darstellen, erzählen, berichten, du kannst Informationen geben oder Feststellungen treffen.

Beispiel: Ich habe hier einen Ring aus einem Papierstreifen.

2. Aufforderungssatz (oder Befehlssatz)
Mit ihm sprichst du immer eine bestimmte Person an.
Du wünschst oder erbittest dir etwas von ihr, forderst sie zu einer bestimmten Tätigkeit auf oder befiehlst ihr, etwas zu tun.

Beispiel: Nimm das Ende des Papierstreifens, drehe es einmal herum und klebe es dann am Anfang fest!

3. Fragesatz
Du benützt ihn, wenn du von einem anderen etwas erfahren willst. Die Antwort kann aus einem einzelnen Wort, einem Satz oder auch mehreren Sätzen bestehen.

Beispiele: Willst du zaubern lernen? Antwort: Ja.
Wie macht man das? Antwort: Du brauchst einen etwa 10 cm breiten und 1 m langen Papierstreifen …

Wenn du die **Satzart** und die **Sprechabsicht** bestimmen willst, sieh dir zunächst das Zeichen am Ende des Satzes an. Es zeigt dir, um welche Satzart es sich handelt.

Satzart	Schlusszeichen
Aussagesatz	Es ist ein einziger Ring geblieben**.**
Aufforderungssatz	Sieh mir genau zu**!**
Fragesatz	Willst du zaubern lernen**?**

2 Aussagesatz

Info

Der **Aussagesatz** ist die häufigste und einfachste Satzart. Mit ihm kannst du etwas **feststellen, erzählen, berichten, darstellen** oder **mitteilen.**
In einem Aussagesatz steht das Prädikat an zweiter Stelle. Bei einem mehrteiligen Prädikat befindet sich nur der finite (= konjugierte) Teil an der zweiten Stelle. Der infinite (= nichtkonjugierte) Teil steht am Ende und schließt dadurch den Satz ab.

Beispiele: Ich **zeige** dir ein zweites Kunststück.
Ich **werde** dir ein zweites Kunststück **zeigen.**

Das Satzschlusszeichen ist der Punkt.

Der Aussagesatz bereitet dir sicher keine Schwierigkeiten. Wir können's deswegen hier kurz machen und müssen nur eine einfache Übung anschließen. Eine feine Sache!

AUFGABE 1

Bilde aus den Fragen Aussagesätze, indem du die Antwort mitverwendest.

Beispiel: Wo kommt der Zug an? auf Bahnsteig 22
⟶ Der Zug kommt auf Bahnsteig 22 an.

Aus einem Sprachführer

1. Wie viel kostet ein Brötchen?	25 Cent
2. Woher kommen Sie?	aus Berlin
3. Wann ist das Museum geschlossen?	am Montag
4. Wie komme ich zum Bahnhof?	zu Fuß
5. Wie lange gilt der Fahrschein?	zwei Stunden lang
6. Wohin fährt der Bus?	zum Marktplatz
7. Wo muss ich umsteigen?	in Verona

Aufforderungssatz

Zauberkunststück Nr. 2

Schneide von einer Rolle Krepppapier eine kleine Rolle ab! Teile diese Rolle in zwei gleich lange Hälften! Bemale die beiden Papierstreifen mit irgendwelchen Zeichen! Falte dann den ersten Papierstreifen wie eine Ziehharmonika ganz flach zusammen. Klebe am Ende des zweiten Streifens eine kleine Tasche an! Stecke in diese Tasche den ersten zusammengefalteten Streifen!
Nimm den Streifen mit der Tasche in die rechte Hand! Verdecke dabei vorsichtig das Ende.
Zerreiße das zweite Band und verbirg die Teile in der rechten Hand! Sprich dein großes „Abrakadabra"!
Fasse mit der linken Hand den Beginn der zusammengefalteten Rolle und ziehe den ersten, nicht zerrissenen Papierstreifen heraus! Lass die Papierschnipsel unauffällig verschwinden!

AUFGABE 1

Schreibe zu den vorgegebenen Sätzen die passenden Sätze aus dem Text. Unterstreiche die Prädikate. In welcher Form kommen die Prädikate in den ergänzten Sätzen vor?

1. Man schneidet von einer Rolle Krepppapier eine kleine Rolle ab.

   ____

2. Am Ende des zweiten Streifens wird eine kleine Tasche angeklebt.

   ____

3. Die zusammengefaltete Papierrolle steckst du in diese Tasche.

   ____

4. Der Streifen mit der Tasche wird in die rechte Hand genommen.

   ____

Du merkst:
Die Prädikate der Aufforderungssätze kommen in der Imperativform vor.

Info

Der **Aufforderungssatz** (oder **Befehlssatz**) richtet sich direkt an eine andere Person. Dadurch versuchst du zu erreichen, dass sich der andere so verhält, wie du es willst. Das Prädikat steht deshalb in der **Imperativform** und betont am Satzanfang.

In Aufforderungssätzen fehlt meistens ein ausdrückliches Subjekt. Weil die Aufforderung an eine bestimmte Person gerichtet wird, ist aus dem Zusammenhang klar, wer gemeint ist.

So kann eine Aufforderung gemeint sein:

a) als **Befehl** oder Anweisung

Beispiel: Nimm endlich deine Füße vom Tisch!

b) als **Empfehlung** oder Warnung

Beispiel: Nimm lieber nicht so viel Butter aufs Brot!

c) als **dringender Wunsch**

Beispiel: Nimm bitte den Milchtopf vom Herd!

Beachte: Aufforderungssätze enden mit einem Ausrufezeichen. Bei Wünschen oder Hinweisen genügt oft auch ein Punkt.

Beachte: Manche Aussagesätze werden durch ein Ausrufezeichen betont. Sie sind Ausrufesätze, aber keine echten Aufforderungssätze. Dies erkennst du an der Stellung des Prädikats.

Beispiele: **Pass** auf die Milch **auf!** (= Aufforderung)
Jetzt **hast** du doch nicht **aufgepasst!** (= Ausruf)

AUFGABE **2**

Entscheide, welche der folgenden Kurzsätze echte Aufforderungssätze sind. Unterstreiche sie.

1. Achtung! Steht still!
2. Augen rechts! Hände auf den Tisch!
3. Rührt den Vanillepudding! Esst langsam!
4. Abtreten zum Spülen! Spült das Geschirr!

AUFGABE **3**

Welches Substantiv könnte auch der Imperativ eines Verbs sein? Setze dahinter ein Ausrufezeichen.

Fahrt	Falle	Fische	Fracht	Schneide
Kerne	Klage	Kreise	Küsse	Sprache
Sätze	Schätze			

Info

In manchen Aufforderungssätzen wird das Subjekt genannt. Dies ist der Fall bei Aufforderungen:

a) an eine Person, die mit Sie angesprochen wird (Höflichkeitsform)

Beispiel: Verlassen **Sie** sofort meine Wohnung!

b) an eine Gruppe, zu der der Sprecher selbst gehört

Beispiele: Gehen **wir** nach Hause. Lasst **uns** nach Hause gehen!

c) an eine Person, die besonders hervorgehoben ist.

Beispiel: Geh **du** nur ins Kino! Ich bleibe zu Hause.

AUFGABE **4**

Logo ist eine Sprache, die ein Computer versteht. Mit ihr kannst du eine Schildkröte über ein weißes Blatt wandern lassen. Dabei zeichnet sie Linien. Wandle folgende Aussagesätze in Befehlssätze um, so dass sie der Computer versteht. Finde heraus, was die Schildkröte zeichnet.

Die zeichnende Schildkröte

1. Ich gehe vom Mittelpunkt hundert Schritte nach unten.
2. Ich mache eine Vierteldrehung nach links und gehe in dieser Richtung ebenfalls 100 Schritte weit.

3. Ich wiederhole dies zweimal.
4. Ich mache drei Vierteldrehungen nach rechts.
5. Ich bewege mich 70 Schritte nach vorne.
6. Ich vollführe eine Vierteldrehung nach rechts und marschiere nochmals 70 Schritte nach vorne.
7. Ich bleibe stehen und betrachte mein Kunstwerk.

AUFGABE **5** Bilde Aufforderungssätze.

Wir kochen zusammen Milchreis (nach einem 100 Jahre alten Rezept)

an Klausi, deinen Bruder:
einen Topf holen – ihn halb voll mit Wasser füllen – das Wasser zum Kochen bringen

an Patricia, deine Freundin:
das kochende Wasser über den Reis gießen – ihn in 1 Liter guter Milch mit etwas Salz leise kochen – dabei häufiger umrühren

an Klausi und Patricia:
in der letzten Viertelstunde 50 g Butter und zwei Esslöffel Zucker hinzufügen – den Reis beim Anrichten dick mit Zucker und Zimt bestreuen

an Klausi, Patricia und mich selbst:
an den Tisch setzen – Löffel in die Hand nehmen – die Köstlichkeit ganz langsam genießen

AUFGABE **6** Weigere dich, der Werbung zu folgen, indem du das Gegenteil willst.

Beispiel: Treiben Sie Sport! → Ich will aber keinen Sport treiben.

Empfehlungen für einen Muskelmann

1. Entwickeln Sie eine gut aussehende, athletische V-Form!
2. Formen Sie eine schmale Taille!
3. Packen Sie neue Kraft in Schultern und Rücken!
4. Starten Sie frisch und greifen Sie nach dem Erfolg!
5. Wählen Sie Ihr persönliches Fitness-Programm!
6. Testen Sie die Kraftmaschine Superman 14 Tage lang!

AUFGABE 7

Die Erfahrung der Menschen rät überall auf der Welt zur Vorsicht. Aber Vorsicht! Die Imperative sind vertauscht. Finde die richtigen Ratschläge.

Falsche Ratschläge

1. Sag zu einem Bären auf einer Brücke „Onkel", bevor du springst!
2. Blas auf die Suppe, bevor du sprichst!
3. Gib Acht, bevor du nass wirst!
4. Roll die Zunge siebenmal, bevor du sie isst!
5. Hol dir einen Schirm, wenn du den Übergang nicht kennst!
6. Überquer den Strom nicht, wenn du den Kopf neigst!
7. Schau, bis du das andere Ufer erreicht hast!

AUFGABE 8

Formuliere Aufforderungen für die Besucher eines Erholungsgebietes

Beispiel: Verboten ist das Rauchen. —> Rauchen Sie nicht!

Das ist verboten:
das Parken auf unbefestigten Plätzen wie Feldwegen oder Wiesen
das Abstellen von Anhängern an Uferabschnitten
das Befahren von Vogelschutzgebieten
das Ankern in der Nähe von Laichplätzen
das Betreten von Kies- und Schlammbänken
das Missachten von Verbots- und Gebotsschildern

AUFGABE 9

Wandle den Ich-Bericht in ein allgemeines Rezept um.

Beispiel: Ich nahm Milch. —> Man nehme Milch!

Rezept für einen deutschen Kaffee (nach Mark Twain)

Ich nahm ein Fass Wasser und brachte es zum Kochen. Darauf rieb ich eine Zichorienbeere an einer Kaffeebohne und gab Erstere in das Wasser. Ich ließ den Sud abkühlen. Dann schirrte ich die Überreste einer ehemaligen Kuh vom Pflug los, gab sie in eine Presse und fügte einen Löffel von diesem blassblauen Saft, den die Deutschen Milch nennen, dem kalten Kaffee bei. Ich milderte aber dessen schädliche Kraft mit einem Eimer lauwarmen Wassers und läutete zum Frühstück. Schließlich genoss ich maßvoll und band mir zum Schluss gegen zu starke Erregung ein nasses Tuch um den Kopf.

4 Fragesatz

Zauberkunststück Nr. 3: Der Trick mit der schwebenden Flasche

Meister: Willst du den Trick mit der geheimnisvollen Schnur und der Flasche kennen lernen?

Lehrling: Ja. Was brauche ich dazu?

Meister: Eine undurchsichtige Flasche, eine dicke Schnur und ein kleines Stückchen Kork.

Lehrling: Wie groß muss das Stückchen sein?

Meister: Er soll etwas dünner als der Flaschenhals sein. Du gibst es vor der Vorstellung unbemerkt in die Flasche. Und so führst du das Kunststück vor: Zuerst hältst du die Flasche senkrecht nach unten, schiebst die Schnur hinein und ziehst ein bisschen daran.

Lehrling: Warum soll ich an der Schnur ziehen?

Meister: Das Stückchen Kork klemmt auf diese Weise die Schnur ein. So kann sie nicht mehr herausfallen. Jetzt wird's ernst: Du murmelst deinen Zauberspruch, und nun hängt die Flasche sogar an der Schnur. Aber achte immer auf die richtige Reihenfolge deiner Handgriffe! Zuerst musst du mit der Schnur das Korkstückchen festklemmen. Hast du alles verstanden?

Lehrling: Ja.

AUFGABE 1 Beantworte die folgenden Fragen.

1. Ist es richtig, dass man für das Kunststück mit der Schnur und der Flasche keine teuren Geräte braucht?

___

2. Wann gibt man das Stückchen Kork in die Flasche?

___

3. Kann man die Flasche zuerst schweben lassen?

____

4. Worauf muss man besonders achten?

____

Du merkst:
Bei mancher Frage genügt nur ein Wort als Antwort, bei anderen Fragen besteht die Antwort aus mehreren Wörtern oder einem ganzen Satz.

Info

Mit einer **Frage** willst du von einem andern etwas erfahren, was du selbst nicht weißt, aber gerne wissen möchtest.
Es gibt zwei verschiedene Arten von Fragen.

1. Die **Ergänzungsfrage** (oder auch: Satzfrage)
Du verlangst vom andern eine Auskunft, weil du über etwas nicht vollständig Bescheid weißt.
Die Antwort informiert dich über Personen, Sachen oder Sachverhalte. Sie besteht meist aus mehreren Wörtern oder einem ganzen Satz.

Beispiel: **Was** brauche ich zu dem Trick mit der Flasche?
Du brauchst eine undurchsichtige Flasche, eine dicke Schnur und ein kleines Stückchen Kork.

Eine Ergänzungsfrage erkennst du schnell an ihrer Form. Sie beginnt immer mit einem **Fragewort.**

Fragewörter sind

a) Pronomen, die dekliniert werden können.
Beispiele: **Wer** geht mit ins Schwimmbad?
Mit **wem** gehst du ins Schwimmbad?

b) Adverbien, die sich nicht verändern
Beispiele: **Weshalb/wann/wohin** gehst du zum Schwimmen?

2. Die **Entscheidungsfrage** (oder auch: Wortfrage)
Du stellst deine Frage so, dass der andere sie bejahen oder verneinen kann. Er entscheidet sich für eine der beiden Möglichkeiten. Die Antwort besteht meist aus einem „Ja“ oder „Nein“. Dazwischen liegen Antworten wie „vielleicht“, „weiß nicht“, „kommt darauf an“.

Beispiel: Willst du den Trick mit der geheimnisvollen Schnur und der Flasche kennen lernen? ⟶ Ja gerne/noch nicht/wenn möglich/nein.

Die Entscheidungsfrage hat, im Unterschied zur Ergänzungsfrage, kein Fragewort.

Beachte: Fragesätze enden immer mit einem **Fragezeichen.**

AUFGABE **2**

Ordne folgende Antworten den passenden Fragen zu:

in München	zu Fuß	10 vor 12	Auf einer Insel
Leider nein	Ja immer	Am Montag.	

Kostenlose Auskünfte

1. Wie viel Uhr ist es?
2. Können Sie mir ein Eurostück wechseln?
3. Hast du Lust auf ein Eis?
4. Wo finde ich das Deutsche Museum?
5. Fahren wir mit der U-Bahn oder gehen wir zu Fuß?
6. Wann haben die Museen geschlossen?
7. Möchtest du in München oder in Hintertupfing leben?

AUFGABE **3**

Bestimme die Art der Frage: Entscheidungsfrage oder Ergänzungsfrage?

Für alle Postkunden

1. Was kostet ein Brief nach Peking?
2. Wie kann ich Bücher nach Brasilien schicken?
3. Kann ich in Polen Geld vom Postsparbuch abheben?
4. Zu welchen Gebühren kann ich von Griechenland aus anrufen?

5. Wie kann ich Geld in die USA schicken?
6. Ist das Faxen nach Japan möglich?
7. Welche Zeitschriften kann ich als Drucksache verschicken?

AUFGABE 4

Ordne folgende Fragen den entsprechenden Antworten zu:

Scharfes Verhör

Was haben Sie getan?	Nicht zu Hause.
Haben Sie die Gummibärchen gestohlen?	Ich hab' mir einen Film angesehen.
Hat Sie jemand dabei gesehen?	Einen Tierfilm.
Wann war die Vorstellung zu Ende?	Das weiß ich nicht genau.
Wo waren Sie gestern Abend?	Um 22 Uhr.
Haben Sie ein Taxi oder die Straßenbahn benützt?	Ein Taxi.
Welchen Film haben Sie sich angeschaut?	Bei meinem Ehrenwort: Nein!

AUFGABE 5

Verwandle die Feststellungen in entsprechende Fragesätze und finde die Lösung. (Du kannst das auch im Wettbewerb mit anderen spielen.)

Beispiel: Dieses **E** wächst in der Heide und ist ein Mädchenname.
Welches **E** wächst in der Heide und ist ein Mädchenname? Erika

1. Dieses **E** findest du bei einem Grautier und in deinen Büchern.
2. Dieses **T** tragen Damen und suchen alle Menschen manchmal auf.
3. Dieses **B** haben manche Männer im Gesicht und braucht ein Schlüssel.
4. Über dieses **N** freut sich der Musiker, der Schüler aber nicht immer.
5. Dieses **K** haben Hühner am Kopf und Menschen in der Tasche.
6. Mit diesem **G** werden Rinder angespannt und wird Rindfleisch aufgetragen.

AUFGABE 6

Witze bestehen oft aus einer Frage und einer unerwarteten Antwort. Stelle die Antworten zu den passenden Fragen.

Amerika – ein seltsames Land

1. „Hattest du in England Schwierigkeiten mit deinem Englisch?"
   „Ich habe mir meine Amerikareise aus dem Kopf geschlagen."
2. „Weißt du, warum die Amerikaner eine andere Uhrzeit haben?"
   „Ich nicht, aber die Engländer."
3. „Warum hast du einen Verband um den Kopf?"
   „Ja. Und in manchen Jahren scheint sie noch häufiger."
4. „Scheint in Florida wirklich an 365 Tagen die Sonne?"
   „Natürlich. Amerika wurde doch viel später entdeckt!"

AUFGABE 7

Erfrage die farbigen Ausdrücke.

1. Kolumbus hat 1492 einen neuen Erdteil entdeckt.
2. Mit vier Schiffen ist er am 10. Oktober auf der Insel San Salvador gelandet.
3. In den darauf folgenden Jahren unternahm er noch dreimal die abenteuerliche Reise übers Meer.
4. Kolumbus starb im Jahre 1506 verarmt und von allen vergessen.
5. Amerigo Vespucci hat dem neuen Erdteil seinen Namen gegeben.

AUFGABE 8

Ordne die Antworten den Fragen richtig zu. (Bestimme vorher die Art der Frage: Entscheidungsfrage oder Ergänzungsfrage.)

1. Wer hat Amerika entdeckt?	Amerigo Vespucci
2. Wurde Amerika durch Zufall entdeckt?	San Salvador
3. In welchem Jahr wurde Amerika entdeckt?	nein
4. Welche Insel wurde zuerst entdeckt?	ja
5. Wer gab Amerika seinen Namen?	Columbus
6. Wusste Kolumbus, dass er einen neuen Erdteil entdeckt hatte?	1492

Info

Die zwei Fragesatzarten kannst du auch an der Stellung des Prädikats unterscheiden.
Bei der **Ergänzungsfrage** steht es – wie in einem Aussagesatz – an zweiter Stelle.

Beispiel: Wann **kommst** du nach Hause?

Bei der **Entscheidungsfrage** steht es – wie in einem Aufforderungssatz – an erster Stelle.

Beispiel: **Kommst** du heute Abend nach Hause?

Beachte: Aus einer einfachen Entscheidungsfrage wird eine Wahlfrage, wenn du dem anderen zwei Möglichkeiten zur Auswahl anbietest. Er kann nicht mehr mit einem einfachen „ja“ oder „nein“ antworten, sondern muss ausdrücklich benennen, wofür er sich entscheidet.

Beispiel: Kommst du heute **oder** morgen?
Morgen.

Beachte: Ein direkter Fragesatz wird zu einem indirekten Fragesatz, wenn er von einem anderen Satz abhängig ist.

Ein indirekter Fragesatz ist immer ein Nebensatz.
Daran erkennst du ihn:

a) Er hängt von einem Verb mit der Bedeutung „fragen“, „nicht wissen“ u. ä. ab.
b) Das Prädikat steht – wie in jedem Nebensatz – am Ende.
c) Es gibt kein Fragezeichen mehr.
d) Die indirekte Satzfrage beginnt mit der Konjunktion „ob“.

	direkter Fragesatz	**indirekter Fragesatz**
Beispiele:	Wann kommst du?	Ich **frage** dich, wann du **kommst.**
		Ich **weiß nicht,** wann ich **komme.**
	Kommst du morgen?	Ich **frage** dich, **ob** du morgen **kommst.**
		Ich **weiß nicht, ob** ich morgen **komme.**

5 Schlusstest: Hauptsätze

MERKE

Du hast die drei Hauptsatzarten kennen gelernt, mit denen du die verschiedenen Sprechabsichten ausdrückst.
Du erkennst sie an der Stellung des Prädikats und am Satzschlusszeichen.

	1. Stelle	2. Stelle		Schlusszeichen
Aussagesatz	Ich	komme		heute zu dir.
Fragesatz				
a) Ergänzungsfrage	Wann	kommst	du	heute zu mir?
b) Entscheidungsfrage	Kommst	du		heute zu mir?
Aufforderungssatz	Komm	bitte		heute zu mir.

TEST

1 Ordne die farbigen Sätze der richtigen Sprechabsicht zu.

Am ersten Schultag kommt der Erstklässler heim und meint zu seiner Mutter: „Ich gehe nicht mehr in die Schule.“ „Weshalb willst du denn nicht mehr dahin?“, will sie von ihm wissen. Da meint der Kleine: „Die Lehrerin ist ein bisschen blöde. Dauernd fragt sie uns.“

Am letzten Schultag sagt der Sohn zu seinem Vater: „Ich werde auswandern.“ Und fügt warnend hinzu: „Versuch nicht mich daran zu hindern!“ „Wer versucht dich daran zu hindern?“, fragt der Vater seinen Sohn. „Nimm mich bitte mit!“

a) feststellen: ______________________________

b) fragen: ______________________________

c) auffordern: ______________________________

TEST 2

Bestimme die Satzart und setze das richtige Satzzeichen ans Ende.

1. Vergiss nicht, Tina anzurufen
2. Tina hat angerufen
3. Wann soll ich Tina anrufen
4. Ich muss Tina anrufen
5. Hast du schon Tina angerufen
6. Ich will noch Tina anrufen
7. Ruf endlich Tina an
8. Tina hat schon angerufen

TEST 3

Wandle die Anfragen in Antworten um.

Beispiel: Ist der Urlaub auf dem Bauernhof schön?
→ Der Urlaub auf dem Bauernhof ist schön.

Urlaub auf dem Bauernhof

1. Gibt es Halbpension?
2. Kann man die Küche mitbenützen?
3. Liegen die Zimmer im Hauptgebäude?
4. Dürfen die Kinder bei der Feldarbeit zusehen?
5. Befindet sich in der Nähe ein Schwimmbad?
6. Haben die Zimmer Zentralheizung?
7. Besteht eine Busverbindung zum nächsten Ort?

TEST 4

Wandle die Anweisungen in Aussagesätze in Ich-Form um.

Beispiel: Glauben Sie an die Sterne! → Ich habe an die Sterne geglaubt.

1. Verlassen Sie sich nicht auf falsche Freunde!
2. Bleiben Sie gelassen!
3. Gehen Sie bei einem neuen Vorhaben vorsichtig zu Werk!
4. Halten Sie sich nicht mit Kleinigkeiten auf!
5. Überwinden Sie Ihre Vorbehalte gegen einen bestimmten Menschen!
6. Lassen Sie es in der Liebe auf einen Versuch ankommen!
7. Nehmen Sie sich fürs Wochenende nicht zu viel vor!
8. Weichen Sie Problemen im privaten Bereich nicht aus!
9. ... und es hat alles nichts genützt.

TEST 5

Wandle die Fragen in Befehlssätze um.

Beispiel: Bist du ruhig? ⟶ Sei ruhig!

1. Bist du ganz Ohr?
2. Sperrst du die Ohren auf?
3. Schreibst du dir das hinter die Ohren?
4. Legst du die Ohren an?
5. Legst du dich aufs Ohr?
6. Schaltest du die Ohren auf Empfang?
7. Hältst du die Ohren steif?

TEST 6

Schreibe die Sätze in der richtigen Form mit Großschreibung und Satzzeichen heraus.

worte sind schatten
schatten werden worte
worte sind spiele
spiele werden worte
sind schatten worte
werden worte schatten
sind spiele worte
werden worte schatten
sind worte schatten
werden spiele worte
sind worte spiele
werden schatten worte

Eugen Gomringer (1962)

Nebensatz

Zauberkunststück Nr. 4

Vielleicht hast du schon einmal einen Zauberer bewundert, der ein Geldstück spurlos verschwinden lässt und es dann ein wenig später aus der Nase eines verblüfften Zuschauers holt.
Ich verrate dir, wie es geht. Wer zaubern will, muss die Tricks beherrschen.
Bevor du dein Zauberkunststück vorführen kannst, musst du in ein größeres Geldstück ein kleines Loch bohren. Durch das ziehst du einen etwa 10 cm langen Nylonfaden, an den du ein Gummiband anknotest. Faden und Band befestigst du in deinem Ärmel, so dass du die Münze gerade mit dem Daumen und Zeigefinger greifen kannst. Sehr wichtig ist, dass der Faden hinter deiner Hand für das Publikum unsichtbar bleibt.
Die Münze verschwindet, wenn das Gummiband sie blitzschnell in den Ärmel zieht. Die Münze zauberst du wieder herbei, indem du nach der Münze im Ärmel greifst und sie am Gummiband hervorholst.

AUFGABE 1

Ersetze die farbigen Hauptsätze durch entsprechende Sätze aus dem Text. Vergleiche die Stellung der Prädikate.

1. Die Münze verschwindet. Das Gummiband zieht sie blitzschnell in den Ärmel zurück.
Die Münze verschwindet, ____________________

____

2. Du zauberst die Münze herbei. Du greifst nach der Münze im Ärmel und holst sie am Gummiband hervor.
Du zauberst die Münze hervor, ____________________

____

Du merkst: In den ergänzten Sätzen steht das Prädikat an letzter Stelle.

Info

In einem Text gibt es neben Hauptsätzen meist auch **Nebensätze.** Man nennt sie so, weil sie – im Unterschied zu den Hauptsätzen – nicht alleine stehen können, sondern von anderen Sätzen abhängen.
Nebensätze erkennst du schnell an der äußeren Form, weil sie anders als Hauptsätze aufgebaut sind.

1. Im Nebensatz steht das Prädikat immer an letzter Stelle.

Beispiele: Ich verrate dir, wie das **geht.**
Ich verrate dir, wie die Münze **vorbereitet wird.**

2. Der Nebensatz wird durch ein Wort eingeleitet, das ihn mit dem Hauptsatz verbindet.

Beispiele: Vielleicht hast du schon einmal einen Zauberer bewundert, **der** ein Geldstück spurlos verschwinden lässt.
Bevor du dein Zauberkunststück vorführen kannst, musst du in ein größeres Geldstück ein kleines Loch bohren.

Nebensätze können entweder durch Konjunktionen oder durch Relativpronomen eingeleitet werden. Wir unterscheiden deshalb zwischen **Konjunktional-** und **Relativsätzen.**

a) **unterordnende Konjunktion → Konjunktionalsatz**

Beispiele: Die Münze verschwindet, **weil** sie zurückgezogen wird.
Bevor du dein Zauberkunststück vorführen kannst, musst du in ein größeres Geldstück ein kleines Loch bohren.

b) **Relativpronomen oder -adverb → Relativsatz**

Beispiele: Vielleicht hast du schon einmal einen Zauberer bewundert, **der** ein Geldstück spurlos verschwinden lässt.
Der Trick, **wie** man die Münze verzaubert, ist einfach.

AUFGABE **2** Unterstreiche die Nebensätze.

Der Zauberhut

Wer zaubern will, braucht einen richtigen Zauberhut. Ich sage dir, wie du einen Zauberhut selbst herstellst.
Du besorgst dir ein schönes Glanzpapier, von dem du einen Teil abschneidest. Er darf nicht breiter sein, als dein Kopf misst. Dann bindest du einen Bleistift an eine Schnur, die so lang wie der Papierbogen ist. Du hältst die Schnur an einem Ende des Papiers fest und fährst, wobei die Schnur gespannt ist, von der einen Seite des Papiers zur andern. Es entsteht ein Viertelkreis, der einem großen Tortenstück ähnlich ist.
Bevor du den Zauberhut endgültig zusammenbaust, kannst du ein paar bunte Papierschnipsel daraufkleben. Zum Schluss legst du eine Seite auf die andere, sodass ein spitzer Hut entsteht. Nun musst du nur noch die Längsseiten zusammenkleben.

AUFGABE **3** Unterstreiche die Wörter, die die Nebensätze einleiten. Handelt es sich um Relativpronomen oder um Konjunktionen?

Mit Stäbchen essen – ganz einfach

Wenn du chinesisch essen willst, musst du mit Stäbchen essen können. Mister Wang zeigt dir, was du tun musst.
Du brauchst zwei dünne Stäbchen, die mindestens 20 cm lang sind. Das erste Stäbchen klemmst du so zwischen Daumen und Ringfinger, dass es in der Beuge zwischen Daumen und Zeigefinger liegt und dort etwa 5 cm nach hinten hinausragt. Das andere Ende liegt auf der Kuppe des Ringfingers, wo es mindestens 5 cm nach vorne hinaussteht. Mit dem Daumen drückst du es etwas fest, damit es nicht verrutscht.
Das zweite Stäbchen, das natürlich genauso lang ist wie das erste, wird nun hinzugefügt. Du hältst es, wie du es mit einem Bleistift gewöhnt bist, mit der Daumenspitze, dem Zeige- und Ringfinger. Achte darauf, dass die beiden Enden auseinander stehen, die Spitzen sich aber berühren.
Mit dem zweiten, beweglichen Stäbchen drückst du die Speisen, die immer klein geschnitten sind, gegen das erste Stäbchen. So kannst du sie, ohne dass du dich anstrengst, zum Mund führen. Nachdem du es ein paarmal geübt hast, kannst du sogar eine einzelne Erbse elegant verspeisen. Guten Appetit!

Info

Nebensätze sind wichtig, weil sie bestimmte Teile des Hauptsatzes ersetzen. Man kann Nebensätze also nicht nur nach ihrer äußeren Form unterscheiden (Konjunktionalsätze, Relativsätze), sondern auch danach, welche Teile des Hauptsatzes sie ersetzen bzw. genauer bestimmen.
Es gibt zwei Nebensatzarten:

1. Gliedsätze ersetzen die Satzglieder Subjekt, Objekt oder Adverbial. Du kannst sie wie die Satzglieder erfragen.

Beispiel: Ich verrate dir **den Trick.**
Ich verrate dir, **wie das geht.**

Der Gliedsatz steht an der Stelle eines Akkusativobjekts.

2. Attributsätze bestimmen – wie ein Attribut – ein Satzglied genauer.

Beispiel: Vielleicht hast du schon einmal **einen Zauberer** bewundert, **der ein Geldstück spurlos verschwinden lässt.**

AUFGABE 4

Ersetze die Nebensätze durch die vorgegebenen Ausdrücke. Welches Satzglied haben die Nebensätze ersetzt?

im Frühling — das zunehmende Sonnenlicht — der Trick — in Hamburg — das hellere Tageslicht — die Körnerfresser

Weißt du alles vom Frühling?

1. Wenn der Winter vorbei ist, beginnt die Natur sich zu regen.
2. Pflanzen können sehr genau messen, dass die Tage länger werden.
3. Wie sie das machen, ist noch ungeklärt.
4. Wo es in Deutschland ganz flach ist, blühen die Obstbäume am frühesten.
5. Dass die Tage heller werden, macht die Menschen fröhlicher und verträglicher.
6. Von den Zugvögeln kehren zuerst zurück, die sich von Körnern ernähren können und nicht auf Insekten angewiesen sind.

AUFGABE 5

Ordne jeden Nebensatz dem richtigen Hauptsatz zu, damit die Welt wieder in Ordnung ist.

Stimmt's so?

1. Wer A sagt,	der hat die Qual.
2. Wer einmal lügt,	den beißen die Hunde.
3. Wer rastet,	der soll auch nicht essen.
4. Wer zuletzt kommt,	dem glaubt man nicht.
5. Wer nicht arbeitet,	der rostet.
6. Wer die Wahl hat,	der muss auch B sagen.

Info

Beachte: Nebensätze sind **vollständige Sätze.** Sie besitzen dieselben Satzteile wie die Hauptsätze, sind aber anders aufgebaut. Das erkennst du leicht, wenn du einen Hauptsatz in einen Nebensatz umwandelst.

Beispiel: Die Münze verschwindet.

Das Gummiband (Subjekt) zieht (Prädikat) sie (Objekt) blitzschnell (Adverbial) in den Ärmel. (Adverbial)

wenn das Gummiband (Subjekt) sie (Objekt) blitzschnell (Adverbial) in den Ärmel (Adverbial) zieht. (Prädikat)

Hauptsatz und Nebensatz zusammen nennt man **Satzgefüge.** Sie sind immer durch ein Komma voneinander getrennt.

In den nächsten Kapiteln werden wir die beiden häufigsten Nebensatzarten besprechen.

7

Adverbialsatz

Zauberkunststück Nr. 5

Diesmal geht es eher um eine Wette.
Sie lautet: Du kannst eine Münze, die in einem Becher verborgen ist, wieder sichtbar machen, ohne dass du die Münze berührst. Bevor du mit deinem Kunststück beginnst, legst du eine Münze, z. B. ein Zweieurostück, in einen leeren, undurchsichtigen Becher. Das „Opfer" muss nun seinen Blick so über den Rand des Bechers richten, dass es die Münze gerade nicht mehr sieht. Jetzt kannst du deine Wette abschließen (vielleicht um die Münze, die im Becher liegt).
Wenn man den Trick kennt, ist das Kunststück ganz einfach. Du schüttest Wasser langsam in einen Becher. Wo eben noch Wasser war, wird die Münze allmählich sichtbar. Nachdem du die Wette gewonnen hast, lässt du dir die Münze als Gewinn ausbezahlen. Wie du dir vorstellen kannst, gelingt diese Wette nur einmal.

Erklärung: Weil die Lichtstrahlen durch das Wasser umgelenkt werden, sieht man über diesen Umweg die Münze, obwohl sie selbst nicht bewegt wird.

AUFGABE **1**

Schreibe unter die Adverbialien die Nebensätze aus dem Text, die sinngemäß dazu passen.

1. Ohne Berührung der Münze

   ____

2. Vor dem Beginn des Kunststücks

   ____

3. Bei Kenntnis des Tricks

   ____

4. Nach der gewonnenen Wette

____

Du erkennst:
Adverbialien können durch Nebensätze ersetzt werden.

Info

Adverbialsätze sind Nebensätze, die in einem Satz das Satzglied Adverbial (= Umstandsbestimmung, adverbial Angabe) bilden. Ein Adverbialsatz erläutert, unter welchen Umständen etwas geschieht, vor sich geht oder ist. So kannst du das Geschehen viel genauer und ausführlicher darstellen als mit einer einfachen Angabe, die manchmal nur aus einem Wort besteht.
Adverbialsätze sind die häufigsten Nebensätze und fast immer **Konjunktionalsätze.**
An der einleitenden Konjunktion erkennst du die ‚Sinnrichtung' des Nebensatzes.
Adverbialsätze haben dieselben Sinnrichtungen wie Adverbialangaben. Die Sinnrichtung kannst du erfragen.

1. Temporale Nebensätze beschreiben die zeitlichen Umstände. Sie bezeichnen vor allem das **Zeitverhältnis** zwischen Hauptsatz und Nebensatz. Es gibt drei Zeitverhältnisse:

a) Gleichzeitigkeit:
Das Geschehen des Nebensatzes und das Geschehen des Hauptsatzes läuft gleichzeitig ab.

Beispiel: **Während** das Wasser höher **steigt, wird** die Münze **sichtbar.**

Meist leiten folgende Konjunktionen den Nebensatz ein: **während, indem, wobei, als.**

b) Vorzeitigkeit:
Das Geschehen des Nebensatzes liegt zeitlich vor dem des Hauptsatzes.

Beispiel: **Nachdem** du die Wette also gewonnen **hast,** lässt du dir die Münze als Gewinn ausbezahlen.

Meist leiten folgende Konjunktionen den Nebensatz ein: **nachdem, als, sobald.**

c) Nachzeitigkeit:
Das Geschehen des Nebensatzes liegt zeitlich nach dem des Hauptsatzes.

Beispiel: **Bevor** du **beginnst,** musst du Vorbereitungen treffen.

Meist leiten folgende Konjunktionen den Nebensatz ein: **bevor, ehe.**

2. **Lokale Nebensätze** machen Angaben zu örtlichen und räumlichen Umständen wie Standort, Lage, Richtung. Meist leiten lokale Adverbien den Nebensatz ein.

Beispiel: **Wo** eben noch Wasser war, taucht die Münze empor.

3. **Modale Nebensätze** drücken die näheren Begleitumstände aus. Sie beschreiben die Situation, die Art und Weise einer Handlung oder dienen zum Vergleich.

Beispiele: Die Münze wird sichtbar, **ohne dass** du sie berührst.
Wie du dir vorstellen kannst, gelingt diese Wette nur einmal.

Wichtige modale Konjunktionen sind: **wobei, indem, ohne dass, als, wie.**

3. **Kausale Nebensätze** begründen das Geschehen des Hauptsatzes. Folgende Sinnrichtungen lassen sich unterscheiden:

Sinnrichtung:	**Konjunktionen**
Ursache Grund	weil, da
Ziel	damit, dass
Folge	so dass
Bedingung	wenn, falls
Einschränkung	obwohl, auch wenn

Beispiel: **Weil** das Wasser die Lichtstrahlen umlenkt, wird über diesen Umweg die Münze sichtbar.

AUFGABE **2**

Wandle den Satz 1 jeweils in einen temporalen Nebensatz um. Die Umstandsangaben im Satz 2 geben dir einen Hinweis.

Beispiel: Ich gehe ins Kino. **Zuvor** kaufe ich mir eine Karte.
→ Bevor ich ins Kino gehe, kaufe ich mir eine Karte.

Ein ganz normaler Kinobesuch

1. Ich möchte ins Kino gehen. Vorher telefoniere ich mit Trixi.
2. Ich verlasse das Haus. Davor verabschiede ich mich von meinem Vogel.
3. Ich sehe mir den Film an, dabei esse ich gebrannte Erdnüsse.
4. Die Werbung läuft, dabei schwärme ich vom letzten Urlaub.
5. Ich habe mir den Film angesehen, danach kaufen wir uns Pommes.
6. Wir haben die Pommes gegessen, nachher ist uns schlecht.

AUFGABE **3**

Ordne die einzelnen Vorgänge zeitlich. Beachte die vorgegebenen Zeitverhältnisse.

Beispiel: (VZ) Ich habe Fußball gespielt. Ich dusche mich.
→ **Nachdem** ich Fußball gespielt habe, dusche ich mich.

Der Superschuss in Zeitlupe

1. (GZ) Der Spieler läuft schnell an. Er setzt dabei Geschwindigkeit in Kraft um.
2. (VZ) Er hat kurz vor dem Ball abgebremst. Der Körper spannt sich.
3. (NZ) Die Muskeln beschleunigen den Oberschenkel. Sie ziehen sich am Bauch und an den Oberschenkeln zusammen.
4. (VZ) Das Knie ist abgebremst worden. Der Unterschenkel wird nach vorne geschleudert.
5. (GZ) Das Schussbein wird durchgezogen. Das Standbein drückt nach.

AUFGABE **4**

Wandle die Sätze in kausale Nebensätze mit „damit“ um.

Alles, was die Natur kann, gibt Bad XYZ:

gesunde Bergluft: Jeder Atemzug gibt Kraft.
bräunende Sonne: Die Haut spürt den Urlaub.
Wandern im Nationalpark: Sie erleben Berg und Tal hautnah.

Tennis, Golf, Reiten: Der Spaß kommt nicht zu kurz.
natürliche Thermen: Der Körper lebt richtig auf.
weltberühmte Badetherapie: Sie bleiben immer jung.

AUFGABE

5 Stelle fest, was die kausalen Nebensätze ausdrücken. Verwende folgende Abkürzungen: G(rund), F(olge), B(edingung), E(inschränkung), Z(iel).

Hausaufgaben zu viert

In Gruppen von zwei bis vier Kindern lernt es sich leichter als alleine, weil ( ) sich die Kinder gegenseitig helfen können. Da ( ) der Druck durch eine erwachsene Person fehlt, sprechen sie offener miteinander. In kleinen Gruppen hat der Einzelne auch mehr zu sagen, sodass ( ) er sich insgesamt besser beteiligt. Falls ( ) einmal Schwierigkeiten auftauchen, können die Eltern immer noch helfend eingreifen. Obwohl ( ) sich die Kinder an diese Art zu lernen erst gewöhnen müssen, sollten Eltern es einmal ausprobieren. Sie sollten nichts unversucht lassen, damit ( ) ihre Kinder etwas mehr Spaß an Hausaufgaben bekommen.

AUFGABE

6 Ersetze die Adverbialsätze durch einfache Adverbialien. Folgende Umstandsangaben stehen zur Wahl:

ohne wirklichen Gegner	im Morgengrauen	in den Parks des Kaisers
bei ihren Atemübungen	vor mehr als 4000 Jahren	für ihre Gesundheit

Kennst du Tai Chi?

Als der Gelbe Kaiser um 2600 v. Chr. in China regierte, machten Soldaten Tai Chi. Sie vollführten bestimmte Bewegungen, damit sie ihre Gesundheit erhalten. Schattenboxen ist Boxen, ohne dass man sich wirklich mit einem Gegner prügelt. Heute machen Chinesen ihre Körperübungen, wo früher der Kaiser und sein Gefolge spazieren gingen. Bevor der Tag anbricht, beginnen sie mit ihren eigentümlich langsamen Bewegungen. Während sie tief Luft holen, bringen sie ihren Körper ins Gleichgewicht.

Attributsatz

8

Zauberkunststück Nr. 6: Eine beliebige Karte erraten:

Du lässt einen Zuschauer ein Kartenspiel mischen. Dann versteckst du die Karten, wie sie gemischt worden sind, hinter deinem Rücken. Du sprichst die Worte, die jeder Magier kennt, und nennst Farbe und Wert der Karte, die du gleich dem Publikum zeigen wirst. Schließlich, wenn die Spannung groß genug ist, zeigst du das Kartenpaket. Ganz oben liegt tatsächlich die Karte, die du vorhergesagt hast. Das Geheimnis, wie es gemacht wird, verrate ich dir.
Nach dem Mischen merkst du dir unauffällig die Karte, die ganz unten liegt. Hinter deinem Rücken, wo niemand es sehen kann, teilst du das Kartenpaket. Die Hälfte mit der Karte, die du dir gemerkt hast, drehst du um und legst sie mit der Bildseite nach oben auf die andere Hälfte. Wenn du deinem Publikum die vorausgesagte Karte zeigst, kannst du dir wieder die unterste Karte ansehen. Sie kommt dadurch, dass du das Kartenpaket wie eben teilst, nach oben. Und schon beginnt das Kunststück, bei dem du gar nicht viel üben musst, aufs Neue.

AUFGABE

1 Schreibe zu den folgenden Attributen die Sätze aus dem Text, die inhaltlich dazu passen.

1. Du versteckst die gemischten Karten hinter deinem Rücken.

   ____

2. Du sprichst die magischen Zauberworte.

   ____

3. Ganz oben liegt tatsächlich die vorausgesagte Karte.

   ____

Du merkst:
Attribute können auch durch ganze Sätze ausgedrückt werden.

Info

Attributsätze sind Nebensätze, die ein Attribut (= Beifügung) ersetzen. Sie bestimmen oder erklären das Wort, zu dem sie gehören, genauer. Wie das Attribut hängt der Attributsatz von einem **Bezugswort** ab. Es darf nicht von ihm getrennt werden. Attributsätze können wie Attribute erfragt werden. Die entsprechenden Fragen lauten: **Welcher, welche, welches? Welche Art von ...?**

Attributsätze sind meistens **Relativsätze.**
Die enge Verbindung zwischen Bezugswort und Attributsatz kannst du leicht am Relativpronomen erkennen. Das Bezugswort bestimmt nämlich den **Numerus** und das **Genus** des Relativpronomens.

Beispiele: **Die Karte, die** ganz unten lag, ist nun ganz oben.
Du zeigst **die Karte, deren** Vorderseite du dir vorher angesehen hast, dem Publikum.

Beachte: Zwei Hauptsätze kannst du enger miteinander verbinden, indem du den zweiten in einen Relativsatz umwandelst.

Beispiele: Du sprichst die magischen Worte. Die kennt jeder Zauberer.
Du sprichst die magischen Worte, **die jeder Zauberer kennt.**

AUFGABE

2 Ändere die Familiennamen, die ich in einem Telefonbuch gefunden habe, in kleine Attributsätze um.

Beispiel: Heinz Fassbinder ist ein Mann, **der ein Fass bindet.**

Beim Wort genommen

○ Heinrich Bärenklau	○ Konrad Eichenseher	○ Brigitte Fetthauer
○ Johanna Besenreiter	○ Gudrun Essenpreis	○ Johannes Eisenbeis
○ Roland Buchschmid	○ Karl Faulstich	○ Klara Bürstenbinder

AUFGABE **3**

Löse die Attribute in Attributsätze auf.

Beispiel: Der gehämmerte Wadenring mit Federn
→ der Wadenring, der gehämmert ist und Federn hat.

Aus einer alten Urkunde

Dies alles raubte man dem König:
die mit Gold verzierte Halskette
den mit einem Büschel Quetzalfedern geschmückten Oberarmring
den mit zwei Edelsteinen besetzten Handgelenkriemen
den am Knöchel befestigten Schellenring
das dreieckig aufragende Stirnblatt
die mit Türkissteinen verschönerte Krone

AUFGABE **4**

Unterstreiche die Bezugswörter der Attributsätze.

Der goldene Indianer

Bei den Indianern gab es einen Brauch, der auf uns ganz seltsam wirkt: Der König, der als Herrscher bestimmt war, musste sechs Jahre in einer Höhle, in die kein einziger Sonnenstrahl gelangen durfte, fasten. An dem Tag, an dem er gekrönt wurde, bestäubte man den zukünftigen Herrscher mit Gold, das man zu Pulver zermahlen hatte. Mit einem Floß, das reich geschmückt war, fuhr er auf den See hinaus. Dort, wo er am tiefsten war, warf er das ganze Gold hinein.

AUFGABE **5**

Ersetze die farbigen Wörter durch die folgenden Ausdrücke. Achte auf die richtige Form des Relativpronomens.

der gefährliche Stoff | von dem Trieb einer Pflanze | in einem Landstrich
für diesen Auftrag | eine Person | beim Einkochen | Dunst

Curare, das Pfeilgift der Indianer

Das Gift, das zur Tierjagd verwendet wird, stammt von einer Wurzel, die unter der Erde liegt. Die Cavere-Indianer finden die Wurzel in einem Gebiet, das Schlamm und fauliges Wasser hat. Für diese Arbeit, die tödlich ist, suchen sie im Dorf einen Menschen, der bereits sehr alt oder krank ist. Bei der Herstellung des Saftes, die langsam vor sich geht, strömt Dampf aus, der den „Koch“ schließlich vergiftet.

AUFGABE 6

Welches Satzglied wird durch den Attributsatz näher bestimmt? Achtung: Du musst nicht nur das Bezugswort finden, sondern auch seine Rolle im Satz bestimmen.

Wohin mit den Büchern?

Bücher, die Sie nicht ständig zur Hand haben müssen, können Sie im Flur aufbewahren. Dort gibt es meist viel ungenutzten Raum, den Sie für nichts anderes gebrauchen können.
Wir können Ihnen mit zwei Vorschlägen, die vielleicht den Ärger mit den Büchern beseitigen, dienen.
Zunächst zeigen wir Ihnen eine Konstruktion, bei der die Regalbretter an einer Seite auf den Treppenstufen aufliegen.
Eine andere Möglichkeit ist eine Art Zwischendecke, auf der Bücher untergebracht werden.
Vielleicht haben Sie auch einen Dielenschrank, auf den Sie verzichten können.

Einen besonders langen Attributsatz will ich dir nicht vorenthalten. Es ist ein Gedicht, das sich ein Dichter vor über 200 Jahren ausgedacht hat.

Fuß, der die Freude an der Jagd uns schenkt,
Fuß, den die Hand mit stiller Liebe pflegt,
Fuß, der das Eis zerbricht, zerstampft, zernichtet,
Fuß, den scheint's gar nichts aus der Fassung bringt,
Fuß, den es ziert, nur mittelgroß zu sein,
Fuß, der den ganzen Körper trägt und stützt,
Fuß, der dem andern folgt und ihn begleitet,
Fuß, ohne den der Leib gefangen ist,
Fuß, der uns manchen Ort zu öffnen wagt,
Fuß, der den ganzen Körper hüpfen heißt,
Fuß, der uns mit dem Aug' zusammen lenkt,
usw.

Schlusstest: Nebensätze

MERKE

Ein Nebensatz ist ein vollständiger Satz und besitzt dieselben Teile wie ein Hauptsatz.
Im Unterschied zu einem Hauptsatz kann ein Nebensatz nicht alleine stehen. Er nimmt in dem Satz, von dem er abhängt, die Stelle eines Satzgliedes oder Attributs ein.

Beispiele: Über einen gelungenen Trick *(Adverbial)* freut sich der Zauberer.
Wenn der Trick gelungen ist *(Adverbialsatz)*, freut sich der Zauberer.
Über einen gelungenen *(Attribut)* Trick freut sich der Zauberer.
Über einen Trick, der gelungen ist *(Attributsatz)*, freut sich der Zauberer.

Ein Nebensatz unterscheidet sich von einem Hauptsatz auch durch den Satzbau.

1. Ein Nebensatz wird durch eine unterordnende Konjunktion oder ein Relativpronomen eingeleitet.
   An der Konjunktion erkennst du zusätzlich die Sinnrichtung des Nebensatzes.

Beispiel:
Nachdem der Zaubertrick gelungen ist, applaudiert das Publikum. (= Temporalsatz)
Ein Zauberer, dem ein Trick gelingt, freut sich. (= Relativsatz)

2. In einem Nebensatz steht das Prädikat immer an letzter Stelle.

Beispiel:
Ich übe täglich dreimal meinen neuen Zaubertrick. (= Hauptsatz)
Wenn ich täglich dreimal meinen Zaubertrick übe, werde ich bald ein großer Zauberkünstler. (= Nebensatz + Hauptsatz)

TEST

1 Entscheide, ob die Behauptungen stimmen, und wandle sie dabei in dass-Sätze um. (Ein Hinweis: Eine Behauptung ist falsch.)

Beispiel: Ein Regenwurm hat zwei Beine.
⟶ Es ist falsch, dass ein Regenwurm zwei Beine hat.

Gewagte Behauptungen

1. Die kleinsten Affenbabys sind nicht größer als Maikäfer.
2. Ein Gepard, das schnellste Tier, jagt vor allem bei Nacht.
3. Ein Wildschwein riecht sogar einen Apfel, der in eine Folie eingewickelt ist.
4. Ein Elefant frisst täglich bis zu 200 kg Grünfutter.
5. Ein Tiger lebt in Rudeln.

TEST

2 Wandle die Aussagesätze in kausale Nebensätze um.

Tolle Schülerausreden

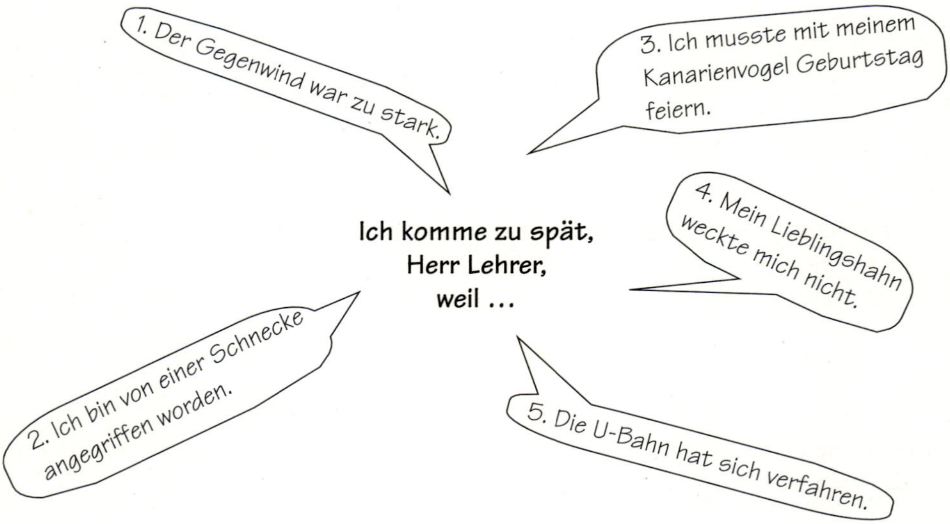

TEST 3

Wandle jeweils den zweiten Hauptsatz in einen Relativsatz um. Die Bezugswörter sind farbig.

1. Auf der Insel Haiti findet man viele Vogelarten. Von ihnen sind viele essbar.
2. So gibt es die Buschhühner. Ihnen hat man den Namen die „Bemalten“ gegeben.
3. Ihre Federn haben eine schwarz-weiße Zeichnung. Sie ähnelt einem Tigerfell.
4. Es gibt auch viele Papageien. Sie halten sich meist in der Nähe der menschlichen Behausungen auf.
5. Dort nisten sie auf alten Palmen. In die haben vorher die Carpinteros, die „Zimmermädchen“, Löcher gehackt.
6. Diese Vögel höhlen mit ihrem Schnabel Bäume aus. An denen werden selbst die schärfsten Beile stumpf.

TEST 4

Werden die Nebensätze durch Konjunktionen oder durch Relativpronomen eingeleitet? Benütze die Kennbuchstaben K bzw. R.

Dein erstes Telefon

Nimm zwei leere Joghurtbecher, die (   ) du natürlich vorher gesäubert hast, und steche den Boden jeweils mit einer Nadel in der Mitte durch! Ziehe einen Faden, der (   ) ungefähr 10 m lang sein soll, von außen durch die beiden Löcher! Binde an beiden Enden ein Streichholz so an, dass (   ) es quer am Boden liegt. Bevor (   ) du mit dem Telefonieren beginnst, musst du den Faden gespannt halten. Wenn (   ) du in den Becher hineinsprichst, bringt deine Stimme den Boden des Joghurtbechers in Schwingung. Weil (   ) diese Schwingungen über den gespannten Faden weitergegeben werden, hört dein Telefonpartner am anderen Ende des Fadens deine Worte.

TEST 5

Trage die Konjunktionen beim richtigen Stichwort ein.

Selbstauslöserhebel

Diese Einrichtung hilft dir, wenn du selbst mit aufs Bild kommen willst. Du spannst den Selbstauslöser, indem du den Hebel ganz nach unten ziehst. Der Selbstauslöser läuft ca. 10 Sekunden lang, bevor das Foto gemacht wird. Falls du den Selbstauslöser aus Versehen gespannt hast, kannst du ihn stoppen, indem du ihn langsam nach oben drückst. Während der Selbstauslöser abläuft, darfst du ihn nicht mehr festhalten. Wo sich der Selbstauslöser befindet, kannst du auf dem Schaubild nachsehen. Obwohl man ihn nicht häufig braucht, ist er doch eine nützliche Kleinigkeit.

Temporale Sinnrichtung: ______________________

Lokale Sinnrichtung: ______________________

Modale Sinnrichtung: ______________________

Kausale Sinnrichtung: ______________________

TEST 6

Entscheide, ob der Nebensatz ein Adverbialsatz oder ein Attributsatz ist. Unterstreiche bei einem Attributsatz das Bezugswort.

Unglück am Weihnachtstag 1492

Am Weihnachtstag 1492 fuhr Christoph Kolumbus zur Insel Punta Santa, auf deren Höhe er ankerte. Er ging früh zu Bett, weil er mehr als zwei Tage nicht geschlafen hatte. Der Steuermann übergab einem unerfahrenen Schiffsjungen das Ruder, obwohl Kolumbus dies verboten hatte. Als sich alle niedergelegt hatten, war das Meer so glatt wie Öl. Da lief das Schiff, ohne dass jemand damit rechnete, auf Grund. Der Schiffsjunge, der das Krachen hörte, begann laut zu schreien. Ehe es die anderen bemerkt hatten, war Kolumbus an Deck. Als die Lage immer gefährlicher wurde, ließ er Ballast abwerfen. Da sich aber das Schiff bereits geneigt hatte, trat Wasser ein, das den unteren Teil füllte. Weil das Schiff nicht mehr zu retten war, brachte er die Seeleute und alles Hab und Gut, von dem kein Stück verloren wurde, in Sicherheit.

Schlusstest: Satzarten

10

MERKE

Wir unterscheiden zwischen Haupt- und Nebensätzen. Mach dir nochmals die Unterschiede klar.

Ein Hauptsatz ist selbstständig und kann alleine stehen.

Beispiel: 2 mal 2 ist 4.

Hauptsätze bezeichnet man nach der Sprechabsicht, die du am Satzbau und Satzschlusszeichen erkennst.

Beispiele:
Ich kaufe mir einen Zauberhut mit rosa Schleife. (= Aussagesatz)
Kauf dir keinen Zauberhut mit rosa Schleife! (= Aufforderungssatz)
Warum kaufst du dir einen Zauberhut mit rosa Schleife? (= Fragesatz)

In Hauptsätzen steht das Prädikat entweder an der ersten oder an der zweiten Stelle.

Beispiele:
Ich kaufe mir einen Zauberhut mit rosa Schleife. (= Aussagesatz)
Kauf dir keinen Zauberhut mit rosa Schleife! (= Aufforderungssatz)

Ein Nebensatz kann nicht alleine stehen. Er hängt von einem Haupt- oder anderen Nebensatz ab, dem er vom Satzbau und vom Sinn her untergeordnet ist.
Nebensätze können ein Satzglied (Subjekt, Objekt, Adverbial) oder ein Attribut im Hauptsatz ersetzen.

Beispiele:

Adverbialsatz:

Vor deinem Zauberkunststück	murmelst du „Abrakadabra“.
Bevor du dein Zauberkunststück beginnst,	murmelst du „Abrakadabra“.

Attributsatz:

Ein ehrgeiziger Zauberer	übt jeden Tag.
Ein Zauberer, der ehrgeizig ist,	übt jeden Tag.

Außerdem unterscheidest du Nebensätze danach, ob sie mit einer untergeordneten Konjunktion oder einem Relativpronomen beginnen.
Bei den Konjunktionalsätzen kannst du die Sinnrichtung bestimmen.

Konjunktionalsatz

a) mit temporaler Sinnrichtung (Temporalsatz):
   Nachdem der Zaubertrick gelungen ist, applaudiert das Publikum.
b) mit kausaler Sinnrichtung (Kausalsatz):
   Weil der Zaubertrick gelungen ist, applaudiert das Publikum.

Relativsatz:
Der Zauberer, dem der Trick gelungen ist, freut sich.

In Nebensätzen steht das Prädikat immer an letzter Stelle.

Beachte:
Hauptsatz und Nebensatz sind immer durch ein Komma getrennt.

TEST

1 Schreibe die Begriffe: Aussage, Aufforderung und Frage in der Reihenfolge auf, wie sie im Text vorkommen.

Charly kommt braun gebrannt aus dem Urlaub in der Südsee. Gleich am Flughafen sagt er zu seinem Freund: „Schau mal! Bin ich nicht wundervoll braun?“ Sein Freund antwortet gelassen: „Der Hellste warst du noch nie.“

Charly kommt etwas blass aus dem Urlaub in der Südsee. Bei seinem Freund beklagt er sich: „Das war ein glatter Reinfall.“ „Was ist passiert? Hat dir das Wellenreiten keinen Spaß gemacht?“ „Hör nur auf damit! Der blöde Gaul ging einfach nicht ins Wasser.“

TEST **2**

Vereinfache den folgenden Brief. Lass alle Nebensätze entfallen.

Beispiel: Ich befehle dir, das Radio auszumachen. ⟶ Mach das Radio aus!

1. April

Sehr geehrte Herren Gummibärchen!
Hiermit stellen wir fest, dass die am 1. April 1980 bestellte Ware noch nicht bei uns eingetroffen ist. Wir fordern Sie deshalb zum letzten Mal auf, dass Sie die Ware bis spätestens 1. April 2000 liefern.

Und wir fragen Sie ernsthaft, ob Sie die Gummibärchen mit dem Mund zurechtlutschen oder von Künstlerhand schnitzen lassen. Zu unserem Bedauern müssen wir Ihnen mitteilen, dass bei den beiden gelieferten Probe-Gummibärchen die Geschmacksrichtung Zitrone wie Spülmittel mit Zitronensaft schmeckt. Da fragt man sich wirklich, was Sie sich dabei eigentlich denken. In diesem Zusammenhang äußern wir auch den Wunsch, dass Sie Gummibärchen nicht wieder mit Himbeerchen verwechseln.

Unterzeichnet: Brummbär

TEST **3**

Stelle Haupt- und Nebensätze fest. Verwende die Abkürzungen:
HS (= Hauptsatz) und NS (= Nebensatz). Unterstreiche alle Prädikate.

Dumme Sprüche

1. Wir wissen zwar nicht, wo wir hin sollen, wir werden aber als Erste da sein.
2. Wo wir sind, da ist vorn, und wenn wir hinten sind, dann ist hinten vorn.
3. Wie kann ich wissen, was ich denke, bevor ich höre, was ich sage?
4. Wer kriecht, kann nicht stolpern.
5. Im letzten Monat stand ich einen Schritt vor dem Abgrund, heute bin ich schon einen großen Schritt weiter.
6. Wo war ich eigentlich, als ich mich gebraucht habe?

TEST 4

Erweitere den Text unten durch die passenden Adverbial- und Attributsätze. Schreibe die Attributsätze zu den entsprechenden Substantiven. Folgende „kitschige“ Erweiterungen solltest du unterbringen:

Wenn die Sonne blutrot hinter den Bergen versinkt,

deren Herz über so viel Glück jubiliert,

die mit ihrem hellen Glockenklang das ganze Tal erfüllen,

Wo alles Getier friedlich zusammenkommt,

den ein fesches Hütchen ziert,

als müsste sein Herz zerspringen,

Ehe sich die Dunkelheit übers Land senkt,

Und so wird's schön kitschig!

(Am Abend) treibt die Sennerin die Kühe in den Stall. (Dort) wartet der junge Knecht (ungeduldig). (Vor Anbruch der Nacht) müssen nämlich alle Kühe gemolken sein.

TEST 5

Entscheide, ob der Nebensatz durch eine unterordnende Konjunktion oder durch ein Relativpronomen eingeleitet wird.

In der südbrasilianischen Stadt Porto Alegre ist, während der Hausmeister ruhig schlief, ein Schulhaus gestohlen worden. Wie die brasilianische Presse berichtete, waren die Diebe mit Lastwagen vorgefahren. Sie hatten das Schulgebäude, das ganz aus Holz errichtet war, einfach abgebaut. Sie nahmen alle Einrichtung mit, wobei sie auch Lampen und Vorhänge nicht vergaßen. Das Einzige, was sie zurückließen, war die Bodenplatte aus Beton.

Thomas Flynn, 37-jähriger Vater aus Florida, hat für seinen Sohn Sean eine Strafe abgesessen, die dieser vom Rektor der Volksschule bekommen hatte. Weil Sean eine halbe Stunde zu spät in der Schule erschienen war, sollte er dieselbe Zeit nachsitzen. Sein Vater, der offensichtlich viel Sinn für Gerechtigkeit hat, saß diese Strafe für seinen Sohn ab. Er begründete es damit, dass sie als Eltern an der Unpünktlichkeit ihres Sohnes schuld waren.

TEST 6

Wandle den Hauptsatz 2 zum Nebensatz um, indem du die farbigen Wörter zu unterordnenden Konjunktionen machst.

Was ein Computer morgens in einem Bürohochhaus tut

2 Uhr 30:
Der Computer arbeitet bereits. Zu dieser Zeit liegen die Angestellten noch in den Federn.
Er passt genau auf und hat dreimal das Licht ausgeschaltet. Denn der etwas verschlafene Nachtwächter hat es brennen lassen.

6 Uhr:
Die Putzfrauen rücken an. Vorher hat der Computer ihnen das Licht in der Eingangshalle eingeschaltet.

6 Uhr 30:
Er schaltet die Garagenbeleuchtung und -belüftung ein. Die ersten Angestellten sind nämlich bereits im Anmarsch.
Dann stellt er die Heizung etwas höher. Folglich wird das Betriebsklima besser.

11 Quiz zu den grammatischen Fachausdrücken

(Das Wort „Quiz“ ist übrigens die Erfindung eines schottischen Theaterdirektors. Er hatte mit Freunden gewettet, dass er die Sprache durch ein neues Wort erweitern würde. Dies ist ihm ja auch gelungen.)

1. Wie viele Sprachen gibt es auf der Welt? Rate mal!
   a) mehr als 1000 b) mehr als 1500 c) mehr als 2000 d) mehr als 2500

2. Welche Sprache wird von den meisten Menschen gesprochen?
   a) Chinesisch b) Deutsch c) Spanisch d) Russisch e) Französisch

3. Wie viele von 100 Sätzen sind Aktiv-Sätze?
   a) über 50 b) über 60 c) über 70 d) über 80 e) über 90

4. In Redensarten drücken sich oft menschliche Erfahrungen aus. Versuche herauszufinden, welche Redensart zu welcher Sprache gehört.
   a = Chinesisch, b = Französisch, c = Japanisch, d = Arabisch, e = Russisch

   a) Da ist ein Aal unter dem Felsen. ______________
   b) Im Leib des Löwen steckt ein Wurm. ______________
   c) Da ist eine Schlange unter dem Heu. ______________
   d) Da ist eine Nadel in der Tasche. ______________
   e) Vielleicht ist in dieser Melone eine bittere Medizin. ______________

5. Fünf Wortarten können Satzglieder sein. Welche sind es? Streiche die Wortarten durch, die kein Satzglied sein können.

   Adjektiv, Adverb, Interjektion, Konjunktion, Präposition, Pronomen, Verb, Substantiv

6. Ergänze den jeweils fehlenden Gegenbegriff.

   a) transitiv ______________________

   b) finit ______________________

   c) einteiliges Prädikat ______________________

d) Aktiv __________________

e) Hauptsatz __________________

7. Wie heißen die fehlenden Begriffe? Vervollständige die Reihe.

Satzglieder: Subjekt __________________ __________________

Hauptsätze: Aussagesatz __________________ __________________

Nebensätze: __________________ __________________

Sinnrichtung: __________________ lokal __________________

8. Unterscheide ähnlich klingende Begriffe und setze sie richtig in die Spalten ein:

Adverb – Adverbial, Subjekt – Substantiv, Konjunktion – Konjunktiv, Satzglieder – Gliedsatz, Satzfrage – Fragesatz, Modus – modal, Genus – Genitiv

Erklärungen:

1. macht aus einer Aussage einen Befehl.
2. kommt fast nur noch als Anhängsel vor.
3. wird gerne in einer berühmten Fernsehsendung verwendet.
4. drückt die besonderen Umstände eines Satzes aus.
5. macht einen Hauptsatz schwächer.
6. ist im Nominativ Nr. 8.
7. fällt ohne Hauptsatz um.
8. kann Nr. 6 sein.
9. ist in der Grammatik bei einem Jungen natürlich, bei einem Mädchen nicht.

1	2	3	4	5	6	7	8	9

Verzeichnis der grammatischen Fachausdrücke

lat.	deutsch	Beispiel
Adverbial(e)	Umstandsbestimmung, -angabe; Satzglied	Ich singe **gerne/morgens/mit Freunden.**
Adverbialsatz	Nebensatz anstelle eines Adverbials; Umstandssatz	Ich singe, **wenn ich Lust habe.**
Akkusativobjekt	Ergänzung im Wen-Fall (4. Fall), Satzglied	Ich höre **den Wind, das Rauschen des Windes.**
Apposition	Beisatz	Ich, **der größte Fußballer,** verfehle das Tor.
Attribut	Beifügung zu einem Satzglied; Satzgliedteil	Das Haus **meines Onkels** steht da **drüben.**
Attributsatz	Nebensatz anstelle eines Attributs; Beifügesatz	Das Haus, **in dem mein Onkel wohnt,** ist gelb.
Aufforderungssatz	Hauptsatzart mit Ausrufezeichen	Gib mir mein Buch zurück!
Aussagesatz	Hauptsatzart mit Punkt	Ich gebe dir morgen dein Buch zurück.
Bezugswort	Wort, worauf sich ein Attribut bezieht	**Das Haus** meines Onkels steht da drüben.
Dativobjekt	Ergänzung im Wem-Fall (3. Fall)	Ich danke **dir, euch, meinem Goldfisch.**
Ersatzprobe	Austausch gleichartiger Satzglieder	**Nachts** sind alle Katzen grau. **In der Nacht** sind alle Katzen grau.
Fragesatz	Hauptsatzart mit Fragezeichen	Wann gibst du mir mein Buch zurück?
Genitivobjekt	Ergänzung im Wessen-Fall (2. Fall)	Ich bedarf **deiner Unterstützung.**

Gliedsatz	Nebensatz anstelle eines Satzgliedes	**Nach** der Schule spiele ich Fußball. **Wenn die Schule aus ist,** spiele ich Fußball.
Hauptsatz	selbständiger Satz	Ich freue mich, mit dir.
Interjektion	Ausrufewort, Ausdruckswort	Hei! Hallo Hoppla!
Kausalsatz	Nebensatz des Grundes	Ich singe, **weil ich mich freue.**
Kongruenz	Übereinstimmung von Formmerkmalen	**Ich** singe ein schönes Lied. **Wir** singen schöne Lieder.
Konjunktionalsatz	Nebensatz mit unterordnendem Bindewort	Ich singe, **weil** ich mich freue.
Lokalsatz	Nebensatz des Ortes	**Wo gelacht wird,** bin ich gerne.
Modalsatz	Nebensatz der Art und Weise	Ich singe, **ohne dass ich Luft hole.**
Nebensatz	untergeordneter, abhängiger Satz	Ich frage dich, **wie viel Uhr es ist.**
Objekt	notwendige Ergänzung zum Prädikat; Satzglied	Ich gebe **dir dein Buch** zurück.
Objektsatz	Gliedsatz anstelle eines Objekts	Ich höre **das Rauschen des Windes.** Ich höre, **wie der Wind rauscht.**
Prädikat	Satzaussage; finite Verbform	Ich **baue** eine Marionette **zusammen;** die Puppe **ist fertig.**
Personalform	Verbform mit Person und Numerus	Du **baust** eine Marionette zusammen.

Präpositional-objekt	Ergänzung mit Verhältniswort; Satzglied	Die Puppe besteht **aus vielen Einzelteilen.**
Relativsatz	Nebensatz mit einem Bezugswort; Bezugswortsatz	Hunde, **die** bellen, beißen nicht.
Satz	kleinste vollständige Äußerung	Ich tanze.
Satzfrage	Entscheidungsfrage	Kommst du heute zu mir?
Satzgefüge	Verbindung von Haupt- und Nebensatz	Ich freue mich, weil du da bist.
Satzglied	Wort oder mehrere Wörter, die sich im Satz nur gemeinsam verschieben lassen	**In der Nacht** sind **alle Katzen** grau. **Alle Katzen** sind **in der Nacht** grau.
Satzklammer	geschlossene Wortstellung im Hauptsatz	Ich **werde** im Sommer nach Italien **fahren.**
Satzreihe	Verbindung von gleichartigen Sätzen	Ich freue mich, und du freust dich.
Sinnrichtung temporal lokal kausal modal	Angabe der Umstände Zeit Ort und Raum Grund Art und Weise	Ich lache **während des Films** **im Kino** **über Dick und Doof** **ohne Unterbrechung**
Subjekt	Satzgegenstand; Satzglied im Nominativ	**Ich** lache, **du** lachst, **alle** lachen.
Subjektsatz	Nebensatz anstelle eines Subjekts	**Wer viel lacht,** bleibt gesund.
Substantivierung	Verwandlung einer Wortart in ein Substantiv durch Artikel und Großschreibung	Ich freue mich heute. Ich freue mich über **das Heute.**
Temporalsatz	Nebensatz der Zeit	**Als ich heimkam,** freute sich mein Hamster.

Verb		
finit	vollständige Verbform; Prädikat	Ich **singe,** du **sangst,** er **hat gesungen.**
infinit	Verbform ohne Person	singen, gesungen
intransitiv	Verb ohne Akkusativobjekt	Ich danke **dir.** Ich erwache.
transitiv	Verb mit Akkusativobjekt	Ich sehe **dich.** Ich sehe, **wie es schneit.**
Umstellprobe	Verschieben von Satzgliedern	**Nachts** sind **alle Katzen** grau. **Alle Katzen** sind **nachts** grau.
Wahlfrage	doppelte Satzfrage	Kommst du heute **oder** morgen?
Wortfrage	Ergänzungsfrage mit Fragewort	**Wann** kommst du heute zu mir?

LÖSUNGEN

zu Wortarten

1 Artikel und Substantiv

AUFGABE **1**

Formen aus dem Text

1. des Zweistromlandes
2. den Tempeln
3. die Tribute
4. Nomaden
5. Karawanen
6. die Hieroglyphen
7. den Archäologen

AUFGABE **2**

1. Fehler: der Mangel — Bügelmaschine: die Mangel
2. Landmann: der Bauer — Vogelkäfig: das Bauer
3. junges Tier: das Junge — Knabe: der Junge
4. Meldung: die Kunde — Käufer: der Kunde
5. Schutzwaffe: der Schild — Erkennungszeichen: das Schild

AUFGABE **3**

1. Der Tau am Morgen erfrischt die müden Füße.
2. Der Leiter der Schule hat eine Glatze.
3. Wie immer am Ende unserer Sportsendung: das Tor des Monats!
4. Eine Weihnachtskiefer wird das Schmuckstück Ihrer Wohnung.
5. Auf dem See tummeln sich niedliche Entchen.
6. Markklößchen stellt man aus dem Mark von Rinderknochen her.

AUFGABE **4**

<u>Umlaut und Endung -er:</u> Münder, Schulterblätter
<u>Umlaut und Endung -e:</u> Köpfe, Zähne, Hälse, Hände, Fäuste, Brüste, Bäuche, Füße
<u>Umlaut und keine Endung:</u> Fingernägel, Mägen
<u>kein Umlaut und Endung -e:</u> Haare, Arme, Beine
<u>kein Umlaut und keine Endung:</u> Schädel, Knöchel, Finger, Nabel, Schenkel, Knie

AUFGABE 5

1. Verwandte: Mütter — Schraubenteil: Muttern
2. Vogel: Strauße — Blumengebinde: Sträuße
3. Geldinstitut: Banken — Möbel: Bänke
4. Ausspruch: Worte — Bestandteil der Sprache: Wörter
5. Fessel: Bande — Buch: Bände

AUFGABE 6

Die Schrift der Chinesen
Den Chinesen (D) dienten zu Beginn nur drei Schnüre als „Schreibmaterial". Sie verknüpften diese in vorgeschriebener Weise und bezeichneten z. B. mit einem Knoten den Wind (A) und mit zwei Knoten den Donner (A). Den Anfang (A) der Schrift vermutet man ungefähr im Jahr 2600 v. Chr. Die chinesischen Kaiser haben durch Gesetze den Schriftzeichen (D) eine bestimmte Form vorgeschrieben. Einem Schreiber (D), der die Schrift absichtlich verunstaltet hat, wurden strenge Strafen angdroht. Den Entwicklungsstand (A) der Schrift kann man gut am Schreibzeug erkennen: Nach den Schnüren benützte man als Schreibmaterial das Schilfrohr, dann einen Bund (A) aus Pflanzen und schließlich den Pinsel (A), mit dem man heute noch dem Papier (D) die seltsamen Zeichen „aufmalt". Auch die Tusche (N) ist eine Erfindung der Chinesen (G). Kaum einem Volk (D) ist die Schrift wichtiger gewesen als den Chinesen (D).

AUFGABE 7

In der Wüste Afrikas liegen noch viele Geheimnisse (N Pl) verborgen. Sie zu erforschen, haben Archäologen keine Mühen (A Pl) und Anstrengungen (A Pl) gescheut. Die ersten Erzählungen (A Pl) haben die alten Griechen (N Pl) überliefert. Sie hatten bereits vor langer Zeit ägyptische Städte (A Pl) besucht, die heute vom Erdboden verschwunden sind. Mächtige Königreiche (N Pl) mit unvorstellbarem Reichtum wurden von fremden Völkern erobert. Und als die Handelswege (N Pl) zerstört waren, blieb der Bevölkerung (D S) nichts anderes übrig, als zu fliehen. Die Häuser der Reichen (G Pl) zerfielen, die Gebäude (N Pl) und Tempel (N Pl) wurden ein Opfer der Hitze (G S) und des Windes. Es mussten erst Jahre (N Pl) vergehen, bis die Archäologen mit Schaufel und Spaten Sand (A S) und Geröll (A S) von den versunkenen Städten beseitigten und so staunenden Menschen (D Pl) die Pracht (A S) vergangener Zeiten (G Pl) zeigen konnten.

AUFGABE 8

Auch die „Sprache“ der Bienen hat ein Wissenschaftler erforscht. Schließlich ist es einem Wissenschaftler aus Deutschland gelungen, sie zu entziffern. Er hat herausgefunden, dass die Bienen bestimmte Tanzbewegungen vollführen. Damit geben sie den Bienen daheim im Bienenstock wichtige Informationen. Die Bienen bezeichnen z. B. den Stand der Sonne durch die Richtung ihrer Bewegungen. So ist die Sonne für alle Bienen ein wichtiger Orientierungspunkt. Auch die Geschwindigkeit der Tänze ist wichtig. Denn der Geschwindigkeit entnehmen die anderen Bienen Informationen darüber, wie reich der Tisch auf der grünen Wiese für sie gedeckt ist. Die Wörter der Bienensprache sind lautlos und sehen wie lustige Tänze aus. Wenn du den Bienen genau zuschaust, kannst du vielleicht auch einmal die Bienensprache verstehen.

AUFGABE 9

Die ältesten Schriftzeichen:	Akkusativ Plural
Die ältesten Schriftzeichen:	Nominativ Plural
der Natur:	Genitiv Singular
der Natur:	Dativ Singular
Den Menschen:	Dativ Plural
den Menschen:	Akkusativ Singular
den Bullen und die Kuh:	Akkusativ Singular
Den Bullen und den Kühen:	Dativ Plural
den Jungen:	Dativ Plural
den Jungen:	Akkusativ Singular
die Nachkommen:	Akkusativ Plural
die Nachkommen:	Nominativ Plural

TEST 1

Schliemann war einer der größten Entdecker versunkener Städte. Schon als Knaben begeisterten ihn die Erzählungen über die Götter und Helden Griechenlands. Er brachte sich selbst die griechische Sprache bei, und bald erfüllten sich die Träume des jungen Schliemann. Seine Sehnsucht galt Troja, das vor vielen Jahrhunderten in einem der längsten Kriege zerstört worden war. Unter einer Schicht, die mehrere Meter dick war, entdeckte er die versunkene Stadt. In unversehrten Kästen und Truhen fand er verborgene Schätze: goldene Armbänder, silberne Schüsseln, kostbare Schmuckstücke aus Elfenbein, kunstvolle Gefäße aus Ton. Aber Schliemann hatte noch größere Abenteuer vor.

TEST

2

Schliemann hatte kaum die Ausgrabung (A S) der Stadt (G S) Troja beendet, als seine Begeisterung (N S) ihn weiter antrieb, versunkene Städte zu entdecken. Er nahm die Erzählungen (A Pl) der griechischen Dichter wie glaubwürdige Nachrichten (A Pl) der alten Zeiten (G Pl). So führte ihn die Sage (N S) vom sagenhaften König Agamemnon nach Mykene. Dort brachte er seltene Kostbarkeiten (A Pl) wieder ans Tageslicht, unter ihnen die goldene Maske (A S) eines Königs. Seine Entdeckungen (N Pl) bewegten damals die Welt (A S), und bis heute hat die Wirkung (N S) der wieder entdeckten Vergangenheit (G S) nicht nachgelassen.

2 Pronomen

AUFGABE

1

1. zwei junge Engländer
2. Urkunden
3. zwei junge Engländer
4. Wünsche
5. zwei junge Engländer
6. Tempel
7. „Heiliger Brunnen“
8. Grund

AUFGABE

2

1. ich: Löwe
2. euch: Kalb, Ziege, Schaf
3. ich: Ziege
4. wir: Löwe, Ziege, Kalb, Schaf
5. ich: Löwe
6. du: Löwe
7. uns: Ziege, Kalb, Schaf
8. wir: Löwe, Ziege
9. du: Ziege
10. euch: Ziege, Kalb, Schaf

AUFGABE

3

Im brütenden Dschungel Kambodschas sammelte Henri Mouchot, ein französischer Naturforscher, seltene Blumen und Pflanzen. Eines Tages erzählte dem Naturforscher (ihm) sein eingeborener Führer von einer versunkenen Stadt im Urwald. Die versunkene Stadt (Sie) erweckte sein Interesse, und der Naturforscher (er) begann zu suchen.
Ohne Gewissheit, dass es die versunkene Stadt (sie) überhaupt gibt, kämpfte der Naturforscher (er) gegen alle Gefahren.
Eines Tages aber fand der Naturforscher (er) die versunkene Stadt (sie). Die versunkene Stadt (Sie) Angkor Thom hatte die Ausmaße einer Weltstadt. Die versunkene Stadt (Sie) bezaubert heute noch jeden Besucher, wenn jeder Besucher (er) die versunkene Stadt (sie) zuerst sieht.

AUFGABE **4**

Auch das noch!

1. dem kleinen Bruder die Ohren waschen
2. dem kleinen Bruder die Zähne putzen
3. den kleinen Bruder anziehen
4. –
5. –
6. –
7. –
8. den kleinen Bruder hinlegen
9. den kleinen Bruder in den Schlaf wiegen
10. –

AUFGABE **5**

1. Mein Mitschüler
2. Deine Besucher
3. Ihre Bewunderung
4. Mein Hunger
5. Diese deine Ansichten
6. Eure Vorschläge
7. Unsere Grüße
8. Mein Abschied

AUFGABE **6**

1. Müßiggang ist mancher Laster Anfang.
2. Einigen Deutschen schmeckt Sauerkraut.
3. Kein Held ist unsterblich.
4. Irgendein Schüler hat etwas Taschengeld.
5. Eine Schwalbe macht manchen Sommer.
6. Jeder ist seines Glückes Schmied.
7. Manche Morgenstund hat Gold im Mund.
8. Nach jeder Mahlzeit die Zähne putzen!
9. Hinter mancher Zeitung steckt ein kluger Kopf!

(Manche Aussagen müssen eingeschränkt werden, damit sie richtig werden.)

AUFGABE **7**

Die (A) ersten Eroberer der (A) Inka-Städte waren Spanier. Die (Pr) hatten von den (A) unermesslichen Goldschätzen der (A) Inkas gehört. Denen (Pr) aber war das (A) gelbe Metall nicht so wichtig wie den (A) Weißen. Deren (Pr) Gier nach Gold verschonte die (A) sanften Wilden nicht. Das (Pr) war das (A) blutige Ende des (A) großen Inka-Reiches.

AUFGABE 8

1. Ein Giftzahnarzt ist ein Arzt, der einen Giftzahn hat.
2. Eine Löschblattlaus ist eine Blattlaus, der Löschblätter schmecken.
3. Eine Suppengrünanlage ist eine Grünanlage, auf der Suppengrün wächst.
4. Ein Irrenhausbesitzer ist ein Hausbesitzer, bei dem ein Irrenarzt wohnt.
5. Ein Fußballerstammtisch ist ein Tisch, an dem Fußballer sitzen.

AUFGABE 9

Ich spreche von einem Dingsda,
das einen großen Mund und lange Zähne hat,
vor dem die Menschen Angst kriegen,
dessen Fußspuren so groß wie der Tisch sind,
das es gar nicht gibt,
dem es im Moor am besten gefällt,
das sich Menschen nur ausdenken,
von dem mir mal mein Vater erzählt hat.
(Gemeint war ein Monster.)

AUFGABE 10

2. Frage: Wem hat mein Softeis geschmeckt?
3. Frage: Wessen Nase hat an meinem Pudding geschnuppert?
4. Frage: Welche beiden Zwerge haben meine Pommes frites verdrückt?
5. Frage: Mit wem ist mein Kartoffelsalat verschwunden?
6. Frage: Welchen Knirps hat meine Pralinenschachtel entzückt?
7. Frage: Wer hat meinen Schnaps gesoffen?

TEST 1

Gerade, als der Löwe seinen Freunden klar gemacht hatte, dass ihm (D, 3, S) allein der von ihnen (D, 3, P) erlegte Hirsch gehöre, da tauchten drei Füchse auf. Der erste Fuchs zum Löwen: „Ich nehme mir (D, 1, S) ein Drittel der Beute als Strafgebühr; du (N, 2, S) hast nämlich keinen Jagdschein.“ „Und an mich (A, 1, S) geht das zweite Drittel“, sagte der zweite Fuchs, „als Versorgung für deine Witwe.“ Da knurrte der Löwe. „Wir (N, 1, P) wollen doch nicht streiten“, sagte der dritte Fuchs und nahm sich seinen Anteil. „Als Einkommensteuer“, meinte er. „Aber ich (N, 1, S) bin der König der Tiere“, brüllte der Löwe auf. Da lachten die drei Füchse: „Dann bleibt dir (D, 2, S) doch die Krone.“ Und: „Ein Dankeschön an euch (A, 2, P) alle.“ Winkten und nahmen ihnen (D, 3, P) auch noch das Geweih weg.

TEST

2

Als viele Tiere aus Afrika ihren letzten Weg in den Himmel angetreten hatten, wurden auch sie von Petrus befragt, was sie denn in ihrem Erdenleben getan hätten. Zuerst prahlte die Hyäne, wie sie auf ihren Streifzügen die Welt kennen gelernt habe; ein behäbiges Nilpferd berichtete von seinen Besuchen im Kaffeehaus; ein unauffälliger Wüstenwurm klagte über seine schlimme Schulzeit. Da rühmte sich der Berggorilla seiner Jodelkünste, und das Krokodil seiner beißfreudigen Zähne. Nur der Flötenwürger erzählte nichts aus seinem Leben, sondern erfreute „nur“ alle durch seinen herrlichen Gesang.

TEST

3

1. Wissen ist Macht, nichts (Indef) wissen macht auch nichts (Indef).
2. Wo wir (Pers) sind, klappt nichts (Indef), doch wir (Pers) können nicht überall sein.
3. Es (Pers) gibt nichts (Indef) zu tun – fangt ihr (Pers) schon mal an.
4. Fahren Sie (Pers) mich (Pers) irgendwohin, man (Indef) braucht mich (Pers) überall.
5. Keiner (Indef) ist unnütz, er (Pers) kann immer noch ein schlechtes Beispiel geben.
6. Wer (Rel) die (bestArt) Übersicht verloren hat, der (Dem) sollte den (best Art) Mut zur Entscheidung haben.
7. Es (Pers) genügt nicht, keine (Indef) Gedanken zu haben, man (Indef) muss auch die (best Art) Fähigkeit haben, sie (Pers) auszudrücken.
8. Eine (unbest Art) Lösung hatte ich (Pers), aber die (Dem) passte nicht zu meinem (Poss) Problem.

3 Adjektiv

AUFGABE

1

1. paviangestaltig	paviangestaltiger	Gott
2. klar	klar	wurde
3. alt	alt	sind
4. ägyptisch	ägyptischen	Könige
5. eng	eng	verbunden
6. recht	recht	merkwürdig
7. merkwürdig	merkwürdig	sehen aus

AUFGABE 2

a) Vorzüge:
tiefe Ladekante
geräumiger Kofferraum
verstellbarer Gurt
bequemer Vordersitz

b) Nachteile:
lahmer und lauter Sechszylinder-Motor mit schwacher Leistung
geringe Reichweite durch kleinen Tank
unsicheres Fahrverhalten bei schnellen Geschwindigkeiten
mäßige Fahrsicherheit wegen schwammiger Lenkung

AUFGABE 3

dieser schönen Insel, alle sonnenhungrigen Urlauber der sagenhaften Fülle, die besten Angebote, Ihre kostbaren Urlaubstage, die größte Auswahl, der einfachen Pension, zum gepflegten Hotel, die inseltypische Kochkunst, die herzhaften Leckerbissen, die fangfrischen Fische, jene aktiven Urlauber

AUFGABE 4

1 a) Durch mildes Klima vielfältige Pflanzenpracht!
  b) Durch das milde Klima die vielfältige Pflanzenpracht!
  c) Durch ein mildes Klima eine vielfältige Pflanzenpracht!
2 a) Süßer Duft tropischer Früchte in unberührter Natur!
  b) Der süße Duft der tropischen Früchte in der unberührten Natur!
  c) Ein süßer Duft tropischer Früchte in einer unberührten Natur!
3 a) Kunstvolle Bauwerke aus ruhmreicher Vergangenheit!
  b) Die kunstvollen Bauwerke aus der ruhmreichen Vergangenheit!
  c) Kunstvolle Bauwerke aus einer ruhmreichen Vergangenheit!

AUFGABE 5

1. Das Wetter blieb unverändert.
2. Das Haus ist rosa.
3. Meine Freundin war krank.
4. Der Kühlschrank stand offen.
5. Dein Bruder wurde ärgerlich.
6. Die Sonne schien hell.

(Diese Lösungen habe ich gefunden, es gibt noch ein paar andere.)

Sätze 2, 4, 5 als Pluralsätze:
2. Die Häuser sind rosa.
4. Die Kühlschränke standen offen.
5. Die Brüder wurden ärgerlich.

AUFGABE 6

Gescheiter Blödsinn

Dunkel war's, der Mond schien hell,
schneebedeckt die grüne Flur,
als ein Wagen blitzesschnell
langsam um die Ecke fuhr,
während ein erschoss'ner Hase
auf der Wiese Schlittschuh' lief.
Und auf einer roten Bank,
die blau angestrichen war,
saß ein blondgelockter Jüngling,
mit kohlrabenschwarzem Haar,
neben ihm 'ne alte Schachtel,
zählte kaum ein ganzes Jahr.

AUFGABE 7

attributiv	prädikativ	adverbial
schwabbrig	lupfig	ölmisch
knostrig	zarblich	flitschig
dapprich		

AUFGABE 8

1. –
2. sorgfältiger Vergleich der Einzelteile
3. genaue Angabe der Ersatzteilnummern
4. umgehende Hilfe
5. –
6. herzlichen Glückwunsch

AUFGABE 9

Zweiteiliger Jogging-Anzug aus hautsympathischer Baumwolle für sportlich interessierte Mädchen. Langärmeliges Sweatshirt in großzügiger Verarbeitung und lässigem Schnitt, mit weich gefütterten Schultern. Dazu eine aktuell gemusterte Hose.

AUFGABE 10

1. Der Kolibri baut ein gröberes Nest als die Spinne, aber ein feineres als der Seeadler.
2. Das Murmeltier hat im Winter kälteres Blut als der Wolf, aber wärmeres als der Frosch.
3. Der Hund benimmt sich dümmer als der Papagei, aber klüger als das Huhn.
4. Der Pandabär ist stärker als der Koalabär, aber schwächer als der Eisbär.
5. Der Affe sieht in der Nähe besser als der Karpfen, aber schlechter als die Antilope.

AUFGABE
11

1. Intercity fahren ist eine schöne Art, bequem ans Ziel zu kommen!
2. Mit der Lernmaske XYZ lernen Sie so schnell wie bisher!
3. XYZ – Lautsprecherboxen! Musik – so begeisternd wie im Konzertsaal!
4. Der NS 850 Ski-Schuh zeichnet sich durch hohen Komfort und gute Passform aus!
5. 12 feine Gebäcksorten für den verwöhnten Gaumen!
6. Gönnen Sie sich weite Flüge zu billigen Preisen!
7. Unser Waschmittel bringt strahlendes Weiß!

AUFGABE
12

<u>Adjektive, die unveränderliche Eigenschaften bezeichnen:</u> schwedisch, international, einig, nass, nüchtern, fit
<u>Adjektive, die bereits superlativische Bedeutung haben:</u> außergewöhnlich, besonders, letzt, absolut, total, optimal
<u>Adjektive, deren Bedeutung verneint ist:</u> hoffnungslos, ungünstig
<u>Adjektive, die von der Form her Partizipien sind:</u> strahlend, aufgeweicht, vergangen

TEST
1

1. <u>Besser</u> (K) ein <u>lebender</u> (P) Hund als ein <u>toter</u> (P) Löwe.
2. Ein <u>kluger</u> (P) Mann sagt: Wer <u>tiefer</u> (K) irrt, der wird auch <u>schneller</u> (K) weise.
3. <u>Lieber</u> (K) ein <u>schlechter</u> (P) Gewinner als ein <u>guter</u> (P) Verlierer.
4. Ein <u>voller</u> (P) Bauch studiert <u>seltener</u> (K) als ein <u>leerer</u> (P).
5. Wussten Sie schon, dass <u>guter</u> (P) Rat <u>teurer</u> (K) geworden ist?
6. In <u>rauer</u> (P) Schale steckt oft ein <u>fauler</u> (P) Kerl.
7. <u>Guter</u> (P) Staat ist <u>teuer</u> (P).
8. <u>Dicker</u> (P) Kinder Eltern sollten <u>häufiger</u> (K) fasten.

TEST
2

<u>XXX – Die schönste Art, braun zu werden</u>
Der <u>neue</u> Bräunungsfaktor regt durch <u>natürliche</u> Wirkstoffe selbst <u>empfindlichere</u> Haut behutsam zur Bräunung an. Je <u>höher</u> dabei der Schutzfaktor ist, desto <u>stärker</u> ist die Bräunung. So werden Sie sicher <u>braun.</u> Der xxx-Lichtschutzfaktor sorgt für ein <u>langes</u> Verweilen selbst in der <u>grellsten</u> Sonne. Je <u>überlegter</u> Sie diesen Faktor wählen, desto <u>besser</u> ist Ihre Haut geschützt. Machen Sie deshalb diese <u>außergewöhnliche</u> Sonnenkosmetik zu Ihrem ständigen Begleiter.

TEST 3

Frühe Spuren der Menschheit
Jüngst (S, adv) erfolgte (P, attr) Ausgrabungen im Zweistromland haben zu wirklich (P, adv) überraschenden (P, attr) Erkenntnissen über die Anfänge der Menschheit geführt. Um 8500 v. Chr. siedelten hier Menschen unter härtesten (S, attr) Lebensbedingungen in niedrigen (P, attr) Rundhütten. Später (K, adv) ließen sie sich an Flüssen nieder, wo durch das wärmere (K, attr) Klima die Nahrung reich (P, präd) vorhanden war. Die neueren (K, attr) Funde brachten grobe (P, attr) Feuersteine mit scharfen (P, attr) Klingen ans Licht, die sorgfältigst (S, adv) verarbeitet sind und höchste (S, attr) Handwerkskunst beweisen.

4 Schlusstest: Deklination

TEST 1

1. keine andere versunkene Stadt
2. den Besuchern
3. ein so unverfälschtes Bild
4. längst vergangene Völker
5. gepflasterte Straßen
6. den kostbaren Schmuck
7. der Tempel
8. in farbenprächtigen Mosaiken
9. geschäftstüchtige Kaufleute
10. ihre seltenen Waren
11. dem fernen Afrika
12. die geräumigen Häuser
13. reicher Bürger
14. die wertvollen Räume

TEST 2

Auch auf dem amerikanischen Erdteil haben die Menschen vor vielen Jahrhunderten für ihre Götter riesige Häuser gebaut. In Peru haben Wissenschaftler das gewaltige Heiligtum der Sonne ausgegraben. Am Ende einer mächtigen Treppe lockt uns eine riesengroße Figur ins dunkle Innere, die aus einem einzigen Steinblock gemeißelt ist. Sie ist reich verziert. Mit solch wertvollem Körperschmuck wollte der frühe Künstler offenbar den besonderen Rang der Person hervorheben. Hinter all diesen rätselhaften Bildern ist eine uralte Botschaft versteckt.

TEST 3

1. sie: die zweite Stadt
2. sie: Arbeiter
3. ihnen: Straßen und Wege
4. ihnen: Menschen und Tiere

5. sie: Menschen und Tiere
6. sie: die Ausgrabung
7. sie: wundervolle Gemälde

5 Verb

AUFGABE 1

Im Tagebuch
Das Essen im Flugzeug war herrlich.
Leider sind wir sehr spät angekommen.
Morgen besichtigen wir die Altstadt.
Heute Nacht werde ich im Prunkbett schlafen.
Wundervoll geschlafen!
Drei Diener brachten mir das Frühstück.
Ich bin auf einem Elefanten geritten.
Heute Nachmittag fliegen wir nach Jaipur.

AUFGABE 2

Am vorletzten Tag der Traumreise fliegst du nach Katmandu, der Hauptstadt von Nepal. Dort musst du Patan, die uralte Königsstadt, besuchen. Du siehst herrliche Tempel mit prachtvollen Toreingängen. Und in Bodnath darfst du den berühmten Buddha bestaunen, der in alle Himmelsrichtungen blickt. Wenn du magst, kannst du dir in malerischen Cafés eine Ruhepause gönnen. Du isst zuckersüßes Gebäck und nimmst honigsüßen Tee zu dir. Und in unserem First-Class-Hotel schläfst du in orientalischem Luxus. Diesen Tag vergisst du ganz sicher nicht.

AUFGABE 3

Infinitiv	Partizip I	Partizip II
sprechen	schreiend	ausgedehntest
gehen	Furcht einflößend	vorgefunden
beschenken	schwingend	gelaufen
verstehen	drohend	angeordnet
landen	davonlaufend	mitgeführten
lassen		gesonnen

AUFGABE 4

Wer sich zu wild gebärdet, muss büßen. Das bekamen einige indische Elefanten zu spüren, die in den letzten Wochen großen Schaden angerichtet hatten. Nachdem man sie eingefangen hatte, mussten sie drei Wochen lang eine „Elefanten-Schule“ besuchen. Wenn sie „anständiges Benehmen gegenüber den Menschen“ gelernt haben, dürfen sie später als Paradetiere bei religiösen Festen auftreten.

AUFGABE 5

Zeitstufe	Satznummer
Vergangenheit:	2, 3
Gegenwart:	1, 4
Zukunft:	5

AUFGABE 6

1. Ganz früh am Morgen ritten wir mit unseren Pferden aus.
2. Welch ein herrlicher Ritt über die grünen Wiesen!
3. Über einem Hindernis riss sich Brigitte die Hose auf.
4. Den Riss nähte danach ihre Mutter mit einem Flicken zu.
5. Auf dem Turnierplatz strichen Susanne und Carmen die Hindernisse an.
6. Der Trainer lobte sie: „Den Anstrich habt ihr gut hinbekommen.“
7. Dabei pfiff er anerkennend durch die Zähne.
8. Aber es war nur ein leiser Pfiff, den die anderen leider nicht hörten.
9. Im Stall griff Martin dem Schimmel in die dicke Mähne.
10. Aber den Griff bemerkte der Schimmel gar nicht.
11. Nur ein kleines Tierchen floh springend davon.
12. Kaum zu glauben. Es war ein Floh!

AUFGABE 7

1. Die Arbeiter fällten den Baum. Du fielst über den Baum.
2. Noch schwammen die Fische im Wasser. Aber wer schwemmte das Gift heraus?
3. Alle Wege führten nach Rom, deshalb fuhren wir auch nach Rom.
4. Du beugtest das Substantiv. Ich bog den Stahl.
5. Das Kind setzte sich auf den Stuhl. Dann saß es ganz brav da.

AUFGABE **8**

Wie FC Bayern Meister geworden ist
Zehn Meistertitel haben die Münchner Bayern gesammelt. Der Lorbeer der Konkurrenz ist verwelkt. Drei Titel in einer Serie: Keinem ist das bisher gelungen. Und keiner hat mehr Zuschauer begrüßt, keiner hat mehr verdient, keiner hat häufiger gewonnen und ist länger ungeschlagen geblieben. Der FC Bayern hat der Bundesliga Glanz verliehen. Was hat die Mannschaft dafür gekonnt, dass die Gegner so schwach auf der Brust gewesen sind? Gleich zu Beginn haben sich die Münchner an die Spitze gesetzt, zu früh, wie der Trainer gefunden hat.

AUFGABE **9**

1. liegt:	Präsens Aktiv
2. befand:	Präteritum Aktiv
3. wurde:	Präteritum Aktiv
4. war zerstört worden:	Plusquamperfekt Passiv (Vorgangspassiv)
5. werden gemacht:	Präsens Passiv (Vorgangspassiv)
6. fand:	Präteritum Aktiv
7. hat entdeckt:	Perfekt Aktiv
eingemeißelt sind:	Perfekt Passiv (Zustandspassiv)
8. hat:	Präsens Aktiv

AUFGABE **10**

1. Nur durch einen Zufall wird die Höhle von Lascaux 1940 entdeckt. (VP)
2. In ihr gibt es Malereien, die vor 17000 Jahren entstanden sind. (A)
3. Die schönsten Bilder wurden in einem engen Gang gefunden. (VP)
4. Besonders rätselhaft ist der Mann mit dem Vogelkopf. (A)
5. Dieses urzeitliche Heiligtum war von Menschen nie bewohnt. (ZP)
6. Noch heute ist der Ort von einem geheimen Zauber erfüllt. (ZP)
7. Durch die vielen Besucher sind jedoch die Bilder gefährdet. (ZP)
8. Deshalb wurde die Höhle für Besucher geschlossen. (VP)
9. Aber daneben ist eine getreue Nachbildung der Höhle entstanden. (A)
10. Das Abbild ist täuschend echt gelungen. (A)

AUFGABE **11**

1. Immer mehr wird das Flugzeug das ideale Verkehrsmittel (Pr A), um von Europa in ferne Länder zu kommen.
2. Es wird empfohlen (Pr P), auf langen Reisen mindestens eine Übernachtung einzuplanen.

3. Nach Indien werden auch zahlreiche Charterflüge angeboten (Pr P).
4. Dadurch wird der Urlaub billiger (Pr A); da wird man gerne auf einigen Komfort verzichten (F A).
5. Aber Achtung! In einigen Ländern wird zusätzlich eine Flughafensteuer erhoben (Pr P).
6. Damit Ihr Urlaub im Fernost ein Genuss wird (Pr A), wenden Sie sich bitte an Ihr Reisebüro.
7. Dort wird man Sie freundlich beraten (F A): außerdem werden alle Formalitäten zuverlässig erledigt (Pr P).

AUFGABE 12

1. Man reibe die Schüssel mit einer Knoblauch-Zehe aus.
2. Man zerkleinere die Zutaten für die Sauce, verrühre diese und lasse alles etwas ziehen.
3. Man gieße die Sauce über den Salat und mische rasch durch.
4. Man richte den Salat erst kurz vor dem Verzehr an.
5. Tipp: Man schüttle die Sauce in einem Schraubglas kräftig durch.

AUFGABE 13

Man sagt,
1. das Taj Mahal sei das schönste Grabmal der Erde.
2. es werde von keinem anderen Bauwerk an Glanz und Pracht übertroffen.
3. ein indischer Kaiser habe es für seine verstorbene Frau erbaut.

Man vermutet,
4. dieses Grabmal solle den Menschen als ein Mahnmal für die Macht der Liebe dienen.
5. der Kaiser habe 20 000 Arbeiter beschäftigt und zwei Jahre benötigt, um das Bauwerk fertig zu stellen.
6. er habe auch vorgehabt, für sich selbst ein pechschwarzes Grabmal errichten zu lassen.

Man erzählt sich,
7. sein Wunsch sei es gewesen, die beiden Grabstätten durch eine silberne Brücke zu verbinden.
8. sein Sohn aber habe ihn in einer nahe gelegenen Festung einsperren lassen.

AUFGABE 14

1. Der Nürnberger Trichter funktionierte (oder: würde funktionieren).
2. Die Stühle in der Schule wären gepolstert.
3. Am Wandertag führen die Schüler nach Indien.

4. Man lernte (oder: würde lernen) die Regeln der Grammatik im Schlaf.
5. Jeder bekäme für die Teilnahme am Unterricht 50 €.
6. Die deutschen Schüler hätten in Europa die längsten Ferien.

AUFGABE **15**

Zwilling: Du wirst eine wichtige Persönlichkeit kennen lernen. Schlage eine Bitte um Hilfe nicht ab. Gib dem Gefühl nach und hilf ohne Bedenken.

Löwe: Vergiss deine Freunde nicht und zeige ihnen, wie wichtig sie dir sind. Morgen wirst du dich so wohl wie schon lange nicht mehr fühlen.

Waage: Ein großer Wunsch wird in Erfüllung gehen. Wirf deine Hemmungen ab. Lade Freunde ein und feiere.

Skorpion: Du wirst leise Wehmut spüren, wenn du an einen bestimmten Menschen denken wirst. Melde dich doch einfach bei ihm.

Schütze: Lass dich zu nichts Anstrengendem überreden. Nimm dir nichts vor, was deine Kräfte übersteigen wird. Wirf nicht deine guten Vorsätze über Bord.

Wassermann: Schreibe dir mal deine Pläne auf. Sieh den Schwierigkeiten ins Auge.

AUFGABE **16**

erlaubt: –	nicht erlaubt: 3
notwendig: 1, 2, 4, 7, 8, 11	nicht notwendig: –
beabsichtigt: 12	nicht beabsichtigt: 5
erwartet: 6, 10, 13	nicht erwartet: –
möglich: 9	nicht möglich:
erwünscht: –	nicht erwünscht: 14

AUFGABE **17**

1. Dem Paket muss eine Paketkarte beigelegt werden.
2. Bis zu 10 Pakete an denselben Empfänger dürfen auf einer Paketkarte zusammengefasst werden.
3. Für die Aufschrift des Pakets soll der amtliche Klebezettel verwendet werden.
4. Paketkarten dürfen nicht für Paketaufschriften verwendet werden.
5. Die Aufschrift des Pakets muss in allen Angaben mit der Paketkarte übereinstimmen.

6 Schlusstest: Konjugation

TEST 1

Verbform

1. finit	2. infinit	3. infinit	4. infinit
5. finit	6. infinit	7. infinit	8. infinit, finit

TEST 2

Zeitpunkt: 11.00 Uhr

vergangen: 1, 2 gegenwärtig: 3, 4 zukünftig: 5–14

1. Die deutsche Mannschaft stand auf und frühstückte.
2. Sie wärmte sich durch Gymnastik auf und bereitete sich auf den Wettkampf vor.

Zeitpunkt: 12.24 Uhr

vergangen: 1–12 gegenwärtig: 13 zukünftig: 14

12. Der dritte Läufer legte einen fantastischen Endspurt hin.
14. Dann wird in Oberstdorf die längste Nacht des Jahres beginnen.

TEST 3

Verbform	Person	Numerus	Modus	Tempus	Genus
hat gemacht	3	Singular	Indikativ	Perfekt	Aktiv
aufmerksam wurde	3	Singular	Indikativ	Präteritum	Aktiv
erkannte	3	Singular	Indikativ	Präteritum	Aktiv
verbergen könnte	3	Singular	Konjunktiv	Präteritum	Aktiv
waren	3	Plural	Indikativ	Präteritum	Aktiv
hätten borgen müssen	3	Plural	Konjunktiv	Plusquamp.	Aktiv
gab bekannt	3	Singular	Indikativ	Präteritum	Aktiv
wurde	3	Singular	Indikativ	Präteritum	Aktiv
wird geschätzt	3	Singular	Indikativ	Präsens	Passiv
hätte geträumt	3	Singular	Konjunktiv	Plusquamp.	Aktiv

TEST 4

mit einer Veränderung:

1. Genus	2. Modus	3. Modalverb
4. Tempus	5. Numerus	6. Person

mit zwei Veränderungen:

1. Modus und Tempus	2. Numerus und Modus
3. Person und Modalverb	4. Tempus und Genus
5. Person und Modus	6. Modus und Tempus

<u>mit drei Veränderungen:</u>

1. Numerus, Modus und Tempus	2. Person, Tempus und Genus
3. Person, Modus und Tempus	4. Modus, Tempus und Genus
5. Person, Modus und Tempus	6. Person, Numerus und Modus

TEST 5

1. ihr werdet gelobt	Singular	du wirst gelobt
2. du wirst gelobt	Aktiv	du lobst
3. du lobst	Konjunktiv I	du lobest
4. du lobest	3. Person	er lobe
5. er lobe	Perfekt	er habe gelobt

1. wir flogen	Konjunktiv II	wir flögen
2. wir flögen	Plusquamperfekt	wir wären geflogen
3. wir wären geflogen	Singular	ich wäre geflogen
4. ich wäre geflogen	Passiv	ich wäre geflogen worden
5. ich wäre geflogen worden	3. Person	er wäre geflogen worden

7 Adverb

Der Seefahrer, der nach Indien wollte und dabei einen neuen Erdteil entdeckte, war Christoph Kolumbus (1443–1506).

AUFGABE 1

1. Ich blieb auf west-südwestlichem Kurs.	weiterhin
2. Wir hatten unter Seegang zu leiden.	sehr
3. Ich hatte um 10 Uhr ein Licht bemerkt.	bereits … nachts
4. Um 2 Uhr kam Land in Sicht.	morgens
5. Wir holten die Segel ein. Wir ankerten.	dann
6. Die Pinta war schneller.	weitaus

AUFGABE **2**

Wie man in der Spanischen Hofreitschule das erste Mal ein Pferd besteigt

(1.) Zunächst wird der junge Hengst in die Mitte der Reithalle geführt.
(3.) Jetzt wird der Reiter dicht neben dem Pferd mehrmals hochgehoben.
(6.) Hierauf lässt der Reiter ganz langsam sein Gewicht auf den Sattel nieder.
(2.) Unterdessen ist der Reiter unauffällig neben das Pferd getreten.
(7.) Zugleich muss das Pferd ein paar Schritte nach vorwärts tun und das ganze Gewicht des Reiters tragen.
(4.) Dann hebt der Reiter vorsichtig erst das eine Bein über den Sattel.
(5.) Einstweilen stützt er sich lediglich auf den Sattel, ohne sich hinzusetzen.
(8.) Zuletzt zieht der Reiter das zweite Bein nach und sitzt auf dem jungen Pferd, ohne es erschreckt zu haben.

AUFGABE **3**

1. Was ein Häkchen werden will, krümmt sich beizeiten.
2. Jedes Mal, wenn die Schule beginnt, packt mich sofort die Schlafkrankheit.
3. Wer mit dem Leben spielt, kommt nie zurecht, wer sich nicht selbst befiehlt, bleibt immer ein Knecht.
4. Wenn einst in fernen Tagen mein Name wird genannt, dann kannst du sehr wohl sagen: die hab ich auch gekannt.
5. Manchmal ereignet sich im Augenblick, was man bislang erhofft hat.

AUFGABE **4**

1. Beim Tennisspielen fliegt der Ball immer hin und her.
2. Beim Schwimmen geht es im Wasser drunter und drüber.
3. Beim Klettern muss der Bergsteiger hinauf und hinunter.
4. Beim Fechten springt man vor und zurück.
5. Beim Drachenfliegen ist man bald hier und bald dort.
6. Beim Ringen liegt der eine oben und der andere unten.

AUFGABE **5**

1. Suchst du mich, so bin ich dort,
   hast mich gefunden, so bin ich fort. (Rätsel)
2. Rückwärts suchst du mich und vorwärts immer vergebens.
   doch seitwärts triffst du rückwärts und vorwärts mich. (neben)
3. Oben Holz, unten Holz, vorne Holz, hinten Holz,
   in der Mitte ein kalter Braten. (Sarg)
4. Man ruht darauf, man wohnt darunter,
   und auch in Köpfen wächst es munter. (Stroh)

5. Es geht stets aus den Höhen
   herab des Steines Lauf;
   das Ganze lässt ihn gehen
   hoch in die Luft hinauf. (Flaschenzug)
6. „Ich“ drinnen, „es“ draußen, „er“ hintendrein,
   so ist es sicher. Siehst du’s ein? (s-ich-er)

AUFGABE 6

temporale Adverbien: anfangs, dann, nun, sogleich, bereits, mehrmals, zuerst
lokale Adverbien: nebeneinander, oben, links

AUFGABE 7

Ich bin zweifellos, gewiss, bestimmt, sicherlich, möglicherweise, vielleicht, irgendwie, kaum, keineswegs fleißig.
Ich bin nicht, kaum, schwerlich, nur ein bisschen, ein wenig, einigermaßen, etwas, wohl, schon, immerhin, durchaus, weitaus, sehr viel fleißiger als du.

AUFGABE 8

Dein Aufsatz ist besonders (+) im ersten Teil gelungen. Teilweise (–) macht das Lesen deiner Erlebniserzählung richtig Spaß. Dagegen (x) hast du im zweiten Teil dir weder (–) große Mühe gegeben noch (–) das Thema genau beachtet. Der Höhepunkt ist kaum (–) erkennbar. Außerdem (+) fällt auf, dass du ziemlich (–) wenig anschauliche Adjektive verwendet hast. Jedoch (x) ist der Schluss recht originell.
Deine Arbeit wird den Anforderungen einigermaßen (–) gerecht.

AUFGABE 9

1. Zweifellos war Kolumbus einer der größten Entdecker.
2. Sicherlich (bestimmt) ist er einem großen Irrtum erlegen.
3. Irrtümlicherweise hat er den Seeweg falsch berechnet.
4. Möglicherweise hat er sein Unternehmen nicht sorgfältig vorbereitet.
5. Glücklicherweise entdeckte er dabei Amerika.
6. Bedauerlicherweise (leider) ist Kolumbus arm und einsam gestorben.
7. Unglücklicherweise trägt außerdem Amerika nicht seinen Namen.
8. Hoffentlich wird trotzdem sein Name niemals vergessen.

AUFGABE 10

1. deshalb:	Grund	6. nämlich:	Grund
2. dazu:	Folge	7. notfalls:	Bedingung
3. sonst:	Bedingung	8. sonst:	Bedingung
4. folglich:	Folge	9. deshalb:	Grund
5. wozu:	Zweck	10. dadurch:	Grund

AUFGABE 11

1. Wie wird ein Hund richtig erzogen?
2. Wofür/Wozu musst du dir viel Zeit nehmen?
3. Womit kannst du ihm am besten etwas angewöhnen?
4. Wodurch lernst du auch sein Verhalten schnell verstehen?
5. Wann/Wie oft braucht dein Hund Lob und Ermunterung?
6. Wovor hat ein Hund am meisten Angst?

TEST 1

temporale Sinnrichtung: heute, bald, nun, endlich, zunächst, vorher, dann, schon
lokale Sinnrichtung: vorne, unten, dort, wo, herum, rein
kausale Sinnrichtung: deswegen, deshalb
modale Sinnrichtung: zutiefst, mehr, sicherlich, wie, eigentlich, besonders, vorsichtshalber, flugs, mindestens

TEST 2

Adverbien: heut, als, ebenfalls, daher, niemals, folglich, nie, hier, da, fern, nah, gern, dran, niemals, meistens, oft, wie, auch, nur, aus
Adjektive: gut, alt, schwer, fein, gesittet, weiblich, spät, wunderschön

8 Präposition

AUFGABE 1

	Kasus
1. nördlich der Insel Tahiti	Genitiv
2. in einem Kreis	Dativ
3. durch ein Fenster	Akkusativ
4. gegen Schmerzen	Akkusativ
5. über glühende Kohlen	Akkusativ

6. dank ihrer erstaunlichen Körperbeherrschung	Genitiv
7. ohne irgendeine Verletzung	Akkusativ

AUFGABE 2

Standort, Lage	Richtung, Ziel
unter den dunklen Palmen	an den Strand
an dem dunklen Himmel	auf das tiefblaue Meer
über Ihnen	hinter den Horizont
hinter sich	zwischen Ihre Träume

AUFGABE 3

in einem unserer Großraumwagen	zwischen den Sitzen
über jedem Platz	vor jedem Sitzplatz
in der Rückenlehne	an den Türen
neben den Eingängen	zum Zugrestaurant
in den Einstiegsräumen	

AUFGABE 4

mit Genitiv: während der sechs kühlen Monate, in kurzer Zeit
mit Dativ: von Oktober bis März, am darauf folgenden Mittwoch, bei Tagesanbruch, in aller Eile, in früheren Jahren, seit dieser Zeit, in unseren Tagen, bei dieser Reise, aus vergangenen Tagen
mit Akkusativ: auf den heutigen Tag

AUFGABE 5

Art und Weise: für europäische Verhältnisse, nach Wahl, für die Passagiere, auf Englisch, außer der Reihe, trotz der anstrengenden Eisenbahnfahrt
Eigenschaft: von 20 Waggons, einschließlich der prächtigen Lokomotiven, aus dem Besitz, über 50 Jahre, mit vergoldeten Wasserhähnen, aus Silber.

AUFGABE 6

1. Gehen Sie mit festen Schuhen und mit dem Kletterseil ins Gebirge.
2. Verzehren Sie Ihr Essen ohne Hast und ohne Eile.
3. Steigen Sie nur mit der Erlaubnis des Hüttenwirts auf.
4. Nehmen Sie alles Nötige mit, einschließlich eines Notsignals.
5. Seien Sie bis zum gesunden Maß ehrgeizig.
6. Befolgen Sie diese Hinweise mit/nach aller Vernunft.

AUFGABE **7**

1. Anlässlich des Geburtstages von Kaiser Franz
2. Aufgrund kräftigen Knoblauchgenusses
3. Wegen angeborener Antriebsschwäche
4. Gemäß einstimmigen Familienbeschlusses
5. Aus unerfindlichen Gründen
6. Auf ausdrücklichen Wunsch meines Katers
7. Nach uralter Indianerweisheit
8. Infolge plötzlichen Wintereinbruchs

AUFGABE **8**

kausale Präpositionen mit Genitiv: laut einer Umfrage, infolge schlechter Erfahrungen, wegen der vielen Freunde, trotz mancher Regenfälle, dank der Bundesbahn
kausale Präpositionen mit Dativ: aus finanziellen Gründen, zur Erholung, ihren Kindern zuliebe, nach Lust und Laune

TEST **1**

lokale Präpositionen mit Akkusativ:
durch die Backstube, in einige Krapfen, in den weichen Teig
temporale Präpositionen mit Dativ:
vor etwa 350 Jahren, im Jahr 1635, seit diesen Tagen, bei allen Hofbällen
kausale Präpositionen mit Dativ:
aus lauter Wut, vom Ergebnis, einer Wiener Chronik zufolge
modale Präpositionen mit Akkusativ:
gegen alle Erwartung, für die Menschheit, ohne den Krapfen

TEST **2**

Substantivgruppe: auf Seite 24, auf einem eigenen Blatt, auf die Schrift, auf jeden Fall, auf den Tischen, auf derselben Seite
Pronomen: auf alles
Adjektiv: auf Englisch
Adverb: auf morgen

TEST **3**

Substantivgruppe: an die Tafel, bis in jede Einzelheit, vom Blatt
Pronomen: an und für sich, von mir, mit dem
Adjektiv: von weitem, für die anderen
Adverb: nach vorne, bis jetzt

9 Konjunktion

AUFGABE **1**

1. Die Fahrt ist an einem Tag gut zu bewältigen, und es bleibt genug Zeit.
2. Es bleibt genug Zeit für kleinere Aufenthalte oder Verschnaufpausen.
3. Fahren Sie im Uhrzeigersinn, also mit dem Lauf der Sonne, weil sich dann ...
4. Die Ausblicke sind schöner, als Sie sich vorstellen können.
5. Das Wasser schießt wie eine höllische Quelle in die Luft.

AUFGABE **2**

Hiermit erkläre und bekenne ich, dass ich zwei Hamburger umgebracht habe. Aber ich bitte um Milde und um Gnade. Denn ich wurde durch einen Wiener oder Frankfurter dazu gezwungen. Das rote Blut auf meinen Lippen und in meinen Haaren stammt aus einer Ketschupflasche oder etwas Ähnlichem. Ich versichere und beschwöre, dass die Hamburger weder Schmerzen noch Qualen erdulden mussten. Ich bin mit einer harten, aber gerechten Strafe einverstanden. In Zukunft werde ich nicht nur den Hamburgern, sondern auch den Wienern und Frankfurtern aus dem Weg gehen.

AUFGABE **3**

Der Körper des Menschen ist nicht überall gleich warm: Am kältesten ist es an den Zehenspitzen, während sich die Haut an der Schulter ungefähr so warm wie unter der Achsel anfühlt. Die Körpertemperatur misst man am besten im Mund, weil die Schleimhaut genauere Werte gibt als andere Körperteile. Wenn du aufwachst, fühlst du dich meist frischer als am Abend. Kein Wunder: Dein Körper ist um 6 Uhr kühler als 12 Stunden später.

AUFGABE **4**

1. Ehe der Wecker klingelt, hat die Mutter bereits das Frühstück hergerichtet.
2. Nachdem der Wecker geklingelt hat, wacht Klausi auf und dreht sich nochmals auf die Seite.
3. Während Klausi genüsslich seine Haferflocken mit Schoko verzehrt, hört er den neuesten Schlagern aus dem Radio zu.
4. Während die erste Unterrichtsstunde begonnen hat, liest Klaus die Sportnachrichten.

5. Nachdem der Rundfunksprecher wie jeden Tag sein Programm unterbrochen hat, ruft er: „Jetzt aber los, Klausi!“

AUFGABE **5**

gleichzeitig:
Während/Als Fernando Cortez für Spanien das Reich der Azteken eroberte, entdeckte er auch das Getränk Xocoatl.
vorzeitig:
Nachdem Fernando Cortez für Spanien das Reich der Azteken erobert hatte, brachte um 1530 das erste spanische Schiff Kakaokerne nach Europa. Seitdem es schnell die Herzen und die Gaumen der Genießer erobert hatte, musste man in Preußen eine Extra-Steuer dafür bezahlen.
nachzeitig:
Bis sich heute jeder mit wenig Geld Xocoatl kaufen kann, musste man in Preußen eine Extra-Steuer dafür bezahlen.
Heutzutage nennt man bei uns die Xocoatl Schokolade.

AUFGABE **6**

Rühren Sie die Zutaten langsam zusammen, ohne dass sich Bläschen bilden. Während sich einige Öle gut vermischen lassen, kann es bei anderen zu leichten Verfärbungen kommen. Außerdem vermeiden Sie Verunreinigungen der Mischung, indem Sie einen Glasstab zum Verrühren nehmen.

AUFGABE **7**

Die Seife ist ganz mild, so dass (Folge) ihr Schaum auch nicht einmal in Kinderaugen brennt. Falls (Bedingung) Sie eine sehr empfindliche Haut haben, können Sie die Seifencreme auch noch mehr verdünnen. Geben Sie zusätzlich ein paar Tropfen Kräuteröl hinzu, wenn (Bedingung) Sie eine strapazierte Haut haben, weil (Grund) sie z. B. zu viel Sonne abbekommen hat. Benützen Sie ein Rührgerät, damit (Zweck) die Zutaten sehr gut vermischt werden. Wenn (Bedingung) die Mischung zu flüssig geworden ist, fügen Sie einige Gramm Verdicker hinzu. Noch ein Hinweis: Experimentieren Sie mit den Mengen, obwohl (Einräumung) die Zutaten nicht gerade billig sind.

TEST

1

Aus Werbeanzeigen für Urlaub und (n) Ferien
Der skandinavische Sommer ist deshalb so groß und (n) so heiß und (n) so kribbelig und (n) voller Früchte und (n) Hechte und (n) Blumen und (n) Musik und (n) so heiter oder (n) in wenigen Worten: Er platzt deshalb aus allen Nähten, weil (u) die Götter als Ausgleich für die anderen Jahreszeiten ein unerhörtes Fest spendieren.
Urlaub! Neu und (n) ganz anders. Und (n) mit anderen die Lust am Leben genießen. Surfen Sie allein oder (n) gemeinsam. Oder (n) entspannen Sie sich, bis (u) Sie die Lust zu bekannten und (n) unbekannten Abenteuern verspüren. Oder (n) Spaß am Theater, auf oder (n) vor der Bühne. Sie brauchen viel Fantasie, wenn (u) Sie sich alle Möglichkeiten vorstellen wollen – für alle Gäste: die großen wie (n) die kleinen …

TEST

2

1. (kausal) Komme, obwohl ich erkältet bin. Onkel Fred
2. (temporal) Nachdem die Arbeiten beendet sind, bitte Fenster schließen!
3. (modal) Rufen Sie, wenn es nach Gas riecht, sofort die Gaswache an!
4. (temporal) Bevor Sie das Gerät in Betrieb nehmen, Benützerhinweise durchlesen!
5. (modal) Verständigen Sie, falls ein Unglück passiert ist, meine Eltern!
6. (kausal) Weil an den Gleisen gearbeitet wird, sind Zugverspätungen möglich.

TEST

3

Als (temporal) die ersten Europäer auf die Osterinsel kamen, schien es ihnen so, als (modal) wären sie auf einem anderen Stern im Paradies gelandet. Da gab es riesige Gestalten aus Stein, größer als ein Haus. Sie waren überall verstreut, als ob (modal) Götter sie vom Himmel geworfen hätten. Auch 200 Jahre später, als (temporal) Touristen die Osterinsel besuchten, haben diese Steinfiguren ihren Zauber noch nicht verloren.
Während (modal) die meisten dieser tonnenschweren Denkmäler, die Moais genannt werden, von brutalen Eroberern umgestürzt wurden, ragen einige noch wie ehemals in den Himmel. Während (temporal) man zwischen den hohen Gestalten hindurchgeht, weht einen der Hauch der Vorzeit an.
Wenn (temporal) man entlang der Küste zum heiligen Berg Orongo fährt, stößt man auf alte Felsenwohnungen. Auch wenn (modal) sie heute nicht mehr bewohnt sind, so weiß man doch von Felsenzeichnungen, dass früher Menschen dort gewohnt hatten. Und immer wenn (temporal) Eroberer die Insel überfielen, zogen sich die Einwohner hierher zurück.

10 Schlusstest: Nichtflektierbare Wortarten

TEST 1

Eigenschaft	Adverb	Präposition	Konjunktion neben-ordnend	Konjunktion unter-ordnend
1. ist mit einem Wort verbunden		x		
2. verbindet Sätze			x	x
3. bestimmt den Kasus		x		
4. kann im Satz mehrmals vorkommen	x	x	x	

TEST 2

adverbiale/prädikativeAdjektive: verwendbar, fertig, stichfest
Adverbien: sofort, so, daraufhin, dann, jeweils, mindestens
Präpositionalausdrücke: aus dem Handel, ohne Erhitzung, an den Siedepunkt, auf 45°C, in 1 Liter, in den Joghurtbereiter, bis 5 Stunden, während der Reifung, nach der Reifung, im Kühlschrank, für weitere Zubereitungen, auf 1 Liter

TEST 3

Es macht einen Riesenspaß, mit dem Pferdewagen kreuz und quer durch das Wattenmeer hindurch zu fahren, von Cuxhaven aus zu herrlichen Badeinseln hinüber. Vielleicht darfst du sogar auf dem Kutscherbock vorne sitzen und von dort oben die Pferde lenken. Allerdings muss man nach einiger Zeit wieder zum Land zurück, weil einen sonst die Flut von hinten her einholt. An Land draußen warten bereits die Krabbenfischer mit ihrem Fang. Die Krabben schmecken in diesem Augenblick jetzt besonders köstlich. Versuche sie mit etwas Zitrone darauf, und du bist für alle Ferientage danach stark wie ein alter Seebär.

TEST **4**

An der Nordsee gibt es viele lohnenswerte Ausflugsziele. Dazu gehört auch die Insel Helgoland, zu der stündlich Schiffe fahren. Danach empfiehlt sich die Helgoländer Düne zum Baden. Da kannst du dann sogar dabei Robben auf Sandbänken sehen. Dahinter fährt auch manchmal ein großer Ozeanriese vorbei. Wenn du danach das große Aquarium besuchst, dann sieh dir auf jeden Fall das große Bassin mit den Haien an. Darin segeln riesige Rochen durch das Wasser.

TEST **5**

Adverbien:
warum, wo, doch, so, gerade, wo sonst, wann, jemals, zuvor, dann, genauso, wie, immer, dabei
Präpositionen (mit Substantiv):
auf dem Bauernhof, in die Ferne, mit diesem altbekannten Spruch, ins eigene Land, aus der Großstadt, zwischen Feld und Flur, übers borstige Fell, mit Gefühl, in der Nacht, auf Tahiti, im Ernst, auf einem Bauernhof
Konjunktionen:
beiordnend (mit den verbundenen Wörtern oder Sätzen):
und (Satz 2 und 3), Feld und Flur, mit Gefühl oder mit Gewalt, aber (Satz 7 und 8),
unterordnend wenn, weil

TEST **6**

Adverbien: mittags, abends, tagsüber, samstags, nachts, anfangs, sonntags
umgewandelte Adverbien: am Mittag, am Abend, während des Tages, am Samstag, während der Nacht, am Anfang, am Sonntag
Präpositionalausdrücke: zu starker Bewölkung, mit zeitweiligen Regenfällen, bis mäßiger Wind, um West, um 18 Grad, am Wochenende, in Wolken, in 2000 m, bis 5 Grad, in der Höhe, für Samstag und Sonntag

11 Quiz

1. c) (fast jedes zweite Wort!) 2. b) 3. c) 4. a) 5. b)

6.

	Substantiv	Adjektiv	Pronomen	Verb
Deklination	x	x	x	
Konjunktiv II				x
Plural	x	x	x	x
Passiv				x
2. Person			x	x
Imperativ				x
Superlativ		x		
indefinit			x	
infinit				x
Vergangenheit				x
kongruent	x	x	x	x
gleichzeitig				x

7.

	Verb	Subst	Art	Pron	Adj	Adv	Präp	Konj
steht im Satz allein	x					x		x
kann sich verändern	x	x	x	x	x			
bestimmt den Kasus	x						x	
kann gesteigert werden					x			
hat zusammengesetzte Formen	x							
steht vor dem Substantiv			x	x	x		x	

8. a) konjugiert b) ~~dekliniert~~ c) finit d) infinit
a) Präteritum b) Konjunktiv c) ~~Konjunktion~~ d) Passiv
a) Präposition b) ~~Genus~~ c) Kasus d) kausal

9. a) Substantiv Adjektiv, ~~Konjunktion~~, Genitiv
b) Modus ~~Kasus~~, Tempus, Genus des Verbs
c) Pronomen ~~modal~~, demonstrativ, indefinit

10. a) Aktiv — Passiv
    b) nebenordnende Konjunktion — unterordnende Konjunktion
    c) Abstraktum — Konkretum

11. a) Positiv b) Komparativ c) Superlativ
    a) Vollverb b) Hilfsverb c) Modalverb
    a) Adverb b) Präposition c) Konjunktion

12. a) Konjunktion (W) b) Konjunktiv (F)
    a) Partizip (F) b) Partikel (W)
    a) Genus (F) b) Genitiv (F)

LÖSUNGEN

zu Satzteile und Satzarten

2 Interjektion

AUFGABE **1**

1. Schmerz	Aua! Au!
2. Überraschung	Hoppla! Oha!
3. Empörung	Pfui!
4. Zweifel	Hmm!
5. Verwunderung	Ach herrje!
6. Erschöpfung	Puhh!
7. Erschrecken	Huch!

AUFGABE **2**

1. Blubb!	Der Taucher blubbert.
2. Galoppel!	Das Pferd galoppiert.
3. Flatter! Flatter!	Der Vogel flattert.
4. Grunz!	Das Schwein grunzt.
5. Hops!	Der Hase hopst/hoppelt.
6. Schnaub!	Der Stier schnaubt.
7. Kläff! Kläff!	Der Hund kläfft.
8. Stolper!	Onkel Dagobert stolpert beim Eintritt ins Haus.
9. Schmatz!	Donald Duck schmatzt beim Essen.

AUFGABE **3**

1. Herein! Kommen Sie doch herein! Kommt doch endlich ins Zimmer!
2. Tag! Ich wünsche Ihnen einen guten Tag. Ich wünsch' dir einen schönen Tag.
3. Guten Appetit! Ich wünsche Ihnen einen guten Appetit. Lasst es euch schmecken!
5. Danke schön! Ich bedanke mich schön bei Ihnen. Wir bedanken uns.
6. Bitte! Ich bitte Sie sehr.
7. Auf Wiedersehen! Ich hoffe, dass wir uns wieder sehen! Ich freue mich, wenn ich dich wieder sehe.

1 Prädikat

AUFGABE **1**

1. Du setzt die Marionette aus 14 Einzelteilen zusammen.
2. Du baust zuerst den Rumpf.
3. Du zeichnest die Form des Kopfes auf.
4. Du sägst sie aus und schnitzt nach.
5. Zum Schluss bemalst du die Marionette.

AUFGABE **2**

1. Ein kleiner Hund bellt.
2. Eine Nachtigall ruft.
3. Ein Vogel schreit.
4. Ein Kirschbaum blüht.

AUFGABE **3**

1. Die Magd frühstückt.
2. Die Bäuerin buttert.
3. Der Bauer zürnt.
4. Die Kuh kalbt.
5. Das Eisen rostet.
6. Das Korn schimmelt.

AUFGABE **4**

1. Ich hamstere alles Essbare.
2. Ich robbe durchs Feld.
3. Ich mause Nüsse.
4. Ich büffle für die Prüfung.
5. Ich lahme.
6. Ich berlinere.
7. Ich schriftstellere in meiner Freizeit.
8. Ich vagabundiere durch die Gegend.

AUFGABE **5**

1. Schorschi <u>schrumpft</u>.
2. Du <u>bist</u> einmalig.

AUFGABE **6**

1. Wir fertigen Lampenschirme nach Ihren Entwürfen. Standardschirme vorrätig.
2. Früh-Rentner, absolut zuverlässig, übernimmt Kurierdienste/Flüge In- und Ausland/Eilaufträge.
3. Im „Schlaf" Geld verdienen! Gerne vermitteln wir kostenl. Ihre Whg. etc.
4. Monty – außergewöhnliches Showtalent mit Köpfchen sucht seriösen Produzenten. Ich komme so weit wie Madonna! Wetten, dass?

AUFGABE **7**

Aus einer Sportreportage
Die Mannschaften kommen zur zweiten Halbzeit aus den Kabinen. FC Unterschwalbach führt 2:3. Nicht einmal unverdient. Ein weiter Abschlag vom Tor des Gegners. Charly Sulzknie versucht zu dribbeln, geht am ersten Abwehrspieler vorbei und auch am zweiten. Jetzt muss die Flanke in den Strafraum kommen! Hoch steigt Bruno Dickschädel, der wuchtige Mittelstürmer. Ein kräftiger Kopfstoß! Und ein heilloses Durcheinander in der Hintermannschaft von Eintracht Oberschwalbach. Da ist der Ball im Netz. Das ist die Entscheidung! Und damit zunächst zurück zum Funkhaus.

AUFGABE **8**

Ottos Mops trotzt.
Ottos Mops hopst fort.
Otto holt Koks.
Otto holt Obst.
Otto horcht.
Otto hofft.
Ottos Mops klopft.
Komm, Mops, komm!
Ottos Mops kommt.
Ottos Mops kotzt.

AUFGABE **9**

Vollverb:	ist/versinken/stehen
Hilfsverb:	wird
Modalverb:	darf/solltest/kannst

AUFGABE **10**

1. Es macht endlich Schluss mit den schweißtreibenden Übungen.
2. Verschiedene Geräte machen Sie auf angenehme Weise fit.
3. Auf der Trainingsliege wird mit einer sanften Wellenbewegung der Kreislauf angeregt.
4. Durch die vierte Übung werden Pfunde an Bauch und Hüften weggeschmolzen.
5. Der Po-Trainer kann Orangenhaut an den Oberschenkeln abbauen.
6. Durch die Klappmesser-Übung werden Sie bis zu 20 Pfund abnehmen.
7. Nach dem Training dürfen Sie sich noch unter dem Solarium die richtige Urlaubsbräune holen.

AUFGABE **11**

Die Waikiki-Bucht ist weltberühmt.
Dieser Urlaub ist wunderschön.
Die Sandstrände sind glitzernd-schwarz.
Die Palmen sind riesig.
Die Straßen von Honolulu sind verwinkelt.
Die Spezialitäten der Köche aus China sind köstlich.
Der Naturpark Sea Life ist herrlich.
Die Delphine sind gezähmt.
Die Fische sind farbenprächtig.
Der Himmel ist tropisch-blau.
Die Tanzdarbietungen der Eingeborenen sind fröhlich.

2 Subjekt

AUFGABE **1**

1. Angelika Hofer hat etwas Angst.
2. Frau Hofer lernte die Gänsesprache.
3. Die Gänsemutter begrüßt ihre Kinder mit „Gang-Gang".
4. Die fünf Streifengänse sehen jeden als Artgenossen an.
5. Sie konnten von Haus aus schwimmen.

AUFGABE **2**

Eine Katze miaut. Eine Taube gurrt. Ein Frosch quakt. Ein Hahn kräht. Ein Hund kläfft. Eine Biene summt. Ein Schwein grunzt. Ein Stier brüllt. Eine Lerche tirilliert.

AUFGABE **3**

1. Die Tür springt auf. Die Mutter springt auf.
2. Das Streichholz brennt. Der Schnaps brennt.
3. Der Hund leckt. Der Eimer leckt.

AUFGABE **4**

Bereits 1980 wurde in Kalifornien ein Kaugummi zu einer riesigen Blase aufgepustet. Er erreichte den sagenhaften Durchmesser von 48,9 cm! Bis heute hat niemand diese Superleistung übertreffen können. Aber dein Lehrer darf dich beim Training in der Schule nicht erwischen.
An der Haltestelle wartet der große Fußballstar Pele Knallschuh auf seinen Bus. Wie im Training übt er das schnelle Dribbeln. Das sieht eine alte Dame. Da geht sie auf ihn zu und sagt: „Junger Mann! Dort drüben ist eine Toilette."

AUFGABE **5**

So bastle ich ein Kaleidoskop
Am besten du besorgst dir drei kleine Spiegel (20 cm lang, 4 cm breit). Billiger ist allerdings Spiegelfolie. Außerdem werden Pappe, Buntpapier oder bunte Glasscherben und Haushaltsfolie benötigt.
Zunächst werden die Spiegelteile zu einem Dreieck zusammengestellt und mit Klebebändern festgemacht. Ein Ende wird dann mit der durchsichtigen Haushaltsfolie verschlossen. Nun füllst du die dreieckige Röhre mit den bunten Glasscherben oder Papierschnipseln. Zum Schluss wird die Folie auch über dem anderen Ende befestigt.

AUFGABE **6**

Substantiv: Dreieck, Kanten, Halme, Folie, Luft, Flugbahn
Pronomen: du, man, ich

AUFGABE **7**

Verb: still sitzen, fliegen, zwitschern, überleben wollen
Adverb: auf und nieder, heute
Adjektiv: jung, stark

AUFGABE **8**

Es (2) geschah vor vielen Jahrhunderten in Ägypten. Eine Dienerin hatte aus Schlamperei einen frischen Teig vergessen. Man muss wissen: Dort ist es (2) sehr feucht und warm. Es (3) war über Nacht aus dem flachen Fladen ein runder Laib entstanden. Es (2) ist schade darum, dachte sich die Dienerin und legte das Teigstück in den Backofen. Durch das Backen war es (1) noch schöner geworden und außerdem hatte es (1) einen würzigen Geschmack bekommen. Ein Hinweis noch: Es (3) wird nicht jede Schlamperei so schön belohnt!

3 Schlusstest: Prädikat und Subjekt

TEST 1

1. Der Neuntöter spießt seine Beute auf Dornen auf.
2. Das Wintergoldhähnchen zieht im Winter nicht nach Süden.
3. Die Bartmeise trägt einen „Backenbart".
4. Der Seggenrohrsänger braucht Sümpfe mit Schilfrohr und Riedgräsern.
5. Der Distelfink frisst gerne Samen von Disteln.
6. Die Klappergrasmücke hängt an ihren Gesang ein klapperndes Trillern an.

TEST 2

1. Der Hafer/das Messer sticht.
2. Der Blindenhund/die gegnerische Mannschaft führt.
3. Der Vogel/der Schüler fliegt.
4. Der Hase/die Nase läuft.

TEST 3

1. Im ersten Spiel unter Trainer Peter Neururer kam Alemannia Aachen zu einem 0:0 beim Aufstiegskandidaten Darmstadt 98.
2. Noch einige tausend Sitzplatzkarten sind für das Europapokal-Spiel FC Bayern gegen Real Madrid in der Geschäftsstelle erhältlich.
3. Die DFB-Meisterschale wird Werder Bremen bereits nach dem letzten Heimspiel gegen den Hamburger SV verliehen.

TEST 4

Ein Esel begegnete auf der Straße einem weinenden Schwein. „Du weinst. Warum?", fragte mit Anteilnahme der Esel. „Alle Menschen beschimpfen die anderen mit meinem Namen. Jeder Betrüger wird ein Schwein genannt.
Allen Verbrechern gibt man den Namen Schwein." Der Esel überlegte lange und bemerkte dann: „Das ist wirklich eine riesige Schweinerei!"

TEST

5

Maggie Aston, eine ältere englische Dame, hat kürzlich an ihrem 100. Geburtstag eine freudige Überraschung erlebt. Die ganze Familie und das ganze Dorf wollten der alten Dame gratulieren.
Doch in ihrer Geburtsurkunde konnte sie etwas Angenehmes entdecken.
Sie wird erst im nächsten Jahr hundert Jahre alt sein.
„Ich bin entzückt. Da sieht man immer so alt aus."

TEST

6

Chamäleon	Substantiv	Elefant	Substantiv
der	Pronomen	ich	Pronomen
Entscheidung	Substantiv	du	Pronomen
Artgenossen	Substantiv	Chamäleon	Substantiv
Gegner	Substantiv	Dickhäuter	Substantiv
er	Pronomen	ich	Pronomen
Chamäleon	Substantiv	du	Pronomen
jener	Pronomen	Schlaumeier	Substantiv

4 Akkusativobjekt

AUFGABE

1

1. Man spült den Mund aus.
2. Eine Spinne wird Schmerzen vertreiben.
3. Die Asche einer Schlage verschafft Linderung.
4. Die Sandkörner beruhigen hohle Zähne.
5. Öl mit Spatzenmist verjagt den Schmerz.

AUFGABE

2

Der Hase jagt die Maus.
Der Hund jagt den Hasen, die Katze, die Maus.
Die Katze jagt den Hasen, den Hund, die Maus.
Der Hund verbellt den Hasen, die Katze, die Maus.
Der Elefant zertritt die Fliege.
Die Fliege sticht den Elefanten, den Löwen.
Der Löwe zertritt die Fliege.

AUFGABE 3

1. Ich sehe dich/Sätze/den Honig/~~nicht/fern~~/das Radio/~~zwei Engel~~
2. Ich höre das Plätschern des Baches/meinen Vater/~~die Rose~~
3. Ich rieche das ~~Knistern des Feuers~~/frisches Heu/~~Sterne/gut~~
4. Ich ertaste dich/den Regenwurm,/~~die gute Luft~~/den Spinat/~~oben~~
5. Ich schmecke die Schweinshaxe/~~alles Viereckige/das Rascheln~~

AUFGABE 4

Auch ein altes Huhn gibt eine gute Brühe.
Man soll bei Regenwetter nicht Bohnen säen.
Gutes Land braucht halben Samen.
Nicht jedes Froschgeschrei zieht Regen herbei.

AUFGABE 5

Subjekte: erwachsene Elefanten, 200 kg Grünfutter, Dickhäuter, sie, die hitzeempfindlichen Dickhäuter, die kleinen Elefanten
Akkusativobjekte: ein Gewicht von sechs Tonnen, 100 verschiedene Pflanzen, die Jumbos, eine Wassermenge von 150 Litern, das Wasser

AUFGABE 6

Substantiv: eine Zwiebel, eine Zitrone, einen Pinsel, die Geheimbotschaft, die Schrift
Pronomen: sie, sie, es

AUFGABE 7

Die Marionettenkleidernäherin berichtet von ihrer Arbeit: „Ich mache die Kostüme in der Schneiderwerkstatt. Hier ziehe ich die nackten Holzmarionetten an. Zuerst nehme ich genau Maß. Dann übertrage ich die Maße auf den Stoff. Erst nach mehreren Stunden habe ich die Marionetten märchengerecht angezogen. Ich schneide die Form aus, und dann lege ich das Kleid um die Marionetten. Schließlich erledige ich die letzten Feinarbeiten und nähe die Stoffteile fest. So habe ich aus einem einfachen Stoff das Gewand einer Prinzessin hergestellt."

AUFGABE 8

Kranke lässt der Kapitän im Hafen zurück. Seeräuber kennen die Fahrwege von reichen Händlern und Kaufleuten sehr genau. Schon von weitem hören sie das Knattern der Segel und riechen das Gold. Dann entern sie das reich beladene Schiff. Sie töten jeden, schleppen alles Wertvolle von

Bord und setzen es in Brand. Keiner wird sich wohl das Gestern herbeiwünschen.

AUFGABE **9**

Pronomen: sie, ihn
substantiviertes Adjektiv: die Kräftigsten und noch Unverletzten
substantiviertes Verb: das Schießen

5 Genitiv- und Dativobjekt

AUFGABE **1**

1. Der Elefant huldigt dem König.
2. Manche Könige bedienten sich der Elefanten im Krieg.
3. Ihren Herren dienen die Elefanten mit großer Treue.
4. Elefanten helfen auch schwächeren Tieren.

AUFGABE **2**

Du drohst mir/dem Meerschweinchen/der Erbtante.
Du glaubst mir/der Erbtante.
Du winkst mir/dem Luftballon/dem Meerschweinchen/der Erbtante.
Du ähnelst mir/dem Meerschweinchen/der Erbtante.
Du begegnest mir/dem Meerschweinchen/der Erbtante.

AUFGABE **3**

1. transitive Verben: spielen, haben, besorgen, bringen
   intransitive Verben: schlecht gehen, helfen
2. transitive Verben: veranstalten, bereichern, darstellen, vertreiben
   intransitive Verben: gefallen, einfallen, entkommen

AUFGABE **4**

Gold (N) ist ein wichtiges Heilmittel. Man hängt Gold (A) Kindern um den Hals, so macht es Gift unwirksam. Gold (D) wohnt allerdings auch eine schädliche Kraft inne: Gold (N) schadet dem Eierlegen der Hühner. Du wendest die Gefahr auf diese Weise ab: Gold (A) abwaschen und die Tiere mit dem Wasser besprengen. Gold (A) mit Honig gekocht brauchen auch Leute mit Verdauungsschwierigkeiten. Manche schreiben Gold (D) noch eine andere Wirkung zu: Es bringt Warzen zum Verschwinden. Gold (A) kannst du auch reinigen: Du röstest das Gold (A) mit zwei Teilen Salz und einem Teil Schiefer.

AUFGABE **5**

1. Lichtmess (2. Februar) trüb
   ist dem Bauern lieb. — Dativ
2. Märzen trocken
   bringt den Bauern auf die Socken. — Akkusativ
3. Mairegen auf die jungen Saaten
   klingt den Bauern wie Dukaten. — Dativ
4. Gewitter im Mai,
   da singen die Bauern juchhei! — Nominativ
5. Der Augusti (August)
   macht die Bauern lusti (lustig). — Akkusativ

AUFGABE **6**

1. Ich ziehe unter großer Anstrengung meinen Mantel aus.
2. Ich gewöhne mir gezwungenermaßen den Kopfhörer ab.
3. Ich erwarte geduldig die göttliche Eingebung.
4. Ich ergreife wieder meinen Kopfhörer.
5. Ich brauche dringend die innere Ruhe.
6. Ich weise die Frage des Lehrers zurück.
7. Ich gebrauche dazu eine gepflegte Ausdrucksweise:
8. „Ich habe – was das kleine Einmaleins betrifft – eine andere Meinung als Sie, mein verehrter Meister der Mengenlehre.“

AUFGABE **7**

1. Am Anfang der Stunde trauert man dem vergangenen Wochenende nach.
2. Nach einer ausführlichen Gedenkminute hört die ganze Klasse dem Lehrer dann doch aufmerksam zu.
3. Bei einer besonders schwierigen Aufgabe an der Tafel hilft dir ein freundlicher Nachbar.
4. Für die richtige Antwort applaudieren dir einige Mitschüler kräftig.
5. Und deine Freundin blinzelt dir heimlich zu.
6. Der Lehrer entspricht dem Wunsch nach ganz wenig Hausaufgaben.
7. Ihm stimmen alle freudig bei.

6 Präpositionalobjekt

AUFGABE **1**

1. Der Mensch gräbt nach Gold und Silber.
   Er sucht Edelsteine.

2. Der Mensch erforscht das Innere der Erde.
   Er steigt ins Innere.
3. Möge der Mensch die Zukunft bedenken.
   Er soll an seine Kinder und Kindeskinder denken.

AUFGABE 2

a) vertrauen auf
b) anfangen mit
c) bestehen aus
d) gehören zu
e) sorgen für
f) achten auf

AUFGABE 3

Ärgern Sie sich nicht über Fischgeruch (A)! Spülen Sie das Geschirr kalt ab und vertrauen Sie auf den frischen Zitronenduft (A).
Gehen Sie mit Kräutern (D) sorgsam um!
Freuen Sie sich auf leckeren Pudding (A)! Greifen Sie ruhig nach der Zuckerdose (D).
Plagen Sie sich nicht mit zähem Knabbergebäck (D) ab!
Erfahrene Hausfrauen schwören auf einen einfachen Trick (A):

AUFGABE 4

1. Ich arbeite an einer schwierigen Bastelei.
   Ich arbeite gegen die Uhr.
2. Ich spreche über mein Hobby.
   Ich spreche für meinen Freund.
3. Ich sterbe an Langeweile.
   Ich sterbe für Erdbeeren mit Vanilleeis.
4. Ich streite um mehr Taschengeld.
   Ich streite mit meinem Freund.
5. Ich schreibe an einem Aufsatz.
   Ich schreibe über mein schönstes Tiererlebnis.
6. Ich urteile nach Gefühl.
   Ich urteile über meinen Freund.

AUFGABE 5

1. Ich höre das Zwitschern der Vögel.
   Ich höre mit der Arbeit auf.
2. Ich breche den Stab.
   Ich breche aus dem Gefängnis aus.
3. Ich halte den Dieb.
   Ich halte mich an deinen Ratschlag.
4. Ich nehme beim Frühstück viel Zucker.
   Ich nehme an Gewicht zu.

5. Ich stelle die Uhr ein.
   Ich stelle mich auf die Arbeit ein.
6. Ich hüte die Schafe.
   Ich hüte mich vor den wilden Tieren.
7. Ich drücke die Daumen.
   Ich drücke mich vor der Arbeit.

AUFGABE 6

Auf der ganzen Welt strebt man nach Gold. Schon vor Jahrhunderten forschten viele Abenteurer in den Bergen nach dem wertvollen Metall. Sie erkundigten sich bei allen Leuten und achteten auf jeden Stein. Denn schon in der obersten Erdschicht stießen manche häufig auf kleine Goldkörner. Selbst in der Nacht hörten sie nicht mit ihren mühevollen Arbeiten auf. Leider dachten sie an die Folgen nicht. Oft stürzten die unterhöhlten Berge ein, und man musste um viele Opfer trauern.

7 Schlusstest: Objekte

TEST 1

transitive Verben: bevölkern, haben
intransitive Verben: ähneln, sein, gleichen, schmecken

TEST 2

Für die Geheimschrift brauchst du nur den Saft einer Zitrone.
Deshalb zerdrückst du eine Zitrone.
Mit dem Saft schreibst du die geheime Botschaft.
Mit einem Bügeleisen erwärmt dein Freund dann das Papier.
Die Buchstaben werden braun.
So erfährt er dein Geheimnis.

TEST 3

entfernt Zahnbeläge	Akkusativ
verhindert Zahnsteinbildung	Akkusativ
kräftigt das Zahnfleisch	Akkusativ
gehört zur täglichen Zahnpflege	Dativ
schützt vor Karies	Dativ
sorgt für glatte Zähne	Akkusativ
riecht nach Pfefferminz	Dativ
eignet sich auch zur Vorsorge	Dativ

TEST **4**

Du weist das Publikum auf deine leeren Hände hin und entfernst dann langsam das Tuch. Alle beobachten dich aufmerksam: Du hast die Münze tatsächlich in Luft zergehen lassen. Das Publikum bestaunt deine Zauberkräfte.

TEST **5**

Zu diesem Trick wird ein Helfer benötigt. Ihm muss blind vertraut werden können. Du wirst (von ihm) bei deinem Kunststück unterstützt. Ganz am Ende wird er (von dir) aufgerufen. Dabei wird (von ihm) heimlich die Münze weggenommen. Aber es wird dir, dem großen Meister, applaudiert.

TEST **6**

Im Nordwesten Indiens werden die größten und dicksten Turbane getragen. Ein Turban ist einfach ein meterlanger Schal aus dünner Baumwolle. Es wird dem Sohn vom Vater beigebracht. In einem Turban kann alles Mögliche untergebracht werden. Von einigen ist er auch als Seil bei der Flucht vor bösen Feinden verwendet worden. Von einem echten Inder wird sein Turban nicht einmal zum Schlafen abgelegt.

TEST **7**

Urmenschen (N) haben schon vor 400 000 Jahren eine sehr wichtige Erfindung (A) gemacht. Die Erfindung (N) bestand darin, einen Stein (A) zu einem scharfen Messer (D) zu machen. Einem begabten Urmenschen (D) war Folgendes eingefallen: Man bearbeitet einen Stein (A) auf beiden Seiten mit einem andern; dadurch splittern kleine Teile ab. Schließlich entsteht ein Stein (N) mit einem stumpfen Ende und scharfen Kanten. Ein solches steinernes Messer (A) nennt man Faustkeil. Diese Erfindung (A) machte man zuerst in Afrika. Erst nach Tausenden von Jahren wurde der Faustkeil von den Urmenschen (D) auch nach Europa gebracht. Das steinerne Messer (N) wurde immer größer und schärfer. In Höhlen wurden Messer (N) mit einer Länge von 60 cm gefunden.

8 Adverbial

AUFGABE **1**

1. Ich folge dem Lauf des Flusses 70 Schritte ins Landesinnere.
2. Ich wende mich nach Norden.
3. Ich finde einen Felsenspalt in der Schulterhöhe eines Mannes.

4. Ich stecke ein Brecheisen in diesen Spalt.
5. Der Schatz liegt verborgen hinter einer Felsentür.
6. Den Schatz hat ein schottischer Kapitän vergraben, auf einer einsamen Cocos-Insel westlich von Costa Rica.

AUFGABE 2

Im Jahre 1492 wurde Amerika von Christoph Kolumbus entdeckt. Unter Lebensgefahr landete er auf der Insel San Salvador. Heute kannst du in seinem Bordtagebuch die spannenden Abenteuer dieses berühmten Seefahrers ganz gefahrlos miterleben.

AUFGABE 3

lokal: über die Alpen, in Richtung Italien
temporal: mal, wieder, vier Wochen, rechtzeitig
modal: ungern, vielleicht, zu Fuß, auf eigene Faust, mit dem Rucksack
kausal: mit dem Auto, deshalb

AUFGABE 4

wegen des unnachahmlich frischen Geschmacks/durch die deutlich gesenkten Preise/zu Ihrer Bequemlichkeit/dank eines alten Geheimrezepts/für Ihr Wohlbefinden/gegen frühe Altersbeschwerden

AUFGABE 5

lokale Sinnrichtung: weithin, in Afrika, bis zu 40 Kilometer, von der Mitte eines Flusses aus, von dort, vom Land aus
temporale Sinnrichtung: bis auf den heutigen Tag, noch, oft

AUFGABE 6

Früher besiedelte die Kiefer die Kältesteppen.
Später breitete sie sich schnell überall aus.
Danach wurde sie leider durch die Laubbäume aus dem Wald verdrängt.
Aber die Kiefer kann auch woanders überleben.
Sie hat sehr tiefe Wurzeln.
Dadurch gibt es die Kiefer auch heute noch.

AUFGABE 7

Mit angenehmer Dudelmusik aus dem Radio beginnt der Tag. Ganz langsam stehe ich auf. Ausgeruht gehe ich ins Bad und dusche mich mit einem

Lied auf den Lippen. Ohne alle Eile ziehe ich mich an. Mein Frühstück nehme ich im Liegen ein. Gut gelaunt trete ich auf die Straße. Alle Menschen blicken mich freundlich an.

AUFGABE
8

Adverbial:
in meinem Schrank
nach Arbeit, Stress und Studium
auf den Zähnen
von der Wand
Präpositionalobjekt:
brech' ich in Entzücken aus
seh' ich mich nach 'nem Ketschup um
verzichte auf Ruhm und Geld
red' ich vom Geldgewinn

9 Attribut

AUFGABE
1

1. Afonso Lopez (Subjekt) unser Lotse
2. Männer (Objekt) zwei junge kräftige
3. auf Befehl (Adverbial) des Kapitäns
4. ohne Bekleidung (Adverbial) irgendeine
5. Unterlippe (Objekt) durchbohrte
6. Knochen (Objekt) echte weiße

AUFGABE
2

unter allen den Menschen bekannten Dingen
den höchsten Wert
in tiefen Bergwerken
ein Begleiter des Goldes oder des Kristalls
die Macht des Feuers
die unzerstörbare Härte
durch das Blut eines Bockes
die unüberwindliche Kraft des Steines

AUFGABE
3

Der heutige Feinschmecker will mit einem fantasievollen Essen verwöhnt werden. Machen Sie deshalb Ihre abendliche Einladung zu einem Ereignis. Beginnen Sie mit einer scharfen indischen Suppe. Überraschen

Sie Ihre Gäste dann mit deftigen deutschen Spezialitäten: mit leckerem westfälischen Schinken oder gefüllten schwäbischen Maultaschen. Zum Abschluss empfehlen wir Ihnen eine besondere Eisbombe: Auf dem Boden einer porzellanenen Schale liegt ein Gutschein für ein erstklassiges Essen an einer gemütlichen Würstchenbude! Diesen Gag werden Ihre einfallslosen Gäste sicher nicht vergessen.

AUFGABE **4**

Im Pflanzendickicht ist die Gestalt des Tigers mit ihren dunklen Streifen auf dem gelben Grund kaum zu erkennen. Das gestreifte Zebra ist in den afrikanischen Steppen schwerer zu erkennen als das ungestreifte Gnu. In einer Landschaft ohne deutliches Muster, z. B. in einer Schneelandschaft, findet man häufig Tiere ohne Fellzeichnung. Mit schwarzen Flecken oder auffälligen Streifen auf ihrem Pelz würden sie von ihren hungrigen Feinden schnell entdeckt werden.

AUFGABE **5**

Adjektivattribut: frische, nährstoffreiche Böden/kleine Wurzeln/zunehmendes Alter/die alten Griechen/eine immergrüne Pflanze/die frühen Christen/abgeschnittene Efeuzweige
Genitivattribut: an den Stämmen der Bäume/an den Rinden der Bäume/die Form seiner Blätter/dem Gott des Weines/Sinnbild der Unsterblichkeit der Seele

AUFGABE **6**

in den vergangenen Tagen, von meiner Rückkehr, aus den neuen Ländern, unter dem Befehl des allerdurchlauchtigsten Königs von Portugal, mit gutem Grund, die Neue Welt, keines dieser Länder, unseren Vorfahren

AUFGABE **7**

Subjekt: Die Stufen aus Korallen in diesem Palast, prächtige Teppiche, das seidene, perlenverzierte Bettzeug, die Damen des Palastes
Objekt: einen goldglänzenden Körper, alle erdenklichen Reichtümer, den mit Smaragden verzierten Fußboden, ihr eigenes Spiegelbild
Adverbial: im prachtvollen Palast des Himmelskönigs Indra, über alle Maßen, unter dem melodischen Klang der Fußglöckchen, im weiträumigen Palast, in glitzernden Edelsteinen

AUFGABE **8**

Adverbial: ohne Kraftaufwand, für später, vielleicht, mit 25 €, bereits, gesetzlich
Attribut: in Nürnberg, merkwürdige, individueller, für den Finger, ersten, in Weichplastik, des Fingers, sicheren

AUFGABE 9

Wir alle kennen ihn, den ostfriesischen Zappelphilipp, aus Film und Fernsehen. Mit seiner Stimme, einer Mischung aus Jodlern und Jux, reißt er sein Publikum immer wieder zu Beifallsstürmen hin. Seinen spindeldürren Körper, ein Durcheinander von Armen und Beinen, benützt er wie eine Marionette. Mit seinen Witzen, seinem trockenen Humor von der Waterkant, macht er sich über sich selbst und andere lustig. Ihn, Deutschlands größten Witzbold, kennst du sicher auch.

10 Schlusstest: Satzteile

TEST 1

1. Subjekt
2. Attribut
3. Objekt
4. Subjekt
5. Objekt
6. Attribut

TEST 2

1. Den Pferden schmeckt Hafer am besten.
   Hafer schmeckt den Pferden am besten.
   Am besten schmeckt den Pferden Hafer.
2. Dem Pferd nähert man sich am besten vom Schweif her.
   Am besten nähert man sich dem Pferd vom Schweif her.
   Vom Schweif her nähert man sich dem Pferd am besten.
   Man nähert sich dem Pferd am besten vom Schweif her.

TEST 3

1. die Hufe der Pferde, nach dem Ritt, man.
2. den Schwanz des Pferdes, Schweif, man.

TEST 4

1. Das Wandern – ist – des Müllers Lust.
2. Im schönsten Wiesengrunde – steht – meines Vaters Haus.
3. Ein Vogel – wollte – Hochzeit – machen – in dem grünen Walde.
4. Ein Männchen – steht – im Walde – ganz still und stumm.
5. Häschen in der Grube – saß und schlief.

TEST 5

1. Kleines grünes Tier (Subjekt) wird geküsst (Prädikat).
2. Armes graues Mädchen (Sbjekt) tanzt (Prädikat) mit einem goldenen Schuh (Objekt).

3. Zwei Geschwister (Subjekt) finden (Prädikat) in einem finsteren Wald (Adverbial) ein Haus (Objekt) aus einem merkwürdigen Material (Attribut).
4. Eine sehr müde Königstochter (Subjekt) schläft (Prädikat) hinter einer Dornenhecke (Adverbial).
5. Ein Haustier (Subjekt) stiefelt (Prädikat) durch die Landschaft (Präpositionalobjekt).

TEST 6

Der wohlschmeckende Hustensirup Keuch schützt vor Husten und Heiserkeit.
Die Pflegecreme für die moderne Frau strafft das Gesicht.
Unsere in Kliniken erprobte Zahnpasta verhindert Zahnfleischbluten.
Die natürliche Knoblauchbutter macht aus jedem Steak ein Festgericht.
Unser Abführtee Rapido bringt den Darm in Schwung.

TEST 7

1. Mir geht Taschengeld (N) ab.
2. Ich benötige Taschengeld (A).
3. Ich brauche Taschengeld (A).
4. Mir fehlt Taschengeld (N).
5. Mir mangelt es an Taschengeld (D).
6. Ich vermisse Taschengeld (A).

TEST 8

1. Kräuter	Subjekt
2. Ihre Kräfte	Subjekt
3. Beim Baden	Adverbial
4. Sanft	Adverbial
5. Die belebende Wirkung	Objekt
6. Ihre Lebensgeister	Subjekt
7. Acht verschiedene Naturbadekräuter	Objekt

TEST 9

Schon die Ägypter kannten Glas (Objekt), und die Römer schätzten Glas (Objekt) nicht nur als Fensterscheibe. Heute ist Glas (Subjekt) ein wichtiger Bestandteil des Bauens und Wohnens. Dem Glas (Objekt) verdanken Sie Wohnlichkeit und ungestörte Ruhe. Denn durch Glas (Averbiale) werden Verkehrslärm und Zugluft abgehalten.

Und am Abend verzaubert die Schönheit eines geschliffenen Glases (Attribut) Ihre festliche Tafel.
Ohne Glas (Adverbial) würde unser aller Leben ohne Glanz sein.

TEST
10

30 000 Arbeiter (Objekt) setzte der chinesische Kaiser (Subjekt) beim Bau der Großen Mauer ein. Doch ein kurzer Streckenabschnitt (Subjekt) trotzte allen Bemühungen (Objekt). Immer wieder stürzte die Mauer ohne ersichtlichen Grund (Adverbial) ein.
Der ratlose Kaiser (Subjekt) befragte die Götter und erhielt die überraschende Antwort (Objekt): „Lass Zehntausend (Wan) im Boden der Mauer begraben." Nach kurzer Überlegung (Adverbial) befahl er, einen Arbeiter mit dem Namen Wan (Zehntausend) zu begraben.
So rettete er durch den Tod (Adverbial) dieses Unglücklichen (Objekt) das Leben (Objekt) vieler (Objekt) und konnte den Bau der Großen Mauer vollenden.

TEST
11

Es begann im Reich der Mitte (Adv.). Im Jahre 1150 (Adv.) vor Christi Geburt (Attr.) gründete der Fürst Wenwang den ersten Zoo. Beim Anblick seiner Tiere (Adv.) erholte er sich von den Regierungsgeschäften. Den ältesten Zoo in Europa (Attr.) findet man in Wien. Franz I. von Österreich (Attr.) eröffnete ihn bereits im Jahre 1752 (Adv.). In Deutschland (Adv.) hat Berlin den ältesten Zoo. Die ersten Freianlagen entstanden in Hamburg (Adv.).

TEST
12

Objekt: zu einem Erlebnis, auf Sie, über den größten Fährschiffhafen Europas
Adverbialien: durch das Herzogtum Lauenburg , in diesem Land, auf einer Insel inmitten der Seenplatte
Attribute: aus Wäldern und Seen, von Mölln, Ratzeburg, Lübeck und Lauenburg, zum europäischen Norden

1 Hauptsatz

AUFGABE 1

1. Ich frage dich:
   Willst du zaubern lernen?
   Wie viele Papierringe entstehen?
   Wie macht man das?

2. Ich fordere dich auf:
   Warte mal ab!
   Nimm das Ende des Papierstreifens, drehe es einmal herum und klebe es dann am Anfang fest!
   Schneide jetzt den Papierstreifen der Länge nach durch!

3. Ich stelle fest:
   Ich habe hier einen Ring aus einem Papierstreifen.
   Ich schneide ihn der Länge nach in der Mitte durch.
   Es ist ein einziger Ring geblieben.

2 Aussagesatz

AUFGABE 1

Ein Brötchen kostet 25 Cent.
Ich komme aus Berlin.
Am Montag ist das Museum geschlossen.
Du kommst zu Fuß zum Bahnhof.
Der Fahrschein gilt zwei Stunden lang.
Der Bus fährt zum Marktplatz.
Du musst in Verona umsteigen.

3 Aufforderungssatz

AUFGABE 1

1. Schneide von einer Rolle Krepppapier eine kleine Rolle ab!
2. Klebe am Ende des zweiten Streifens eine kleine Tasche an!
3. Stecke in diese Tasche den ersten zusammengefalteten Streifen!
4. Nimm den Streifen mit der Tasche in die rechte Hand!

AUFGABE 2

1. Achtung! Steht still!
2. Augen rechts! Hände auf den Tisch!
3. Rührt den Vanillepudding! Esst langsam!
4. Abtreten zum Spülen! Spült das Geschirr!

AUFGABE 3

Fahrt!	Falle!	Fische!	Fracht
Kerne	Klage!	Kreise!	Küsse!
Sätze	Schätze!	Schneide!	Sprache

AUFGABE 4

1. Geh vom Mittelpunkt hundert Schritte nach unten!
2. Mach eine Vierteldrehung nach links und geh in dieser Richtung ebenfalls 100 Schritte weit!
3. Wiederhole dies zweimal!
4. Mach drei Vierteldrehungen nach rechts!
5. Bewege dich 70 Schritte nach vorne!
6. Vollführe eine Vierteldrehung nach rechts und marschiere nochmals 70 Schritte nach vorne!
7. Bleib stehen und betrachte dein Kunstwerk!

(Es wurde ein Haus gezeichnet.)

AUFGABE 5

An Klausi, deinen Bruder: Hol einen Topf! Fülle ihn halb voll mit Wasser! Bring das Wasser zum Kochen!
An Patricia, deine Freundin: Gieß das kochende Wasser über den Reis! Lass ihn in 1 Liter guter Milch mit etwas Salz leise kochen! Rühre dabei häufiger um!
An Klausi und Patricia: Fügt in der letzten Viertelstunde 50 g Butter und zwei Esslöffel Zucker hinzu! Bestreut den Reis beim Anrichten dick mit Zucker und Zimt!
An Klausi, Patricia und mich selbst: Setzen wir uns an den Tisch! Nehmen wir den Löffel in die Hand! Genießen wir die Köstlichkeit ganz langsam!

AUFGABE 6

1. Ich will keine gut aussehende, athletische V-Form entwickeln.
2. Ich will keine schmale Taille formen.
3. Ich will keine neue Kraft in Schultern und Rücken packen.

4. Ich will nicht frisch starten und nach dem Erfolg greifen.
5. Ich will nicht mein persönliches Fitness-Programm wählen.
6. Ich will die Kraftmaschine Superman nicht 14 Tage lang testen.

AUFGABE 7

1. Sag zu einem Bären auf einer Brücke „Onkel“, bis du das andere Ufer erreicht hast!
2. Blas auf die Suppe, bevor du sie isst!
3. Gib Acht, wenn du den Kopf neigst!
4. Roll die Zunge siebenmal, bevor du sprichst!
5. Hol dir einen Schirm, bevor du nass wirst!
6. Überquer den Strom nicht, wenn du den Übergang nicht kennst!
7. Schau, bevor du springst!

AUFGABE 8

Parken Sie nicht auf unbefestigten Plätzen wie Feldwegen oder Wiesen!
Stellen Sie keine Anhänger an Uferabschnitten ab!
Befahren Sie keine Vogelschutzgebiete!
Ankern Sie nicht in der Nähe von Laichplätzen!
Betreten Sie keine Kies- und Schlammbänke!
Beachten Sie die Verbots- und Gebotsschilder!

AUFGABE 9

1. Man nehme ein Fass Wasser und bringe es zum Kochen!
2. Darauf reibe man eine Zichorienbeere an einer Kaffeebohne und gebe Erstere in das Wasser!
3. Man lasse den Sud abkühlen!
4. Dann schirre man die Überreste einer ehemaligen Kuh vom Pflug los, gebe sie in eine Presse und füge einen Löffel von diesem blassblauen Saft, den die Deutschen Milch nennen, dem kalten Kaffee bei!
5. Man mildere aber dessen schädliche Kraft mit einem Eimer lauwarmen Wassers und läute zum Frühstück!
6. Schließlich genieße man maßvoll und binde sich zum Schutz gegen zu starke Erregung ein nasses Tuch um den Kopf!

4 Fragesatz

AUFGABE 1

1. ja 2. Das Stückchen Kork gibt man bereits vor der Vorstellung in die Flasche 3. nein 4. Auf die Reihenfolge der Handgriffe

AUFGABE 2

1. Wie viel Uhr ist es? 10 vor 12
2. Können Sie mir ein Eurostück wechseln? Leider nein.
3. Hast du Lust auf ein Eis? Ja immer.
4. Wo finde ich das Deutsche Museum? Auf einer Insel.
5. Fahren wir mit der U-Bahn oder gehen wir zu Fuß? Zu Fuß.
6. Wann haben die Museen geschlossen? Am Montag.
7. Möchtest du in München oder in Hintertupfing leben? In München.

AUFGABE 3

1. Ergänzungsfrage
2. Entscheidungsfrage
3. Ergänzungsfrage
4. Ergänzungsfrage
5. Ergänzungsfrage
6. Entscheidungsfrage
7. Ergänzungsfrage

AUFGABE 4

Wo waren Sie gestern Abend? Nicht zu Hause.
Was haben Sie getan? Ich hab' mir einen Film angesehen.
Welchen Film haben Sie sich angeschaut? Einen Tierfilm.
Hat Sie jemand dabei gesehen? Das weiß ich nicht genau.
Wann war die Vorstellung zu Ende? Um 22 Uhr.
Haben Sie ein Taxi oder die Straßenbahn benützt? Ein Taxi.
Haben Sie die Gummibärchen gestohlen? Bei meinem Ehrenwort: Nein!

AUFGABE 5

Welches E findest du bei einem Grautier und in deinen Büchern? Eselsohr
Welches T tragen Damen und suchen Menschen manchmal auf? Toilette
Welches B haben manche Männer, aber alle Schlüssel? Bart
Über welches N freut sich der Musiker, aber der Schüler nicht immer? Note
Welches K haben Hühner am Kopf und Menschen in der Tasche? Kamm
Mit welchem G werden Rinder angespannt und wird Rindfleisch aufgetragen? Geschirr

AUFGABE 6

1. „Hattest du in England Schwierigkeiten mit deinem Englisch?" „Ich nicht, aber die Engländer."

2. „Weißt du, warum die Amerikaner eine andere Uhrzeit haben?“
„Natürlich, Amerika wurde doch viel später entdeckt!“
3. „Warum hast du einen Verband um den Kopf?“
„Ich habe mir meine Amerikareise aus dem Kopf geschlagen.“
4. „Scheint in Florida wirklich an 365 Tagen die Sonne?“
„Ja. Und in manchen Jahren scheint sie noch häufiger.“

AUFGABE 7

1. Wann hat Kolumbus einen neuen Erdteil entdeckt? 1492
2. Wo ist er mit vier Schiffen am 10. Oktober gelandet? Auf der Insel San Salvador
3. Wie oft unternahm er in den darauf folgenden Jahren noch die abenteuerliche Reise übers Meer? Dreimal
4. Wie starb Kolumbus im Jahre 1506? Verarmt und von allen vergessen
5. Wer hat dem neuen Erdteil seinen Namen gegeben? Amerigo Vespucci

AUFGABE 8

1. Wer hat Amerika entdeckt? (Ergänzungsfrage) Kolumbus
2. Wurde Amerika durch Zufall entdeckt? (Entscheidungsfrage) Ja
3. In welchem Jahr wurde Amerika entdeckt? (Ergänzungsfrage) 1492
4. Welche Insel wurde zuerst entdeckt? (Ergänzungsfrage) San Salvador
6. Wusste Kolumbus, dass er einen neuen Erdteil entdeckt hatte? (Entscheidungsfrage) Nein

5 Schlusstest: Hauptsätze

TEST 1

a) <u>feststellen:</u>
Ich gehe nicht mehr in die Schule. Die Lehrerin ist ein bisschen blöde. Dauernd fragt sie uns. Ich werde auswandern.
b) <u>fragen:</u>
Weshalb willst du denn nicht mehr dahin? Wer versucht dich daran zu hindern?
c) <u>auffordern:</u>
Versuch nicht mich daran zu hindern! Nimm mich bitte mit!

TEST 2

1. Vergiss nicht, Tina anzurufen! (Aufforderung)
2. Tina hat angerufen. (Aussage)
3. Wann soll ich Tina anrufen? (Frage)

4. Ich muss Tina anrufen. (Aussage)
5. Hast du schon Tina angerufen? (Frage)
6. Ich will noch Tina anrufen. (Aussage)
7. Ruf endlich Tina an! (Aufforderung)
8. Hat Tina schon angerufen? (Frage)

TEST 3

1. Es gibt Halbpension.
2. Man kann die Küche mitbenützen.
3. Die Zimmer liegen im Hauptgebäude.
4. Die Kinder dürfen bei der Feldarbeit zusehen.
5. Ein Schwimmbad befindet sich in der Nähe.
6. Die Zimmer haben Zentralheizung.
7. Es besteht eine Busverbindung zum nächsten Ort.

TEST 4

Ich habe mich nicht auf falsche Freunde verlassen!
Ich bin gelassen geblieben!
Ich bin bei einem neuen Vorhaben vorsichtig zu Werk gegangen!
Ich habe mich nicht mit Kleinigkeiten aufgehalten!
Ich habe meine Vorbehalte gegen einen bestimmten Menschen überwunden!
Ich habe es in der Liebe auf einen Versuch ankommen lassen!
Ich habe mir fürs Wochenende nicht zu viel vorgenommen!
Ich bin Problemen im privaten Bereich nicht ausgewichen!
... und es hat alles nichts genützt.

TEST 5

Sei ganz Ohr!
Sperr die Ohren auf!
Schreib dir das hinter die Ohren!
Leg die Ohren an!
Leg dich aufs Ohr!
Schalte die Ohren auf Empfang!
Halte die Ohren steif!

TEST 6

Worte sind Schatten.
Schatten werden Worte.
Worte sind Spiele.
Spiele werden Worte.
Sind Schatten Worte?
Werden Worte Schatten?
Sind Spiele Worte?
Werden Worte Schatten?
Sind Worte Schatten?
Werden Spiele Worte?
Sind Worte Spiele?
Werden Schatten Worte?

6 Nebensatz

AUFGABE 1

1. Die Münze verschwindet, wenn das Gummiband sie blitzschnell in den Ärmel zieht.
2. Die Münze zauberst du wieder herbei, indem du nach der Münze im Ärmel greifst und sie am Gummiband hervorholst.

AUFGABE 2

Wer zaubern will, braucht einen richtigen Zauberhut. Ich sage dir, wie du einen Zauberhut selbst herstellst.
Du besorgst dir ein schönes Glanzpapier, von dem du einen Teil abschneidest. Er darf nicht breiter sein, als dein Kopf misst. Dann bindest du einen Bleistift an eine Schnur, die so lang wie der Papierbogen ist. Du hältst die Schnur an einem Ende des Papiers fest und fährst, wobei die Schnur gespannt ist, von der einen Seite des Papiers zur andern. Es entsteht ein Viertelkreis, der einem großen Tortenstück ähnlich ist.
Bevor du den Zauberhut endgültig zusammenbaust, kannst du ein paar bunte Papierschnipsel daraufkleben. Zum Schluss legst du eine Seite auf die andere, sodass ein spitzer Hut entsteht. Nun musst du nur noch die Längsseiten zusammenkleben.

AUFGABE 3

Wenn du chinesisch essen willst, musst du mit Stäbchen essen können. Mister Wang zeigt dir, was du tun musst. Du brauchst zwei dünne Stäbchen, die mindestens 20 cm lang sind. Das erste Stäbchen klemmst du so zwischen Daumen und Ringfinger, dass es in der Beuge zwischen Daumen und Zeigefinger liegt und dort etwa 5 cm nach hinten hinausragt. Das andere Ende liegt auf der Kuppe des Ringfingers, wo es mindestens 5 cm nach vorne hinaussteht. Mit dem Daumen drückst du es etwas fest, damit es nicht verrutscht.
Das zweite Stäbchen, das natürlich genauso lang ist wie das erste, wird nun hinzugefügt. Du hältst es, wie du es mit einem Bleistift gewöhnt bist, mit der Daumenspitze, dem Zeige- und Ringfinger. Achte darauf, dass die beiden Enden auseinander stehen, die Spitzen sich aber berühren.
Mit dem zweiten, beweglichen Stäbchen drückst du die Speisen, die immer klein geschnitten sind, gegen das erste Stäbchen. So kannst du sie, ohne dass du dich anstrengst, zum Mund führen. Nachdem du es ein paarmal geübt hast, kannst du sogar eine einzelne Erbse elegant verspeisen. Guten Appetit!
Relativsätze: was/die/wo/das/wie/die
Konjunktionalsätze: wenn/dass/damit/dass/ohne dass/nachdem

AUFGABE **4**

1. Im Frühling (Adverbial) beginnt die Natur sich zu regen.
2. Pflanzen können sehr genau das zunehmende Sonnenlicht (Akkusativobjekt) messen.
3. Der Trick (Subjekt) ist noch ungeklärt.
4. In Hamburg (Adverbial) blühen die Obstbäume am frühesten.
5. Das hellere Tageslicht (Subjekt) macht die Menschen fröhlicher und verträglicher.
6. Von den Zugvögeln kehren die Körnerfresser (Subjekt) zuerst zurück.

AUFGABE **5**

1. Wer A sagt, der muss auch B sagen.
2. Wer einmal lügt, dem glaubt man nicht.
3. Wer rastet, der rostet.
4. Wer zuletzt kommt, den beißen die Hunde.
5. Wer nicht arbeitet, der soll auch nicht essen.
6. Wer die Wahl hat, der hat die Qual.

7 Adverbialsatz

AUFGABE **1**

1. Ohne Berührung der Münze: ohne dass du die Münze berührst
2. Vor dem Beginn des Kunststücks: bevor du mit deinem Kunststück beginnst
3. Bei Kenntnis des Tricks: wenn man den Trick kennt
4. Nach der gewonnenen Wette: nachdem du die Wette gewonnen hast

AUFGABE **2**

1. Bevor ich ins Kino gehen möchte, telefoniere ich mit Trixi.
2. Ehe ich das Haus verlasse, verabschiede ich mich von meinem Vogel.
3. Während ich mir den Film ansehe, esse ich gebrannte Erdnüsse.
4. Während die Werbung läuft, schwärme ich vom letzten Urlaub.
5. Nachdem ich mir den Film angesehen habe, kaufen wir uns Pommes.
6. Nachdem wir die Pommes gegessen haben, ist uns schlecht.

AUFGABE **3**

1. Während der Spieler schnell anläuft, setzt er Geschwindigkeit in Kraft um.
2. Nachdem er kurz vor dem Ball abgebremst hat, spannt sich der Körper.

3. Bevor die Muskeln den Oberschenkel beschleunigen, ziehen sie sich am Bauch und an den Oberschenkeln zusammen.
4. Nachdem das Knie abgebremst worden ist, wird der Unterschenkel nach vorne geschleudert.
5. Während das Schussbein durchgezogen wird, drückt das Standbein nach.

AUFGABE **4**

gesunde Bergluft, damit jeder Atemzug Kraft gibt.
bräunende Sonne, damit die Haut den Urlaub spürt.
Wandern im Nationalpark, damit Sie Berg und Tal hautnah erleben.
Tennis, Golf, Reiten, damit der Spaß nicht zu kurz kommt.
natürliche Thermen, damit der Körper richtig auflebt.
weltberühmte Badetherapie, damit Sie immer jung bleiben.

AUFGABE **5**

In Gruppen von zwei bis vier Kindern lernt es sich leichter als alleine, weil (G) sich die Kinder gegenseitig helfen können. Da (G) der Druck durch eine erwachsene Person fehlt, sprechen sie offener miteinander. In kleinen Gruppen hat der Einzelne auch mehr zu sagen, sodass (F) er sich insgesamt besser beteiligt. Falls (B) einmal Schwierigkeiten auftauchen, können die Eltern immer noch helfend eingreifen. Obwohl (E) sich die Kinder an diese Art zu lernen erst gewöhnen müssen, sollten Eltern es einmal ausprobieren. Sie sollten nichts unversucht lassen, damit (Z) ihre Kinder etwas mehr Spaß an Hausaufgaben bekommen.

AUFGABE **6**

Vor mehr als 4000 Jahren machten Soldaten Tai Chi. Sie vollführten bestimmte Bewegungen für ihre Gesundheit. Schattenboxen ist ein Boxen ohne wirklichen Gegner. Heute machen Chinesen ihre Körperübungen in den Parks des Kaisers. Im Morgengrauen beginnen sie mit ihren eigentümlich langsamen Bewegungen. Bei ihren Atemübungen bringen sie ihren Körper ins Gleichgewicht.

8 Attributsatz

AUFGABE

1

1. Du versteckst die Karten, wie sie gemischt worden sind, hinter deinem Rücken.
2. Du sprichst die Worte, die jeder Magier kennt.
3. Ganz oben liegt tatsächlich die Karte, die du vorausgesagt hast.
4. Die unterste Karte kommt dadurch, dass du das Kartenpaket wie eben teilst, nach oben.

AUFGABE

2

Heinrich Bärenklau ist ein Mann, der Bären klaut.
Johanna Besenreiter ist eine Frau, die auf Besen reitet.
Roland Buchschmid ist ein Mann, der ein Buch schmiedet.
Konrad Eichenseher ist ein Mann, der Eichen sieht.
Gudrun Essenpreis ist eine Frau, die Essen preist.
Karl Faulstich ist ein Mann, der Faule sticht.
Brigitte Fetthauer ist eine Frau, die Fett haut.
Johannes Eisenbeis ist ein Mann, der Eisen beißt.
Klara Bürstenbinder ist eine Frau, die Bürsten bindet.

AUFGABE

3

Dies alles raubte man dem König:
die Halskette, die mit Gold verziert war
den Oberarmring, der mit einem Büschel Quetzalfedern geschmückt war
den Handgelenkriemen, der mit zwei Edelsteinen besetzt war
den Schellenring, der am Knöchel befestigt war
das Stirnblatt, das dreieckig aufragte
die Krone, die mit Türkissteinen verschönert war

AUFGABE

4

Bei den Indianern gab es einen Brauch, der auf uns ganz seltsam wirkt: Der König, der als Herrscher bestimmt war, musste sechs Jahre in einer Höhle, in die kein einziger Sonnenstrahl gelangen durfte, fasten. An dem Tag, an dem er gekrönt wurde, bestäubte man den zukünftigen Herrscher mit Gold, das man zu Pulver zermahlen hatte. Mit einem Floß, das reich geschmückt war, fuhr er auf den See hinaus. Dort, wo er am tiefsten war, warf er das ganze Gold hinein.

AUFGABE 5

Der gefährliche Stoff, der zur Tierjagd verwendet wird, stammt von dem Trieb einer Pflanze, der unter der Erde liegt. Die Cavere-Indianer finden die Wurzel in einem Landstrich, der Schlamm und fauliges Wasser hat. Für diesen Auftrag, der tödlich ist, suchen sie im Dorf eine Person, die bereits sehr alt oder krank ist. Beim Einkochen, das langsam vor sich geht, strömt Dunst aus, der den „Koch" schließlich vergiftet.

AUFGABE 6

Bücher (Objekt), die Sie nicht ständig zur Hand haben müssen, können Sie im Flur aufbewahren. Dort gibt es meist viel ungenutzten Raum (Objekt), den Sie für nichts anderes gebrauchen können.
Wir können Ihnen mit zwei Vorschlägen (Präpositionalobjekt), die vielleicht den Ärger mit den Büchern beseitigen, dienen.
Zunächst zeigen wir Ihnen eine Konstruktion (Objekt), bei der die Regalbretter an einer Seite auf den Treppenstufen aufliegen.
Eine andere Möglichkeit ist eine Art Zwischendecke (Subjekt), auf der Bücher untergebracht werden.
Vielleicht haben Sie auch einen Dielenschrank (Objekt), auf den Sie verzichten können.

9 Schlusstest: Nebensätze

TEST 1

1. Es ist richtig, dass die kleinsten Affenbabys nicht größer als Maikäfer sind.
2. Es ist richtig, dass ein Gepard, das schnellste Tier, vor allem bei Nacht jagt.
3. Es ist richtig, dass ein Wildschwein sogar einen Apfel, der in eine Folie eingewickelt ist, riecht.
4. Es ist richtig, dass ein Elefant täglich bis zu 200 kg Grünfutter frisst.
5. Es ist falsch, dass ein Tiger in Rudeln lebt.

TEST 2

Ich komme zu spät, Herr Lehrer,
1. weil der Gegenwind zu stark war.

2. weil ich von einer Schnecke angegriffen worden bin.
3. weil ich mit meinem Kanarienvogel Geburtstag feiern musste.
4. weil mein Lieblingshahn mich nicht weckte.
5. weil die U-Bahn sich verfahren hat.

TEST 3

1. Auf der Insel Haiti findet man viele Vogelarten, von denen viele essbar sind.
2. So gibt es die Buschhühner, denen man den Namen die „Bemalten“ gegeben hat.
3. Ihre Federn haben eine schwarz-weiße Zeichnung, die einem Tigerfell ähnelt.
4. Es gibt auch viele Papageien, die sich meist in der Nähe der menschlichen Behausungen aufhalten.
5. Dort nisten sie auf alten Palmen, in die vorher die Carpinteros, die „Zimmermädchen“, Löcher gehackt haben.
6. Diese Vögel höhlen mit ihrem Schnabel Bäume aus, an denen selbst die schärfsten Beile stumpf werden.

TEST 4

Nimm zwei leere Joghurtbecher, die (R) du natürlich vorher gesäubert hast, und steche den Boden jeweils mit einer Nadel in der Mitte durch! Ziehe einen Faden, der (R) ungefähr 10 m lang sein soll, von außen durch die beiden Löcher! Binde an beiden Enden ein Streichholz so an, dass (K) es quer am Boden liegt.
Bevor (K) du mit dem Telefonieren beginnst, musst du den Faden gespannt halten. Wenn (K) du in den Becher hineinsprichst, bringt deine Stimme den Boden des Joghurtbechers in Schwingung. Weil (K) diese Schwingungen über den gespannten Faden weitergegeben werden, hört dein Telefonpartner am anderen Ende des Fadens deine Worte.

TEST 5

temporale Sinnrichtung: wenn/bevor/während
lokale Sinnrichtung: wo
modale Sinnrichtung: indem/indem
kausale Sinnrichtung: falls/obwohl

TEST 6

Am Weihnachtstag 1492 fuhr Christoph Kolumbus zur Insel Punta Santa, auf deren Höhe er ankerte. Er ging früh zu Bett, weil er mehr als zwei

Tage nicht geschlafen hatte. Der Steuermann übergab einem unerfahrenen Schiffsjungen das Ruder, obwohl Kolumbus dies verboten hatte. Als sich alle niedergelegt hatten, war das Meer so glatt wie Öl. Da lief das Schiff, ohne dass jemand damit rechnete, auf Grund. Der Schiffsjunge, der das Krachen hörte, begann laut zu schreien. Ehe es die anderen bemerkt hatten, war Kolumbus an Deck. Als die Lage immer gefährlicher wurde, ließ er Ballast abwerfen. Da sich aber das Schiff bereits geneigt hatte, trat Wasser ein, das den unteren Teil füllte. Weil das Schiff nicht mehr zu retten war, brachte er die Seeleute und alles Hab und Gut, von dem kein Stück verloren wurde, in Sicherheit.

~~~~ = Konjunktion, die Adverbialsatz einleitet

___ = Relativpronomen (+Bezugswort), das Attributsatz einleitet

10 Schlusstest: Satzarten

TEST 1

1. Aussage – Aussage – Aufforderung – Frage – Aussage – Aussage
2. Aussage – Aussage – Aussage – Frage – Frage – Aufforderung – Aussage

TEST 2

Sehr geehrte Herren Gummibärchen! 1. April 1988

Die am 1. April 1980 bestellte Ware ist noch nicht bei uns eingetroffen. Liefern Sie die Ware bis spätestens 1. April 2000! Lassen Sie die Gummibärchen mit dem Mund zurechtlutschen oder von Künstlerhand schnitzen? Bei den beiden gelieferten Probe-Gummibärchen schmeckt die Geschmacksrichtung Zitrone wie Spülmittel mit Zitronensaft. Was denken Sie sich dabei eigentlich? Verwechseln Sie Gummibärchen nicht wieder mit Himbeerchen!

TEST 3

1. (HS) Wir wissen zwar nicht, (NS) wo wir hin sollen, (HS) wir werden aber als Erste da sein.
2. (NS) Wo wir sind, (HS) da ist vorn, (NS) und wenn wir hinten sind, (HS) dann ist hinten vorn.
3. (HS) Wie kann ich wissen, (NS) was ich denke, (NS) bevor ich höre, (NS) was ich sage?
4. (NS) Wer kriecht, (HS) kann nicht stolpern.
5. (HS) Im letzten Monat stand ich einen Schritt vor dem Abgrund, (HS) heute bin ich schon einen großen Schritt weiter.
6. (HS) Wo war ich eigentlich, (NS) als ich mich gebraucht habe?
~~~~

TEST
4

Wenn die Sonne blutrot hinter den Bergen versinkt, treibt die Sennerin, deren Herz über so viel Glück jubiliert, die Kühe, die mit ihrem hellen Glockenklang das ganze Tal erfüllen, in den Stall. Wo alles Getier friedlich zusammenkommt, wartet der junge Knecht, den ein fesches Hütchen ziert, als müsste sein Herz zerspringen. Ehe sich die Dunkelheit übers Land senkt, müssen nämlich alle Kühe gemolken sein.

TEST
5

In der südbrasilianischen Stadt Porto Alegre ist, während (K) der Hausmeister ruhig schlief, ein Schulhaus gestohlen worden. Wie (K) die brasilianische Presse berichtete, waren die Diebe mit Lastwagen vorgefahren. Sie hatten das Schulgebäude, das (R) ganz aus Holz errichtet war, einfach abgebaut. Sie nahmen alle Einrichtung mit, wobei (K) sie auch Lampen und Vorhänge nicht vergaßen. Das Einzige, was (R) sie zurückließen, war die Bodenplatte aus Beton.

Thomas Flynn, 37-jähriger Vater aus Florida, hat für seinen Sohn Sean eine Strafe abgesessen, die (R) dieser vom Rektor der Volksschule bekommen hatte. Weil (K) Sean eine halbe Stunde zu spät in der Schule erschienen war, sollte er dieselbe Zeit nachsitzen. Sein Vater, der (R) offensichtlich viel Sinn für Gerechtigkeit hat, saß diese Strafe für seinen Sohn ab. Er begründete es damit, dass (K) sie als Eltern an der Unpünktlichkeit ihres Sohnes schuld waren.

TEST
6

Der Computer arbeitet bereits, während die Angestellten noch in den Federn liegen. Er passt genau auf und hat dreimal das Licht ausgeschaltet, weil der etwas verschlafene Nachtwächter es hat brennen lassen.
Die Putzfrauen rücken an, nachdem der Computer ihnen das Licht in der Eingangshalle eingeschaltet hat.
Er schaltet die Garagenbeleuchtung und -belüftung ein, weil die ersten Angestellten bereits im Anmarsch sind.
Dann stellt er die Heizung etwas höher, sodass das Betriebsklima besser wird

11 Quiz zu den grammatischen Fachausdrücken

1. c) mehr als 2000

2. a) Chinesisch

3. e) über 90

4. A b, B c, C d, D e, E a

5. Adjektiv, Adverb, Pronomen, Verb, Substantiv

6.

a) transitiv	intransitiv
b) finit	infinit
c) einteiliges Prädikat	mehrteiliges Prädikat
d) Aktiv	Passiv
e) Hauptsatz	Nebensatz

7.

Satzglieder:	Subjekt, Objekt, Adverbial
Hauptsätze:	Aussagesatz, Aufforderungssatz, Fragesatz
Nebensätze:	Gliedsatz, Attributsatz
Sinnrichtung:	temporal, lokal, kausal, modal

8.

1	2	3	4	5	6	7	8	9
M	G	S	A	K	S	G	S	G
O	E	A	D	O	U	L	U	E
D	N	T	V	N	B	I	B	N
U	I	Z	E	J	S	E	J	U
S	T	F	R	U	T	D	E	S
	I	R	B	N	A	S	K	
	V	A	I	K	N	A	T	
		G	A	T	T	T		
		E	L	I	I	Z		
				O	V			
				N				

Quellenhinweise zu „Wortarten“

Folgenden Büchern, die zum Weiterlesen empfohlen werden, sind inhaltliche Anregungen und Übungstexte (mit Änderungen) entnommen:

1. Deutsches Rätselbuch, Hg. Schlupp, Volker, Stuttgart 1972 (reclam Nr. 9405-09)
2. Deutsche Unsinnspoesie, Hg. Dencker, Klaus Peter, Stuttgart 1978 (reclam Nr. 9890)
3. Kahler, Elke/Kohlsaat, Friedrich: Zauberkiste, Hamburg 1985 (Rowohlt, rotfuchs Nr. 319)
4. Krüss, James: Seifenblasen zu verkaufen, Gütersloh 1972 (Bertelsmann)
5. Mieder, Wolfgang: Honig klebt am längsten, München 1985 (Heyne)
6. Owen, Robert: Spaß am Reiten, Hamburg 1974 (Neuer Tessloff)
7. Robbin, Irving: Versunkene Städte, Hamburg 1963 (Neuer Tessloff)
8. Kania, Thomas/Rosenberg, Leibl: Das Dingsdabuch ist da, München 1986 (Goldmann)
9. Mit Kindern reisen, Ferienspaß an der Deutschen See (Pelikan Ferienführer)
10. Polyglott-Reiseführer: Südseeinseln, München 1980 (Polyglott)
11. Christoph Kolumbus: Bordbuch, Frankfurt am Main 1981 (Insel Nr. 476)
12. Wegen Eröffnung geschlossen, Hg. B. Wittich, München 1987 (dtv Nr. 10695)
13. Handler, Hans: Das Schönste aus der Spanischen Hofreitschule, Wien 1975 (Molden)

Nachrichten aus aller Welt, Sportberichte und Horoskoptexte haben (mit Änderungen) die „Süddeutsche Zeitung“ und „Abendzeitung“ veröffentlicht.

Bild- und Textquellen zu „Satzteile und Satzarten“

S. 19: Ernst Jandl „ottos mops“. © 1985 Hermann Luchterhand Verlag GmbH & Co. KG, Darmstadt und Neuwied. Jetzt: Luchterhand Literaturverlag GmbH, München

S. 57: Pit Flick, Bergisch Gladbach

S. 86: Eugen Gomringer, „Spiel mit Worten“,1962. © Eugen Gomringer, Rehau